本书为吉林省教育科学"十四五"规划2022年一般课题"新时代中国特色社会主义高等教育高质量发展的路径探析"（编号：GH22468），吉林省教育厅科学研究项目一般课题"构建马克思主义未来学的方案与建议"（编号：KYC-SH- XM-2022-072）项目成果。

我国外出务工农村劳动力发展研究

李明　著

人民日报出版社

北　京

图书在版编目（CIP）数据

我国外出务工农村劳动力发展研究 / 李明著. -- 北京：人民日报出版社, 2023.6
ISBN 978-7-5115-7837-2

Ⅰ.①我… Ⅱ.①李… Ⅲ.①农村劳动力－发展－研究－中国 Ⅳ.①F323.6

中国国家版本馆CIP数据核字（2023）第086733号

书　　名：**我国外出务工农村劳动力发展研究**
作　　者：李　明

出 版 人：刘华新
责任编辑：刘　悦
封面设计：人文在线

出版发行：**人民日报**出版社
社　　址：北京金台西路 2 号
邮政编码：100733
发行热线：（010）65369509　65369527　65369846　65363528
邮购热线：（010）65369530　65363527
编辑热线：（010）65363105
网　　址：www. peopledailypress. com
经　　销：新华书店
印　　刷：三河市龙大印装有限公司

开　　本：710mm×1000mm　1/16
字　　数：233千字
印　　张：15.75
印　　次：2024年6月第1版　2024年6月第1次印刷

书　　号：ISBN 978-7-5115-7837-2
定　　价：68.00元

序

　　中国特色社会主义进入新时代，中国经济社会发展也进入新时代，由高速增长阶段转向高质量发展阶段。农民工作为我国劳动大军的重要组成部分，必须走高质量发展之路。

　　国家统计局发布的《2022年农民工监测调查报告》显示，2022年全国农民工总量29562万人，其中，本地农民工12372万人，外出农民工17190万人。对于正在以中国式现代化全面推进中华民族伟大复兴的中国来说，如何确保外出务工农村劳动力群体实现高质量发展，事关实现全体人民共同富裕的发展目标，事关中国式现代化的底色和成色。

　　与城镇工人相比，我国外出务工农村劳动力身份与职业产生分离，在生活和工作中面临的一些问题，不同程度上会影响这一群体的发展。李明博士撰写的《我国外出务工农村劳动力发展研究》一书，尝试运用马克思主义政治经济学的原理和方法，从劳动力再生产基本理论出发，提出研究劳动力再生产质量问题的分析框架，并在此基础上，从理论和实证的两个角度分析我国外出务工农村劳动力再生产的质量问题，以期为解决新时代外出务工农村劳动力面临的问题提供一定的学理性依据。

　　李明博士认为，从学理上看，能否实现劳动力高质量发展，是由生产力水平和生产关系性质共同决定的，具体表现为剩余劳动的水平和剩余劳动转化为必要劳动的程度。在社会主义市场经济发展过程中，我国外出务工农村劳动力质量总体来看有所提高，但与其创造的剩余劳动水平和城市劳动力的标准质量相比，外出务工农村劳动力质量亟待提高。因此，我国要充分利用和发挥中国特色社会主义的制度优势，以共享发展理念为指导，从全民共享、全面共享、共建共享和渐进共享四个方面，提高外出务工农村劳动力再生产的质量。同时，李明博士在本书中从外出务工农村劳动力"市民化"和"新型农民"两个方向，进一步提出了对策。具体而言，对于市民化阶段的外出务工农村劳动力，提高其劳动力再生产的质量，要消除当前外出务工农村劳动力拆分型的劳动力再生产形式，提高其工资性收入，降低劳动力商品化程度，以及完善社会保障和公共服务体系等；对于新型农民化阶段的外出务工农村劳动力来说，提高其劳动力再生产的质量，要在贯彻乡村振兴战略总要求的前提下，通过制定相应的政策来实现返乡外出务工农村劳动力的高质量再生产。

外出务工农村劳动力发展问题有很多值得深入研究的内容，李明博士现有的探索是一个良好的开端。作为她的博士论文的指导教师，看到她近年来一直在这个领域默默耕耘并取得一些学术成绩，我深感欣慰。期待她在这一领域继续深耕，收获更丰硕的成果。

南开大学马克思主义学院院长 刘凤义

2023年5月1日

目　录

前　言

　　外出务工农村劳动力是我国改革开放进程中兴起的一支新型劳动大军，是推动我国现代化建设的重要力量。改革开放40多年来，我国取得了举世瞩目的伟大成就，外出务工农村劳动力在其中做出了重要的贡献。外出务工农村劳动力因为数量大、工资低，曾经是推动我国经济发展的一大优势。然而，随着中国特色社会主义进入新时代，我国经济转向高质量发展阶段，这就必然要求有高质量的劳动大军。外出务工农村劳动力作为我国劳动力大军的重要组成部分，也必须走高质量发展之路。因此，研究我国外出务工农村劳动力如何实现高质量再生产，就成为新时代的新课题。

　　长期以来，我国特有的城乡二元结构和户籍制度，使外出务工农村劳动力的身份与职业产生分离。这种分离造成外出务工农村劳动力与城镇工人相比，面临着工资收入偏低且工资被拖欠现象严重、劳动安全条件差、看病难、住房难、子女上学难等问题。对此，国内外学术界从经济学、社会学、法学等多学科、多角度对外出务工农村劳动力面临的问题展开深入研究并取得了丰硕成果。就经济学而言，绝大多数学者对外出务工农村劳动力问题的分析主要集中在收入、教育、培训、健康、住房、社会保障等影响效应方面，将这些因素视为自变量，分析其对劳动者自身的迁移行为或劳动力市场等方面的影响；或者是将这些因素视作因变量，分析影响其产生的制度因素或非制度因素等。虽然这些研究都有一定的价值，但外出务工农村劳动力问题是一个复杂的现象，不同历史时期，对其研究的重点也不相同。中国经济发展到今天，我们应该如何面对外出务工农村劳动力群体，如何对他们面临的收入、教育、健康、医疗、住房、社会保障等问题做进一步深入、系统的研究，这是我们要思考的问题。从根本上看，如今外出务工农村劳动力面临的一系列困境集中体现在劳动力再生产从数量向质量升级这一问题上，单纯地停留在某方面问题的研究已经远远不够。正是基于这种考虑，笔者确定从劳动力再生产的角度，研究外出务工农村劳动力再生产的质量问题。从目前国内外现有文献看，这方面的系统研究较少，尚处于起步阶段。因此，笔者尝试运用马克思主义政治经济学的原理和方法，从劳动力再生产基本理论出发，提出研究劳动力再生产质量问题的分析框架，并在此基础上，从理论和实证的两个角度来分析我国外出务工农村劳动力再生产的质量问题，以期为解决新时代外出务工农村劳动力面临的一些问题提供学理性依据。

第一章是导论。主要对本书的选题背景和意义、研究方法、论文的创新点、研究重点与不足等进行介绍。

第二章是文献综述。笔者通过对外出务工农村劳动力的形成原因、外出务工农村劳动力面临的主要问题和外出务工农村劳动力未来的发展方向3个方面的文献梳理，为本书以外出务工农村劳动力为研究对象、以劳动力再生产为理论基础，研究外出务工农村劳动力再生产的质量问题提供文献基础。

第三章是理论框架部分。笔者基于马克思主义政治经济学的基本原理和研究方法，从以下4个方面构建分析劳动力再生产质量问题的理论框架。其一，劳动力再生产的质量和数量相统一的关系。任何社会都需要劳动力再生产来维持人类的生存和繁衍，这种反映人类生存和繁衍的劳动力再生产，体现的是其自然属性，劳动力再生产的自然属性是保证劳动力再生产数量的基础；在不同的生产关系下劳动力再生产的表现形式不同，这些不同形式的劳动力再生产反映的是其社会属性，是决定劳动力再生产能否朝着高质量发展的制度前提。劳动力再生产质量和数量的统一是以劳动力再生产自然属性和社会属性的统一为依据的。其二，从生产力角度分析劳动力再生产质量提高的物质基础是剩余劳动，也就是说，剩余劳动是提高劳动力再生产质量的前提，是保证劳动力有质量再生产的生产力基础：随着生产力的进步，剩余劳动的增多客观上促进了劳动力再生产质量的提高；反过来，劳动力作为社会生产的主体，是生产力中最活跃的要素，其再生产质量的高低直接决定着生产力发展的水平。其三，从生产关系的角度分析，剩余劳动的出现并不意味着必然出现高质量劳动力再生产，具体能否按照高质量方向实现劳动力再生产，取决于由社会制度属性决定的剩余劳动向必要劳动的转换程度。在劳动力非商品、半商品和商品三种不同的商品形态下，根据剩余劳动向必要劳动转换的不同程度，劳动力再生产质量遵循了不同的运动规律。其四，从消费水平、劳动力消耗程度、社会保障水平和教育水平四个方面构建衡量包括劳动者本身和代际关系的家庭劳动力再生产质量的指标体系，为第五章对外出务工农村劳动力再生产质量的实证分析提供基础。

第四章通过第三章建立的劳动力再生产质量分析的理论框架，深入研究我国外出务工农村劳动力再生产质量的特点。在社会主义市场经济条件下，外出务工农村劳动力再生产的质量遵循劳动力商品形态下再生产质量变化的一般规律，一方面外出务工农村劳动力再生产质量具有被压低的趋势；另一方面，外出务工农村劳动力再生产的质量也有提高的动力。外出务工农村劳动力与同等技能的城镇工人相比，其劳动力再生产的质量没有因其创造剩余劳动的增加而得到相应的提高。外出务工农村劳动力"拆分型"再生产形式对于传统农民家庭来说，其工资性收入的增加相对地改善了外出务工农村劳动力再生产的质量。国家在提高外出务工农村劳动力再生产质量方面的政策不断完善，客观上推动外出务工农村劳动力再生产的质量不断提高。

第五章基于第三章所建立的劳动力再生产质量指标体系，结合相关外出务工农村劳动力的有关数据，对我国外出务工农村劳动力再生产的质量状况进行实证研究。该研究主要包括以下两个方面：其一，纵向分析外出务工农村劳动力再生产质量的变化趋势，即采用综合指标评价法计算反映外出务工农村劳动力再生产质量的综合指数，并结合2009—2016年综合指数的变化来说明外出务工农村劳动力再生产质量不断提高，但其提高速度并不快；其二，从消费水平、劳动力消耗程度、社会保障水平和教育水平四个方面横向对比外出务工农村劳动力与城市工人劳动力再生产的质量状况得出，外出务工农村劳动力再生产质量的总体水平仍低于城镇工人，有待进一步提高。

第六章是基于中国特色社会主义新时代背景，探索如何发挥社会主义制度的优越性和市场经济配置资源的优势，使外出务工农村劳动力再生产走向高质量发展之路。外出务工农村劳动力高质量再生产是新时代高质量发展阶段的时代要求，推进人的全面发展、逐步实现共同富裕、全面推进乡村振兴，需要外出务工农村劳动力的高质量发展。因此，我们要充分利用和发挥中国特色社会主义的制度优势，以共享发展理念为指导，从全民共享、全面共享、共建共享和渐进共享4个方面，提供提高外出务工农村劳动力再生产的质量的思路。同时，从外出务工农村劳动力"市民化"和"新型农民"两个方向，进一步提出对策。具体而言，对于市民化阶段的外出务工农村劳动力，提高其劳动力再生产的质量，要消除外出务工农村劳动力"拆分型"再生产形式，提高工资性收入，降低劳动力商品化程度，完善社会保障和公共服务体系等。对于新型农民化阶段的外出务工农村劳动力，提高其劳动力再生产的质量，要在贯彻乡村振兴战略总要求的前提下，通过制定相应的政策来实现返乡外出务工农村劳动力高质量再生产。

第一章 导论

外出务工农村劳动力是我国改革开放和工业化、城镇化进程中涌现的一支新型劳动大军，是我国产业工人的重要组成部分，也是推动我国现代化建设的重要力量。改革开放40多年来，我国取得了举世瞩目的伟大成就，外出务工农村劳动力在其中做出了重要贡献。外出务工农村劳动力因其数量大、工资低的特点，曾经是我国经济发展的一大优势。然而，随着中国特色社会主义进入新时代，我国经济也进入高质量发展阶段，这就必然要求有高质量的劳动大军。外出务工农村劳动力作为我国劳动力大军的重要组成部分，也要走高质量发展之路。因此，研究我国外出务工农村劳动力如何实现高质量发展，就成为重要的时代课题。

第一节　选题背景和意义

一、问题的提出

我国经济发展已由高速增长阶段转向高质量发展阶段。经济的高质量发展必然需要高质量的劳动力。习近平总书记在党的二十大报告中指出，"增进民生福祉，提高人民生活品质"。这为新时代我国劳动大军高质量发展指明了方向。

国家统计局发布的《2021年农民工监测调查报告》显示，我国农民工总量达到29251万人，占全国劳动力人口的1/3以上；从事第二产业的农民工比重为48.6%，且主要分布在加工制造业、建筑业、采掘业等领域。由此可见，农民工显然已经成为中国特色社会主义建设的重要力量。

　　然而，由于我国的城乡二元结构和户籍制度，外出务工农村劳动力的身份与职业产生分离，即他们户籍在农村，但在城镇从事非农产业工作，这种分离在社会主义市场经济体条件下造成了外出务工农村劳动力的收入水平和社会地位与其在现代化建设中所做的贡献不相匹配的问题。外出务工农村劳动力虽然在城市务工，但难以真正融入城市，不能与城镇工人一样享有城市生活。外出务工农村劳动力虽然离开了农村，但仍与土地、农村、农业存在不可分割的联系。外出务工农村劳动力阶层这种跨越行政地区、产业部门的特殊性，促使中国经济发展中的工农、城乡、地区等方面的差别，以及劳动关系中的矛盾往往集中在他们身上。

　　在党中央、国务院的高度重视和正确领导下，经过各级党委（组）、政府及其相关部门的共同努力，外出务工农村劳动力在工资待遇、生活条件、子女入学等方面都有了显著提高，但外出务工农村劳动力面临的问题仍然十分突出，主要表现在以下3个方面。

　　第一，工资收入偏低。我国农民工名义货币工资虽长期呈增长趋势，月收入由2009年的1690元提高到2017年的3485元[①]，仅8年就翻了两番，但农民工工资收入与城市工人工资相比仍然偏低，平均收入水平大致相当于城镇工人的70%[②]。有学者分析相关数据指出，从20世纪90年代到21世纪初，农民工的实际工资收入扣除物价因素后基本上没有增长。经推算，2004—2007年，外出农民工实际工资年增长7%左右，增幅同比城镇职工实际工资增长率低3~4个百分点，两者的工资差距继续加大[③]。此外，2013—2017年，我国农民工月均收入增速分别为14%、9.8%、7.2%、6.6%、6.4%，增速连续5年回落[④]。

---

① 数据来源：《中国农民工监测调查报告（2009—2017）》。

② 熊易寒. 让更多农民工迈向中等收入门槛［N］. 人民日报, 2016-08-09.

③ 中国农民工战略问题研究课题组. 中国农民工现状及其发展趋势总报告［J］改革, 2009（2）：5-27.

④ 徐博, 周科. 农民工越来越"恋家"［N］. 人民日报, 2017-05-04（13）.

第二，外出务工农村劳动力的劳动权益保护制度不健全。首先，外出务工农村劳动力工资被拖欠现象严重，因为各地用人企业与外出务工农村劳动力签订劳动合同工作进展参差不齐，签订劳动合同的比例还不高，合同期限短，内容不规范，履约不理想，且外出务工农村劳动力依靠政府和法律维权的意识依然薄弱，仅有10.4%的进城务工农村劳动力在生活和工作中遇到困难时会找工会、妇联和政府部门及找社区帮助。其次，劳动安全条件差。职业病和工伤事故较多，外出务工农村劳动力集中在劳动密集型产业及劳动环境差和重、脏、苦、累、险的工种。最后，外出务工农村劳动力组织化程度低，工会维权职能发挥不够。现有2/3的外出务工农村劳动力没有加入工会组织，民营企业、外资企业或中小企业的工会组织很不健全，处于分散状态的外出务工农村劳动力在与企业主谈判中处于弱势地位。同时，现有工会在维护劳动者特别是外出务工农村劳动力的合法权益方面还没有充分发挥作用，导致包括外出务工农村劳动力在内的劳动者通过工会有组织地与企业主平等协商的机制尚未完全形成。因此，外出务工农村劳动力在工资、劳动安全等方面的权益受到损害的现象依旧时有发生。

第三，难以平等地享受城市公共服务。《国家新型城镇化规划（2014—2020年）》指出，目前被统计为城镇人口的2.34亿农民工及其随迁家属，未能在教育、就业、医疗、养老、保障性住房等方面享受城镇居民的基本公共服务，产业融合不紧密，产业聚集与人口集聚不同步，城镇化滞后于工业化。主要表现在4个方面：其一，孩子上学难。虽然随迁儿童上学面临的问题有所缓解，但对于义务教育阶段的随迁儿童，55.8%的外出务工农村劳动力反映子女在城市上学存在费用高、本地升学难、孩子没人照顾、学校距离远、交通不方便等问题。其二，看病难。2/3的外出务工农村劳动力不去正规医院看病，大都选择自己买药治疗，外出务工农村劳动力子女计划免疫的合格接种率较低。其三，住房难。外出务工农村劳动力中，从雇主或单位得到住房补贴的比重仅为7.9%，而不提供住宿也没有住房补贴的比重高达46%。其四，养老保险比例和水平偏低。虽然外出务工农村劳动力养老保险政策普及力度很大，但由于统筹层次低、制度存在不合理性，因此仍然面临很多问题。养老保险缴费门槛相对较高，按月享受基本养老金的最低缴费年限为15年，而外出务工农村劳动力流动频繁，大多数外出务工农村劳动力参保难以达到该年限标准。养老保险制度在省市甚至是县市统筹管理运行，各地区之间的制度不同，政策不统一，难以互联互通，养老保险关系难以转移接续。这些问题引发了不少社会矛盾和纠纷。

对此，党中央已经有了深刻认识。2015年，习近平总书记在主持十九届中共中央政治局就健全城乡发展一体化体制机制进行第二十二次集体学习时，明确指出，要加快推进户籍制度改革，完善城乡劳动者平等就业制度，逐步让农业转移人口在城镇进得来、住得下、融得进、能就业、可创业，维护好农民工合法权益，保障城乡劳动者平等就业权利。"①鉴于此，如何改善农民工的社会地位，提高农民工的家庭收入，引导其更好地融入城市实现市民化或顺利回流返乡成为新型农民，是需要深入研究的问题。

二、研究意义

本研究具有一定的理论意义和现实意义。

第一，理论意义。从劳动力再生产的质量角度研究我国外出务工农村劳动力问题，有助于从学理上推进外出务工农村劳动力问题的研究。关于我国外出务工农村劳动力问题，国内外学术界从经济学、社会学、法学等多学科、多角度展开了研究，并取得了丰硕成果；但从劳动力再生产角度研究得比较少，从劳动力再生产质量角度进行系统研究的文献更少。劳动力再生产理论是马克思主义政治经济学中的一个经典理论，但在马克思主义经典文献中，并没有专门地从质量角度研究劳动力再生产问题的相关理论。本文尝试运用马克思主义政治经济学的方法论，在对劳动力再生产基本理论拓展的基础上，提出了研究劳动力再生产质量问题的分析框架，并

---

① 健全城乡发展一体化体制机制　让广大农民共享改革发展成果［N］. 人民日报，2015-05-02（01）.

以此分析框架为前提，研究我国外出务工农村劳动力再生产质量问题，这种拓展和构建在理论上是一个尝试和创新。

第二，实践意义。随着我国经济转向高质量发展阶段，我国劳动力也必然要走高质量发展之路。长期以来，外出务工农村劳动力再生产基本停留在满足个人和家庭劳动力的简单再生产水平上，这与我国经济高质量发展、满足人民日益增长的美好生活需要的目的、实现共同富裕的目标是不相称的。面对未来我国经济发展的方向，外出务工农村劳动力再生产只有从数量型再生产转变为质量型再生产，才能适应新兴生产力发展的内在要求，才能在经济转型升级中，发挥新型劳动力大军的作用，使中国从制造大国向制造强国迈进。

第二节　研究方法

唯物史观是马克思主义政治经济学研究方法的灵魂，本研究在坚持历史唯物主义的世界观和唯物辩证法的方法论的基础上，采用了从抽象上升到具体的研究方法、历史与逻辑相统一的研究方法、实证分析与规范分析相结合的研究方法，以及比较分析的研究方法等4种具体研究方法。

第一，从抽象上升到具体的研究方法。笔者对外出务工农村劳动力再生产质量问题的分析采用了从抽象上升到具体的研究方法。首先，从抽象层面建立劳动力再生产质量问题分析的理论框架，一方面从生产力的角度分析劳动力再生产提高的物质基础是剩余劳动；另一方面从生产关系的角度分析劳动力再生产质量提高与否取决于剩余劳动向必要劳动的转化程度。然后，从抽象上升到具体。随着社会主义市场经济的建立，外出务工农村劳动力以商品形式出现在劳动力市场上：从生产力的角度来说，生产力的快速发展要求外出务工农村劳动力从数量型向质量型发展；从生产关系的角度来看，处于商品经济关系中的外出务工农村劳动力，其劳动力再生产的质量必然遵循劳动力商品条件下劳动力再生产质量变化的运动规律。但在社会主义市场经济中，我们仍要发挥社会主义制度的优越性和市场经济配置资源的优势，在共享发展理念下推动外出务工农村劳动力再生产走向高质量发展之路。因此，笔者在研究劳动力再生产质量的基础上，结合外出务工农村劳动力处于中国特色社会主义生产关系的特殊条件下，具体分析我国外出务工农村劳动力再生产的质量以及如何推动外出务工农村劳动力实现高质量发展的道路。

第二，逻辑与历史相统一的研究方法。笔者一方面从历史的角度分析劳动力非商品形态、劳动力半商品形态和劳动力商品形态下劳动力再生产质量遵循不同的变化规律；另一方面从逻辑的角度分析以商品形式出现在劳动力市场上的外出务工农村劳动力，其劳动力再生产的质量遵循商品形态下劳动力再生产质量变化的一般规律，即资本对剩余价值和效率的追求使劳动力再生产质量出现压低和提高两种力量。因此，对于外出务工农村劳动力再生产质量的理论分析，笔者采用逻辑和历史相统一的研究方法。

第三，实证分析与规范分析相结合的研究方法。笔者首先从理论上说明我国外出务工农村劳动力再生产的质量受资本追求剩余价值本质的影响，即会对其有压低趋势，但由于资本对效率的追求又不得不将其提高，因此外出务工农村劳动力再生产的质量呈缓慢上升的趋势，这属于规范分析方法。其次，对于外出务工农村劳动力再生产质量的分析，笔者采用综合指标评价法。该方法属于统计分析方法，不属于计量经济学的分析方法。之所以选用统计分析方法的综合评价模型而不使用计量分析方法的因果关系模型来衡量外出务工农村劳动力再生的质量，是因为外出务工农村劳动力再生产的质量并非由单一的变量来体现的，而是由多个变量综合作用或决定的结果。因此，外出务工农村劳动力再生产的质量不能由某个变量或指标来体现，也就无法讨论外出务工农村劳动力再生产质量与其相关变量的因果关系，因为两者之间无法剔除内生性的因素，所以无法使用计量经济学的因果分析方法。综合指标评价法是运用多个评价指标来衡量或评定某一综合目标整体实现程度的测量方法，满足外出务工农村劳动力再生产质量的测量需求。因此，笔者采用综合评价法，选用《农民工监测调查报告》2009—2016年提供的能够反映农民工劳动力再生产综合水平的相应数据，研究发现农民工劳动力再生产综合质量指数是不断增加的，但增长速度是递减的，与农民工劳动力再生产质量分析的理论相吻合，这属于实证分析方法。

第四，比较分析的研究方法。比较分析的研究方法不仅用于处于不同时期的外出务工农村劳动力即老一代外出务工农村劳动力和新生代外出务工农村劳动力再生产质量的纵向对比，还用于外出务工农村劳动力和城镇工人劳动力再生产质量的横向对比。对于老一代外出务工农村劳动力与新生代外出务工农村劳动力的纵向对比，笔者主要从消费水平、消费结构等方面来比较二者再生产质量的差异；而对于外出务工农村劳动力和城镇工人劳动力再生产质量的横向对比，笔者采用能够反映劳动力再生产质量的消费水平、劳动力消耗程度、社会保障水平和教育水平指标来对比分析二者劳动力再生产质量水平的差异。研究结果显示，即使外出务工农村劳动力再生产的质量在增长，其水平仍低于城镇工人劳动力再生产的质量。

第三节　研究创新点、重点与不足

一、研究创新点

结合现有的关于外出务工农村劳动力问题的研究成果，笔者力图在如下方面有所创新。

第一，运用马克思主义政治经济学的方法论，在对劳动力再生产基本理论拓展的基础上，提出研究劳动力再生产质量问题的分析框架，并据此分析框架研究我国外出务工农村劳动力再生产的质量问题。从根本上说，目前外出务工农村劳动力面临的一系列问题是劳动力从数量再生产向质量再生产的升级问题，因此从劳动力再生产质量角度分析外出务工农村劳动力问题的研究思路，具有一定的创新性。

第二，尝试在有关劳动力发展指标的基础上建立以家庭为单位的劳动力再生产质量的指标体系。该体系不仅包含对劳动者本身劳动力再生产质量方面的测量，还包括劳动者代际再生产即劳动者子女的再生产质量方面的测量。由于劳动力再生产质量是一个多维概念，因此关于劳动力再生产质量指标的建立也需要一个多维的分析框架，即从消费水平、劳动力消耗程度、社会保障水平和教育水平4个方面来衡量劳动者本身的劳动力再生产质量，从子女生活质量和教育质量方面，来衡量劳动者代际关系的再生产质量。因此，以家庭为单位构建衡量劳动力再生产质量的研究框架具有一定的创新性。

第三，分析我国外出务工农村劳动力再生产质量的特点。在社会主义市场经济条件下，外出务工农村劳动力再生产的质量遵循劳动力商品形态下再生产质量变化的一般规律，一方面资本追求剩余价值的本质导致外出务工农村劳动力再生产质量被压低；另一方面，资本对效率的追求又不得不提高外出务工农村劳动力再生产的质量。就现阶段外出务工农村劳动力而言，资本压低其劳动力再生产质量的力量较大，使外出务工农村劳动力与同等技能的城镇工人相比，其劳动力再生产的质量没有因其创造剩余劳动的增加而得到相应的提高，反而与剩余劳动是提高劳动力再生产质量的物质基础的一般规律呈现相反的特点。

二、研究重点

本书的研究重点表现在以下4个方面。

第一，人类经济社会的进步，客观上要求劳动力再生产的质量要不断提高。剩余劳动是劳动力再生产质量提高的前提，是保证劳动力有质量再生产的生产力基础；但剩余劳动的出现并不意味着必然出现高质量劳动力再生产，能否按照高质量方向实现劳动力再生产，取决于由社会制度属性决定的剩余劳动向必要劳动的转换程度。因此，根据剩余劳动向必要劳动转换的不同程度，具体分析劳动力以非商品、半商品和商品3种不同的形态，其再生产质量遵循不同的运动规律是研究重点。

第二，在前文建立的劳动力再生产质量的理论框架下，结合我国外出务工农村劳动力特有的生产关系背景，具体分析我国外出务工农村劳动力再生产质量的特点是研究重点。在社会主义市场经济条件下，外出务工农村劳动力再生产质量遵循劳动力商品形态下再生产质量变化的一般规律。就现阶段外出务工农村劳动力而言，资本压低其劳动力再生产质量的趋势较大，使外出务工农村劳动力与同等技能的城镇工人相比，其劳动力再生产的质量没有因其创造剩余劳动的增加而得到相应的提高。

第三，笔者依据前文建立的劳动力再生产质量指标体系，采用综合指标评价法计算外出务工农村劳动力再生产质量的综合指数，并结合2009—2016年综合指数的变化来分析外出务工农村劳动力再生产质量的发展趋势。研究结果显示，2009—2016年外出务工农村劳动力再生产质量的综合指数是不断上升的，也就是说，外出务工农村劳动力再生产的质量水平是不断提升的。但是从劳动力再生产质量综合指数的变化来看，外出务工农村劳动力再生产质量的增速是在减慢的。

第四，在中国特色社会主义进入新时代的条件下，应发挥社会主义制度的优越性和市场经济配置资源的优势，使外出务工农村劳动力再生产走向高质量发展之路。

三、研究"瓶颈"与后续研究需要解决的问题

第一，研究"瓶颈"。在利用实际数据资料对外出务工农村劳动力再生产质量进定量分析方面存在不足。由于反映外出务工农村劳动力再生产质量的住房、健康、社会保障等方面的数据缺失，所以外出务工农村劳动力质量的实证分析只能停留在2009—2016年，不能够较好地反映改革开放40多年来外出务工农村劳动力再生产质量的长期变化。此外，在对比外出务工农村劳动力与城镇工人劳动力再生产质量水平时，受到外出务工农村劳动力数据资料的制约，只能选取某些反映劳动力再生产质量的指标来进行描述性分析，导致两个群体之间劳动力再生产质量的分析具有片面性。

第二，后续研究需要解决的问题。运用劳动力再生产质量分析的理论框架，对不同地区、不同行业外出务工农村劳动力再生产的质量进行分析。具体地说，就不同地区而言，可分析我国沿海地区和内陆地区外出务工农村劳动力再生产质量的变化等；就不同行业而言，可分析处于不同行业的外出务工农村劳动力再生产质量的变化，还可以运用此框架对比分析存在于不同生产资料所有制条件下的国家，其劳动力再生产质量的不同，如美国工人和中国工人劳动力再生产的质量遵循的一般规律和呈现的特点等。

第二章 关于我国外出务工农村劳动力问题的研究综述

　　外出务工农村劳动力又称进城务工人员，是改革开放后兴起的特殊群体，是城市化建设的主力军，作为工人阶级的重要组成部分，是支撑中国经济增长的关键力量。改革开放40多年来，两亿多外出务工农村劳动力作为中国特色社会主义社会的新生事物，引起了国内外学者的广泛关注。1978—2018年农民工研究文献数量统计显示，农民工问题的文献总量高达13万多篇，其中期刊文章为5万多篇，而CSSCI来源期刊文章占期刊文章的16%以上[①]。由此可见，学术界对于农民工问题研究的数量之多、范围之广、程度之深。笔者主要从农民工的概念界定出发，通过梳理农民工的形成原因、农民工的生存现状和农民工未来的发展方向3个方面的文献，以期为相关理论研究作铺垫。

第一节　关于我国外出务工农村劳动力
形成原因的研究

　　外出务工农村劳动力作为产业工人的重要组成部分，是伴随着我国工业化、城市化、现代化进程而形成的劳动力群体，也是改革开放后大量兴起的特殊现象。学术界对于农民工概念的界定主要从两个角度出发：一个

---

　　① 李卓，左停. 改革开放40年来中国农民工问题研究回顾、反思与展望［J］. 云南社会科学，2018（6）：16-21.

角度是将农民工视为世界各国在工业化进程中普遍形成的劳动力群体[①]，这部分农业劳动力在向非农领域转移的过程中呈现出流动的且不稳定的状态，如英国的流民、美国的移民、日本的兼业农民和拉美的贫民等，在中国被称为农民工[②]。另一个角度是将农民工置于社会主义制度和市场经济的双重框架下，认为农民工是在中国的户籍制度下形成的特殊群体。国务院研究室课题组从户籍身份与职业角度来定义农民工，他们认为农民工是指户籍身份还是农民、有承包土地，但主要从事非农产业、以工资为主要收入来源的人员[③]。李培林、李炜进一步说明，这种具有农业户籍身份、从事非农产业的工资收入者，不包括那些具有农业户籍的具体雇主、个体经营和自我雇佣身份的第二、第三产业从业者[④]。之所以有这样的区分，是因为同为农业户籍的非农产业劳动者因雇佣方式不同在劳动方式、经济境遇和社会地位上均存在明显的差异。因此，本节从"流动人口"的一般视角和中国生产关系的特殊视角来分析农民工形成的原因。

一、从"流动人口"一般视角分析外出务工农村劳动力的形成原因

对于农村流动人口外出动因或农村劳动力迁移动机，国内外学术界展开了深入研究。笔者将其归纳为3个理论，即收入差距论、推拉理论和资本积累理论。

（一）收入差距论

美国学者威廉·刘易斯（William Lewis，1958）建立的"城乡二元结

---

① 厉以宁. 农民工、新人口红利与人力资本革命［J］. 改革，2018（6）：5–12.

② 杨思远. 中国农民工的政治经济学考察［M］. 北京：中国经济出版社，2005：1.

③ 国务院研究室课题组. 中国农民工调研报告［M］. 北京：中国言实出版社，2006：1.

④ 李培林，李炜. 近年来农民工的经济状况和社会态度［J］. 中国社会科学，2010（1）：119–131.

构理论"是发展经济学研究结构变动模式的代表，他认为发展中国家农业
劳动力向非农业转移的经济动因是城乡之间存在的实际收入差距[①]。费景
汉（1989）和古斯塔夫·拉尼斯（Gustav Ranis）虽然修正了刘易斯模型
否定农业生产率提高对农业劳动力流入工业部门的影响，但是对于城乡之
间的收入差距是劳动力迁移的动因是完全肯定的[②]。而托达罗（Michael P.
Todaro，1992）运用农村人口不断流入城市和城市失业率同步增长的现实
矛盾否定了刘易斯—费景汉—拉尼斯模型提出的城乡间的实际收入差距是
影响劳动力迁移的动因，他认为决定迁移的因素不是城乡间的实际收入，
而是预期收入，即绝对收入假说论[③]。蔡昉、都阳（2002）在托达罗绝对
收入假说的基础上，运用贫困农村的调查数据验证了绝对收入假说的现实
意义，由于我国迁移劳动力流向和不同收入水平的迁移决策均与绝对收入
假说不符，因此他们认为是预期收入与相对贫困同时存在才构成我国农村
劳动力的迁移动因[④]。罗小峰则否定了收入差距是决定劳动力迁移与否的
关键因素，他认为劳动力是否外出不是由劳动个体为了最大化本人的预期
收入而做出的决策，而是由家庭通过衡量家庭资源、家庭人口结构和经济
状况所做出的生计安排[⑤]。

———————

① A. W. Lewis, "Economics Development with Unlimited Supplies of Labour", in A. N.
Agarwala and S. P. Singh, "The Economic of Underdevelopment" ［M］. London:
Oxford University Press, 1958: 400–449.

② ［美］费景汉，古斯塔夫·拉尼斯. 劳力剩余经济的发展［M］. 王月，甘杏娣，
吴立范，译. 北京：华夏出版社，1989.

③ ［美］迈克尔·P. 托达罗. 经济发展与第三世界［M］. 印金强，赵荣美，译.
北京：中国经济出版社，1992.

④ 蔡昉，都阳. 迁移的双重动因及其政策含义检验相对贫困假说［J］. 中国人口
科学，2002（4）：1–7.

⑤ 罗小峰. 制度、家庭策略与半工半耕型家庭生计策略的形成——兼论农民工家庭
劳动力的再生产［J］. 福建行政学院学报，2013（5）：46–51.

（二）推拉理论

推拉理论是人口学上研究人口流动原因方面的重要宏观理论，起源于英国学者雷文斯坦（E.Ravenstien，1885；1889），而由巴格内（D.J.Bagne）正式提出，他们认为人口流动的目的是改善生活条件，流入地的那些有利于改善生活条件的因素就成为拉力，而流出地的不利于改善生活条件的因素就是推力，人口流动就由这两股力量前拉后推所决定。

对于推力的研究主要集中在农村存在大量的剩余劳动力[①]（蔡昉，2007）、农村务农的低收入使农民在生存压力下不得不选择外出[②]（费孝通，2001）；对于拉力的研究主要集中在城市化的发展和高收入对农业劳动力形成拉动[③]，谭崇台（1996）则具体分析城市在收入、能源供应、就业制度、社会保障等方面均优于农村，促使农业劳动力的转移[④]。

李（E. S. Lee；1966）在推拉理论的基础上又补充了第三条，即中间障碍因素，包括距离远近、物质障碍、语言文化的差异，以及移民本人对于以上这些因素的价值判断。王宁（2017）[⑤]、金沙（2009）[⑥]通过对推拉模型的改造提出，除传统的农村和城市所形成的推力和拉力外，社会的心理因素和自身能力也对迁移具有重要影响。

（三）资本积累理论

部分学者认为农民工的产生是资本积累推动的结果[⑦]。虽然没有土地

---

① 蔡昉. 破解农村剩余劳动力之谜［J］. 中国人口科学，2007（2）：2-7.

② 费孝通. 费孝通文集（第四卷）［M］. 北京：群言出版社，1999：367.

③ 刘怀廉. 农村剩余劳动力转移新论［M］. 北京：中国经济出版社，2004：367.

④ 谭崇台. 略论我国农业剩余劳动问题［J］. 求是学刊，1996（1）：46-50.

⑤ 王宁. 劳动力迁移率差异性研究：从"推—拉"模型到四因素模型［J］. 河南社会科学，2017（5）：112-119.

⑥ 金沙. 农村外出劳动力回流决策的推拉模型分析［J］. 统计与决策，2009（9）：64-66.

⑦ 张俊山. 收入分配领域矛盾的集中表现——农民工收入问题［J］. 华南师范大学学报（社会科学版），2017（3）：58-67.

的、自由的雇佣工人是资本需要的，但通过给予农业工人以土地的形式，也是有利于农业主的资本积累的[1]，甚至资本积累对处于拥有土地的工人产生了结构性的依赖[2]。孟庆峰（2011）从无产阶级化的角度将这种拥有土地的工人，即农民工称为"半无产阶级化"劳动力[3]，或"未完成的无产阶级化"劳动力[4][5]（潘毅等，2009；刘建洲，2012）；而孟捷、李怡乐（2013）则从与无产阶级化紧密相连的劳动力商品化角度将农民工称为"半商品化"劳动力[6]。

哈维（David Harvey，1982）从资本积累的空间性逻辑出发，指出虽然全球资本在利益驱动下的流动是不分国界的，实现生产的去地域化，但在资本的生产过程中却需要生产资料、劳动者等空间的具体安置；这种满足资本需要的"去地域化"和满足生产需要的"实体空间化"的矛盾运动是劳动力迁移的主要因素[7]。周振、王生升（2017）在分析哈维提出的全球资本悖论的基础上认为，处于半商品化状态下的农民工是适应资本积累在产业和空间特定配置的结果，所谓农民工问题是这一过程中内在矛盾的

①　列宁. 列宁全集（第三卷）［M］. 北京：人民出版社，1984：151.

②　伊曼努尔·华勒斯坦. 历史资本主义［M］. 路爱国，丁浩金，译，北京：社会科学文献出版社，1999：11.

③　孟庆峰. 半无产阶级化、劳动力商品化与中国农民工［J］. 海派经济学，2011（1）：131-149.

④　潘毅，卢晖临，严海蓉，等. 农民工：未完成的无产阶级化［J］. 开放时代，2009（6）：5-35.

⑤　刘建洲. 无产阶级化历程：理论解释、历史经验及其启示［J］. 社会，2012（2）：51-83.

⑥　孟捷，李怡乐. 改革以来劳动力商品化和雇佣关系的发展——波兰尼和马克思的视角［J］. 开放时代，2013（5）：74-106.

⑦　David Harvey，The Limits to Capital［M］. Oxford：Blackwell，1982：31.

外化形式[①]。

因此，对于从农村流动人口迁移的一般因素出发的研究，无论是刘易斯和托达罗等人提出的实际收入差距或预期收入差距，还是推拉模型或改造后的推拉理论，都是从劳动者个人理性的角度出发来权衡成本收益差距而得出的分析结果；而资本积累理论是从资本的角度出发，认为农民工是实现资本积累作用的结果。

二、从中国特殊的生产关系视角分析外出务工农村劳动力的形成原因

外出务工农村劳动力是伴随着我国社会主义市场经济的发展而形成的特殊现象。由于外出务工农村劳动力是置于社会主义和市场经济双重制度框架下形成的劳动力，因此对于外出务工农村劳动力问题的分析，需要结合中国特色社会主义生产关系来具体分析外出务工农村劳动力产生的特殊性。

学术界普遍认为，现存的户籍制度将人口分为"农业人口"和"非农业人口"是农民工问题产生的关键[②]。杨思远（2005）从户籍制度与就业制度的关系出发，认为农民工是户籍制度改革落后于就业制度改革的结果。就业制度起始于家庭联产承包责任制的实施，非公有制的经济发展促进传统就业制度的改革，而城乡分治的户籍制度截至目前仍未完全取消[③]。

夏柱智、贺雪峰（2017）认为，由于中国的渐进城镇化模式，农民在

---

① 周振，王生升.中国农民工商品化的政治经济学分析［J］.教学与研究，2017
（11）：38–44.

② 陈映芳."农民工"：制度安排与身份认同［J］.社会学研究，2005，20（3）：
119–132，244.

③ 杨思远.中国农民工的政治经济学考察［M］.北京：中国经济出版社，2005：
215.

获得自由进城就业和居住权利的同时，继续享有获得生产生活资料的身份而穿梭在城乡之间[①]，发挥土地的保障作用，减少日常生活开支[②]。简新华、黄锟（2008）等从工业化与城市化的关系出发，他们认为农民工的产生归根结底是由中国特有的城市化落后于工业化的情况造成的，"滞后的城市化"不仅造成农民工劳动力再生产的分离，而且会阻碍农村贫困落后面貌的改变[③]，使农民工形成"半城市化"状态[④]。罗小峰（2013）认为，我国的工业化和城市化的不同步导致进入城市的农民即使与城市工人一样在城市务工仍无法转变为市民，这种在城市务工却是农民身份的特殊形态被称为农民工[⑤]。

潘毅、卢晖临（2012）等认为农民工问题的产生是国家在劳动力再生产中缺位的结果，因为国家在经济发展战略的影响下为了满足资本扩张对劳动力的需求而允许农民进城务工，但未能承担他们在城市中所需要的住房、教育、健康医疗、福利等长期劳动力再生产的成本[⑥]。随着工业化、城市化的深入发展，农民工对住房、教育、医疗、子女入学等市民化需求的呼声不断提高，这种市民化的社会需求与户籍制度带来的城乡分治的分配制度之间的矛盾不断加深。为了防止这一矛盾所带来的冲突对社会稳定

---

① 夏柱智，贺雪峰. 半工半耕与中国渐进城镇化模式［J］. 中国社会科学,2017（12）：117-137，207-208.

② 郭亮. 不完全市场化：理解当前土地流转的一个视角——基于河南Y镇的实证调查［J］. 南京农业大学学报（社会科学版），2010（4）：21-27，42.

③ 简新华，黄锟，等. 中国工业化和城市化过程中的农民工问题研究［M］. 北京：人民出版社，2008：12-13.

④ 王春光. 农村流动人口的"半城市化"问题研究［J］. 社会学研究,2006,21，（5）：107-122.

⑤ 罗小峰. 制度、家庭策略与半工半耕型家庭生计策略的形成——兼论农民工家庭劳动力的再生产［J］. 福建行政学院学报，2013（5）：46-51.

⑥ 潘毅，卢晖临，张慧鹏. 大工地：建筑业农民工的生存图景［M］. 北京：北京大学出版社，2012：67.

造成不利影响，国家必然通过制定相关的产业制度、福利制度、就业制度等使劳动力自身的再生产和家庭劳动力再生产得以顺利进行。曼纽尔·科斯特尔（Manuel Castells，1978）在充分肯定资本、生产组织、阶级斗争及工资水平是劳动力再生产重要因素的基础上，得出国家通过制度提供的政策优势给劳动者带来的非直接工资所产生的影响越来越大[①]。布若威（Burawoy，1976）针对工业化过程中存在的大量移民劳动力的不合理再生产模式，认为国家权力的有意识运作和安排不仅没有对其进行削弱和改变，反而将其加固，从而有效降低工业生产成本，减少城市化的压力[②]。

事实上，无论是从工业化与城市化的关系角度，还是从就业制度改革与户籍制度改革角度，我们都能看到在农民工身上存在的矛盾机制。在新中国成立至改革开放前期，较低水平的生产力在保证城市和工业供应以后，用来发展福利的公益金少之又少，再加上按口粮分配的绝对平均制度，客观上决定了这种集体经济提供的劳动力再生产的质量是低水平的，但由于生产队集体统筹到位、资源分配平等，当时实施的许多福利制度取得了很好的效果。比如合作医疗、"五保"制度及几乎免费的教育制度等，都为当时的农民生活提供了宽领域的保障。

第二节 关于我国外出务工农村劳动力现状的研究

农民工从语义学来说是一个充满矛盾的复合词语，"农民"是与"城

---

① MANUEL CASTELLS. City, Class and Power［M］. The Macmillan Press LTD，1978：41.

② MICHAEL BURAWOY. The Functions and Reproductions of Migrant Labor：Comparative Material from Southern Africa and the United States［J］. The American Journal of Sociology，1976，Vol.81，No.5：1050-1087.

市居民"相异的、在户籍制度上体现的身份;"工(人)"是指从事工业的劳动者,即从事职业的特殊身份,这种制度身份与职业身份的融合使外出务工农村劳动力本身呈现矛盾的状态,这种矛盾的状态体现在外出务工农村劳动力工资低、住房环境差、健康退化和社会保障不足等方面。因此,下面主要针对外出务工农村劳动力的收入、教育、住房、健康和社会保障等问题进行梳理。

一、关于外出务工农村劳动力的收入问题分析

近年来,外出务工农村劳动力收入较低的现象引起学界和社会的广泛关注。部分学者在新古典经济学研究范式的基础上进行分析,认为劳动者之间的收入差距是由不同人力资本引起的[①],他们通过不同的调查数据对影响外出务工农村劳动力收入的教育、技能培训和身体健康程度等人力资本因素进行实证分析。部分学者除了分析外出务工农村劳动力所受的教育、具备的技能等,还提出性别、年龄、工龄、工种等均对外出务工农村劳动力的收入产生影响。

(一)外出务工农村劳动力的人力资本对其收入的影响

我国外出务工农村劳动力作为社会主义市场经济时期一种特殊的劳动力形式,影响其生存和发展的关键因素是他们所拥有的劳动能力。人力资本理论将劳动者自身拥有的劳动能力称为人力资本。外出务工农村劳动力人力资本是指体现在外出务工农村劳动力身上的、能够带来经济收益的自身素质、心理素质、能力素质等有价值因素的存量。这些有价值因素的存量主要是通过教育、培训、迁移和医疗保健等途径形成的。近年来,外出务工农村劳动力的人力资本问题受到海内外学者的广泛关注,学术界围绕外出务工农村劳动力人力资本问题的分析主要从两个角度来研究:一是将人力资本视为因变量,探讨不同因素对人力资本的影响,如外出务工农村

---

① 王美艳. 城市劳动力市场上的就业机会与工资差异——外来劳动力就业与报酬研究 [J]. 中国社会科学, 2005 (5): 36-46.

劳动力人力资本的生成途径、投资主体等；二是将人力资本视为自变量，探讨外出务工农村劳动力人力资本对其他因素的影响，如人力资本对外出务工农村劳动力收入、职业选择、返乡行为、创业行为的影响等。

石智雷、吴为玲等（2018）利用流动人口动态监测调查数据分析得出，体现人力资本存量的教育、体现人力资本增量的工作经验和专业技术、体现人力资本投资的技能培训3个因素均对农民工的收入有着显著的正向影响[1]。首先，就教育程度与收入关系而言，高文书（2006）实证分析得出，北京、石家庄、沈阳、无锡和东莞5个城市中农民工受教育水平与收入之间呈正相关，研究结果显示农民工受教育年限每增加1年，小时工资约增加6%[2]。陈珣、徐舒（2014）在教育增加农民工收入的基础上，具体指出高学历增加的只是农民工的初始工资水平，并不会显著增加农民工的工资同化速度[3]。苏群、周春芳（2005）利用2004年江苏省苏南、苏中、苏北地区的调查数据测算出，农民工受教育年限每提高1年，其收入会增加44.06元[4]。其次，就培训与收入的关系而言，张世伟、武娜（2015）根据2008年中国城乡劳动力流动调查数据研究得出，农民工的收入水平在接受在30天以内的一般培训或120天以内的专门培训时，会随着培训时间的延长而得到显著提升；但一般培训时间超过30天或专门培训超过120天后，其收入水平并未随着培训时间的延长而得到进一步的提

① 石智雷，吴为玲，张勇. 市场能否改善进城农民工的收入状况——市场化、人力资本与农民工收入 [J]. 华中科技大学学报（社会科学版），2018（5）：40-49.

② 高文书. 进城农民工就业状况及收入影响因素分析——以北京、石家庄、沈阳、无锡和东莞为例 [J]. 中国农村经济，2006（1）：28-34.

③ 陈珣，徐舒. 农民工与城镇职工的工资差距及动态同化 [J]. 经济研究，2014（10）：74-88.

④ 苏群，周春芳. 农民工人力资本对外出打工收入影响研究——江苏省的实证分析 [J]. 农村经济，2005（7）：115-118.

升①。医疗保健状况没有显著影响②。

（二）其他因素对外出务工农村劳动力收入的影响

刘林平和张春泥（2007）在分析教育年限、培训等因素比较敏感地影响着农民工工资的基础上，还提出农民工的年龄、性别、工龄，以及企业制度中的企业规模和工种等均对农民工的工资产生影响③。

就农民工的年龄影响来说，严于龙、李小云（2006）认为农民工的工资随着年龄的增加而不断提高，但是当年龄增加到一定程度后，收入会随着年龄的增加而减少④。而周井娟的结论则相反，他以浙江省农民工的样本为基础，通过模型分析，指出农民工的年龄在众多因素中对工资的影响并不显著⑤。

就农民工性别和工种来说，郝清（2008）对青岛市农民工采取随机发放调查问卷的形式，运用明瑟（Mincer）模型和相关系数方法计算得出，青岛市农民工的女性教育收益率略高于男性，从事服务行业工作的农民工与工业和建筑业的农民工相比其教育收益率略低，来自青岛市的农民工教育收益率高于来自青岛以外地区的农民工⑥。

此外，杨思远认为由户籍制度决定的农民工的二重收入是其工资低的

---

① 张世伟，武娜. 培训时间对农民工收入的影响［J］. 人口学刊，2015（4）：104-111.

② 张杨珩. 进城农民工人力资本对其非农收入的影响——基于江苏省南京市外来农民工的调查［J］. 农村经济，2007（8）：57-60.

③ 刘林平，张春泥. 农民工工资：人力资本、社会资本、企业制度还是社会环境？——珠江三角洲农民工工资的决定模型［J］. 社会学研究，2007（6）：114-137.

④ 严于龙，李小云. 农民工收入影响因素初步分析［J］. 宏观经济管理，2006（12）：54-56.

⑤ 周井娟. 不同行业农民工收入影响因素比较［J］. 统计与决策，2008（2）：98-100.

⑥ 郝清. 城市农民工人力资本转化研究［D］. 青岛：青岛大学，2008.

主要原因。高嵩（2006）是将乡镇企业增加到托达罗模型的变量中，运用其2005年对北京农民工的调查数据实证分析农民工的户籍制度对其收入的影响。

二、关于外出务工农村劳动力的教育和职业培训问题分析

外出务工农村劳动力教育的内涵有广义和狭义之分。广义的外出务工农村劳动力教育包括基础教育、技能教育、城市适应教育和岗位培训等；而狭义的外出务工农村劳动力教育是国家向全体公民传授基础知识、基本准则和社会规范的制度化渠道。本部分所使用的教育是狭义的教育概念，是指外出务工农村劳动力通过接受九年义务教育而习得的认字、读书、计算等能力，即普通教育。职业培训是劳动者在生产过程或非生产过程中通过专业知识的学习与经验的积累等非制度化渠道而形成的技能。

（一）普通教育形成通用的劳动技能

现有观点认为，农村教育水平低、政府教育投资不足是阻碍农民工人力资本生产的主要因素之一。王子、叶静怡（2009）对北京市农民工的不同教育水平进行分位回归，通过研究，发现不同教育水平的农民工在其工作中资本积累的速度不同，资本积累的程度直接决定着工资的收入[1]。张苏、曾庆宝（2011）通过对教育的人力资本代际传递效应的相关国外文献的综述，认为教育不仅惠及受教育者本人，还会通过代际传递作用对后代的人力资本积累产生重要的影响[2]。

毕先进和刘林平（2014）将农民工群体与城市居民和农村居民的教育收益率做比较，研究发现农民工的教育收益率居于城市居民和农村居

---

① 王子，叶静怡. 农民工工作经验和工资相互关系的人力资本理论解释——基于北京市农民工样本的研究［J］. 经济科学，2009（1）：112-125.

② 张苏，曾庆宝. 教育的人力资本代际传递效应述评［J］. 经济学动态，2011（8）：127-132.

民中间，即低于城镇居民，高于农村居民[①]。张泓骏、施晓霞（2006）作为早期计算农民工教育回报率的代表，分别使用1999年农业部在河北、陕西、安徽、湖南、四川和浙江6个省农村地区进行的住户调查数据和来自国民经济研究所2004年在全国范围内进行的农民工收入转移抽样调查两套数据，在纠正选择性偏差的基础上得出农民工的教育回报率约为5.36%[②]，与王德文等（2008）估算的农民工的教育回报率为5.3%～6.8%相吻合[③]，低于国际和全国平均水平[④]。谢勇（2013）使用分位数回归估算出农民工受教育年限的平均收益率为3.71%，并且随着收入分位的提高而先降后升[⑤]。

张锦华、王雅丽等将视角放在农民工群体内部，运用2008年中国居民收入调查中有关农民工的数据比较新生代农民工与老一代农民工的教育收益率，研究发现新生代农民工的教育收益率高于老一代，高中学历和大专学历阶段的教育收益率更为明显，新生代农民工中高中学历与大专学历的教育收益率分别为29.6%和56.1%；相应地，老一代农民工则分别为17.1%和34.2%[⑥]。

---

① 毕先进，刘林平. 农民工的教育收益率上升了吗？——基于2006、2008、2010年珠三角农民工问卷调查的分析 [J]. 人口与发展，2014（5）：52-60.

② 张泓骏，施晓霞. 教育、经验和农民工的收入 [J]. 世界经济文汇，2006（1）：18-25.

③ 王德文，蔡昉，张国庆. 农村迁移劳动力就业与工资决定: 教育与培训的重要性 [J]. 经济学（季刊），2008（4）：1131-1148.

④ 赵海. 教育和培训哪个更重要——对我国农民工人力资本回报率的实证分析 [J]. 农业技术经济，2013（1）：40-45.

⑤ 谢勇. 基于分位数回归的农民工人力资本收益率的估算 [J]. 农业技术经济，2013（4）：4-12.

⑥ 张锦华，王雅丽，伍山林. 教育对农民工工资收入影响的再考察——基于CHIP数据的分析 [J]. 复旦教育论坛，2018（2）：68-74.

（二）职业技能培训（包括"干中学"）形成专用的劳动技能

从农民工职业培训的现实意义来看，职业教育的提升对市场经济中政府、企业和农民工劳动者本人3个市场主体的发展都有积极意义。对于政府来说，农民工职业培训是国家推动新型城镇化、市民化战略的关键环节，农民工职业培训的质量关系到我国城镇化速度、工业化水平和现代化建设程度，对经济发展、政治稳定、文化提升和社会和谐等有着重要意义①。对于企业来说，经济增长方式的转变、产业结构的调整升级和科技成果的广泛应用都需要农民工增加技术培训以适应生产力的发展，这样才能促进企业可持续健康发展②。对于农民工本人来说，职业培训有利于农民工在职业分层中实现社会地位的提升，农民工社会地位的提升不仅有助于其实现市民化，而且有助于其通过提升劳动者自身技能、文化和知识等拓宽其就业范围和层次。陈珣、徐舒（2014）结合农民工问题特有的数据结构，构建新的非线性工具变量回归方法，实证测量出职业技能培训的增加有助于农民工的工资逐渐向城市居民的工资同化③。相较于未参加过培训的农民工，曾经有过培训经历的劳动力平均月工资高180.64元④。

罗锋、黄丽（2011）以珠江三角洲961个新生代农民工的调查数据为样本，采用扩展的Mincer工资方程测算出，新生代农民工接受1个月以上的培训会使农民工非农收入增长11.2%，工作经验每增加1年，新生代农

---

① 代振华，周杏梅. 农民工素质提升的困境与对策［J］. 甘肃社会科学, 2010（4）: 27-29.

② 吕莉敏. 城乡一体化背景下新生代农民工教育培训策略研究［J］. 职教论坛, 2013（4）: 35-37.

③ 陈珣，徐舒. 农民工与城镇职工的工资差距及动态同化［J］. 经济研究, 2014（10）: 74-88.

④ 苏群，周春芳. 农民工人力资本对外出打工收入影响研究——江苏省的实证分析［J］. 农村经济, 2005（7）: 115-118.

民工非农收入增长8.9%[①]。吴炜（2016）使用2010年长江三角洲和珠江三角洲农民工调查数据研究了"干中学"对农民工工资收入的影响，他指出农民工技能培训的重要性，并且这种通过培训习得的技能对农民工收入的影响是双重的：一方面，与教育培训习得的技能相比，"干中学"习得的技能对农民工工资收入产生负面影响；另一方面，教育与"干中学"存在交互作用，"干中学"习得的技能所获得的收入回报率要高于教育培训所获得技能的回报率[②]。屈小博（2013）采用倾向性的分匹配方法得出职业技能培训使农民工职业技能净收益提高了近8.2%。

三、关于外出务工农村劳动力的住房问题分析

英国学者莱恩·多亚尔和伊恩·高夫在《人的需要理论》一书中提出，住房的概念不仅涉及住房面积、湿度、温度等对家庭成员隔离、睡觉、做饭等不同功能的影响，还包括工作和休闲空间及因素等住房本身之外的诸多内容[③]。对于处在中国特色社会主义市场经济条件下的农民工来说，其住房问题承载着较多的职能，如政治角度的公平功能、经济发展角度的城市化功能、经济结构角度的房地产去库存功能和社会角度的市民化功能。据《2017年农民工监测调查报告》显示，进城农民工人均居住面积为19.8平方米，不足国家统计局于2017年7月发布的2016年全国居民人均住房建筑面积40.8平方米的一半；城市规模越大，进城农民工人均居住面积越小，在500万人以上的城市，人均居住面积为15.7平方米，人均居住面积5

---

① 罗锋，黄丽. 人力资本因素对新生代农民工非农收入水平的影响——来自珠江三角洲的经验证据［J］. 中国农村观察，2011（1）：10-19.

② 吴炜. 干中学：农民工人力资本获得路径及其对收入的影响［J］. 农业经济问题，2016（9）：53-60.

③ 〔英〕莱恩·多亚尔，伊恩·高夫. 人的需要理论［M］. 北京：汪淳波，译. 商务印书馆，2008：28.

平方米及以下的农民工户占5.7%[①]。由此可见，农民工面临着严重的住房问题。目前，学术界对于影响农民工住房问题的分析主要从制度因素和非制度因素两个方面来考察。

（一）影响外出务工农村劳动力住房的制度因素

从现有研究来看，影响外出务工农村劳动力居住状况的制度因素主要有户籍制度、房地产政策制度和住房保障制度3个方面。吴炜（2013）认为，户籍制度与土地制度相结合导致了农民工劳动力的代际再生产与劳动力的自我再生产的分离，这种分离造成农民工面临严重的住房问题[②]。随着城市住房的市场化改革，农民工凭借其现有收入按照目前国内房地产的价格根本无力购买城市中的商品房[③]。张道航（2009）指出，一方面，我国农民工住房困难是由房地产的产业发展政策、财政金融政策等导致的住房市场房价上涨过快、住房供应结构失衡等问题引起的[④]；另一方面，分税制度改革使地方政府在保障性住房的供给方面缺乏动力，造成保障性住房供给不足，尤其在城乡分治的户籍管理制度下新生代农民工甚至被排斥在城市保障体系之外[⑤]。

（二）影响外出务工农村劳动力住房的非制度因素

影响外出务工农村劳动力居住状况的非制度因素主要有收入、受教育程度、城市居留意愿、外出务工农村劳动力居住类型等。张斐、孙磊（2010）基于中国人民大学人口与发展研究中心于2006年9—10月组织的

---

① 数据来源：《2017年中国农民工监测调查报告》。

② 吴炜：劳动力再生产视角下农民工居住问题研究［D］. 南京：南京大学，2013：46.

③ KNIGHT, JOHN, LINA SONG & HUAIBIN JIA. Chinese Rural Migrants in Urban Enterprises：Three Perspectives［J］. Journal of Development Studies，1999，35（3）.

④ 张道航. 导致城市弱势群体住房困难的政策因素分析［J］. 理论研究，2009（4）：52-53.

⑤ 林永民，赵金江，史孟君. 新生代农民工城市住房解困路径研究［J］. 价格理论与实践，2018（6）：50-53.

"北京市1%流动人口调查数据"进行研究，结果表明，收入、受教育程度、留京意愿、就业身份都与北京市农民工的人均居住面积呈正相关关系[①]。侯慧丽、李春华（2010）对农民工居住状况的分析与张斐等在收入和留京时间对居住质量和人均居住面积有显著影响的观点相同，不同的是他们认为教育只对居住质量有影响，对居住面积则几乎没有[②]。熊景维、季俊含（2018）通过对武汉市628个农民工家庭的样本数据进行实证分析，发现城市居留意愿是影响农民工城市住房条件的主要因素[③]。张黎莉、严荣（2019）基于2011年、2013年、2015年的"中国社会状况调查"数据研究农民工在流入地住房困难的代际差异，结果表明，婚姻状况、单位性质、职业身份、居住地区类型对两代农民工住房均有显著影响，租住集体宿舍的农民工比租住廉租房、私人出租房的农民工更容易发生住房困难[④]。

四、关于外出务工农村劳动力的健康问题分析

外出务工农村劳动力的健康对劳动力再生产的质量发展具有重要的研究意义，维系较好的身体健康和体力劳动是外出务工农村劳动力在城市务工的基本条件。学术界对农民工健康问题的研究主要围绕两个方面展开：一方面是将健康作为自变量，分析健康对农民工的就业、收入水平的影

---

① 张斐，孙磊. 大城市流动人口居住状况研究——以北京市为例 [J]. 兰州学刊，2010（7）：81-85.

② 侯慧丽，李春华. 北京市流动人口住房状况的非制度影响因素分析 [J]. 北京社会科学，2010（5）：10-14.

③ 熊景维，季俊含. 农民工城市住房的流动性约束及其理性选择——来自武汉市628个家庭户样本的证据 [J]. 经济体制改革，2018（1）：73-80.

④ 张黎莉，严荣. 农民工在流入地住房困难的代际差异研究——基于"中国社会状况综合调查"的数据 [J]. 华东师范大学学报（哲学社会科学版），2019（1）：150-158.

响；另一方面是将健康作为因变量，分析影响农民工健康的因素[①]。刘莹（2011）运用跟踪性调查数据，通过分析影响农民工健康水平的主客观因素，综合得出农民工总体健康水平呈下降趋势[②]。朱培嘉（2018）等采用自编调查问卷和亚健康状态自测量表对1134名煤炭行业农民工进行身体健康情况调查，研究发现煤炭行业工人亚健康占比为81.0%[③]。学术界对于影响农民工健康因素的分析主要有性别、年龄、婚姻、教育等人口学因素，以及职业、劳动时间等经济学因素。有学者[④⑤]基于农民工的性别、年龄和婚姻状况等个人基本特征因素对农民工身心健康的影响进行研究。胡安宁（2014）基于中国综合社会调查2010年的全国数据分析城乡间教育对健康的回报差异，结果显示教育对城乡居民健康具有正向回报[⑥]。黄乾（2010）利用5个城市的农民工调查数据实证研究发现，教育对健康有显著的正影响[⑦]。秦立建、秦雪征等（2012）运用跟踪调查数据，使用赫克曼模型得出健康状况不佳对农民工外出务工劳动力供给时间产生显著的负

① 卢海阳，邱航帆，杨龙，等. 农民工健康研究：述评与分析框架［J］. 农业经济问题，2018（1）：110-120.

② 刘莹. 中国农民工健康状况动态趋势分析——基于1997-2006年CHNS调查数据［J］. 新疆大学学报（哲学社会科学版），2011（6）：33-37.

③ 朱培嘉，陈再琴，赵小登，等. 煤矿农民工亚健康状态的现况调查［J］. 中国健康教育，2018（7）：598-601.

④ CHEN, J., CHEN, S. AND LANDRY, P.F. Migration, environmental hazards, and health outcomes in China［J］. Social Science & Medicine, 2013（80）: 85-95.

⑤ CHEUNG, N.W.T. Rural-to-urban migrant adolescents in Guangzhou. China: Psychological health, victimization, and local and trans-local ties［J］. Social Science & Medicine, 2013（93）: 121-129.

⑥ 胡安宁. 教育能否让我们更健康——基于2010年中国综合社会调查的城乡比较分析［J］. 中国社会科学，2014（5）：116-130.

⑦ 黄乾. 教育与社会资本对城市农民工健康的影响研究［J］. 人口与经济，2010（2）：71-75.

向影响①。对于农民工健康状况的后果分析主要针对健康与收入之间的关系影响，苑会娜（2009）基于北京市农民工调查的数据分析得出约有1/4的农民工在其流动后的健康状况相较于流动前发生恶化②。

五、关于外出务工农村劳动力的社会保障问题分析

学术界采用整体和局部相统一的分析方法对农民工社会保障问题展开深入研究③。整体的分析方法体现在对农民工社会保障制度的整体研究上，徐锡广（2017）认为处于"半城市化"状态下的农民工，其社会保障缴费率低且社会保险异地转移接续难度大④，与城镇居民有着明显的差距⑤。

局部的分析方法体现在对不同的农民工群体进行的分群体研究，如第一代农民工⑥（谷玉良，2016）、第二代农民工⑦（郝保英，2014）等；

---

① 秦立建，秦雪征，蒋中一. 健康对农民工外出务工劳动供给时间的影响［J］. 中国农村经济，2012（8）：38-45.

② 苑会娜. 进城农民工的健康与收入——来自北京市农民工调查的证据［J］. 管理世界，2009（5）：56-66.

③ 朱德云，孙成芳. 农民工市民化背景下的社会保障制度改革研究文献综述［J］. 山东财经大学学报，2017（6）：106-114.

④ 徐锡广，申鹏. 经济新常态下农民工"半城镇化"困境及其应对［J］. 贵州社会科学，2017（4）：136-141.

⑤ 王凡. 我国城市化进程中农民工社会保障问题浅析［J］. 湖北社会科学，2008（3）：66-68.

⑥ 谷玉良. 老年农民工的城市社会保障与权利诉求［J］. 人口与社会，2016（3）：51-57.

⑦ 郝保英. 新生代农民工的社会保障权实现路径辨析［J］. 河北师范大学学报（哲学社会科学版），2014（3）：152-157.

对农民工社会保障内容的分项目研究，如社会保险①（汤兆云，2016）、社会救助②（钟玉英、王艺，2015）等；对不同地区的农民工进行分区域研究，如中西部③（李迎生、袁小平，2013）、省市之间等；对不同农民工社会保障的分行业研究④（许洁莹，2010）；等等。

第三节　关于我国外出务工农村劳动力未来发展方向的研究

对于农民工未来的发展方向，部分学者认为伴随着工业化和城镇化的发展，市民化是中国农民工的根本出路，只有改变农民工的身份，才能使农民工的问题得到彻底解决⑤；部分学者认为农民工可在耕地需求增加、体能、技能下滑或照顾家庭等影响下选择回流至农村，也可在城市积累了定量资本、经验、人脉等前提下或选择回乡创业，或从事农业规模化经

---

① 汤兆云. 建立相对独立类型的农民工社会养老保险制度［J］. 江苏社会科学，2016（1）：32-39.

② 钟玉英，王艺."半城市化"背景下农民工社会救助的政策设计与推进策略［J］.开发研究，2015（4）：173-176.

③ 李迎生，袁小平. 新型城镇化进程中社会保障制度的因应——以农民工为例［J］甘肃社会科学，2013（11）：76-85.

④ 许洁莹. 新乡市建筑业农民工人力资源开发与社会保障［J］. 管理学刊,2010（6）：107-108.

⑤ 简新华，黄锟，等. 中国工业化和城市化过程中的农民工问题研究［M］.北京：人民出版社，2008：24-28。

营，即成为新型农民①。由于农民工问题伴随现代化的全过程，并将随着现代化的基本实现而终结，所以，无论是市民化过程，还是新型农民化过程，都不是一蹴而就的，而是长期的、复杂的过程②。

一、市民化发展

学术界对于外出务工农村劳动力市民化的发展主要从影响市民化的因素和实现市民化的途径两个方面进行分析。影响农民工市民化的因素分为户籍制度、社会保障等制度因素和个体特征、人力资本、社会资本、心理资本等非制度因素两个角度，与之相对应的市民化途径也是从制度和非制度角度出发③。蔡昉认为，制度因素是影响农民工市民化的主要因素④。刘传江（2013）经过详细分析得出农民工市民化面临的是"双重户籍墙"的制度因素。一方面，是建立在原始城乡对立基础上的"显性户籍墙"；另一方面，是与"显性户籍墙"相适应的对农民工及其权利歧视的制度安排，如分割的劳动力市场、城乡有别的公共服务与社会保障等⑤。正是这种架在农民工面前的"双重户籍墙"，使农民工的职业身份、政治身份、文化身份、社会身份在改革开放40多年以来一直处于漂移的

① 李向荣. 资源禀赋、公共服务与农民工的回流研究［J］.华东经济管理,2017（6）：38-44.

② 韩长赋. 中国农民工发展趋势与展望［J］. 经济研究，2006（12）：4-12.

③ 刘小年. 农民工市民化的影响因素：文献述评、理论建构与政策建议［J］.农业经济问题，2017（1）：66-74.

④ 蔡昉. 劳动力迁移的两个过程及其制度障碍［J］. 社会学研究，2001（4）：44-51.

⑤ 刘传江. 迁徙条件、生存状态与农民工市民化的现实进路［J］.改革,2013（4）：83-90.

状态。①因此，辜胜阻、李睿等（2014）提出通过户籍制度改革，实施差别化落户和积分制政策，让符合条件的农业转移人口落户。陈静、柳颖（2018）对江苏省13个地级市的农民工展开社会保障满意度调查，结果发现农民工群体的社会保障满意度总体偏低，其心理状态弱势对社会保障效应产生消极影响，并进一步成为市民化的障碍之一。因此，要加强"权利公平"的核心作用，重构与居住地相关而与非户籍相关的城市社会保障制度。对于影响农民工市民化的非制度因素，肖璐、蒋芮（2018）提出要提高农民工主观能力和落户意愿，满足农民工子女教育需求是推动农民工市民化的关键所在②。

二、回流返乡

对于外出务工农村劳动力回流的问题，学术界主要分析了影响外出务工农村劳动力回流意愿的因素以及国家如何从政策上保证其顺利返乡。Yaohui Zhao（2002）认为，年龄是影响农民工回流的关键因素，部分农民工到了一定年纪会选择返乡，并通过实证分析得出，男性劳动力回流的比例低于女性劳动力③。罗凯（2009）基于中国健康和营养调查数据实证分析得出农民工的年龄和婚姻状况是影响农民工返乡的主要原因，但照料老人和重视子女教育等传统观念的影响也不可忽视④。匡远凤（2018）提出在照料老人、教育子女对回乡产生显著影响的同时，否定了政府政策对农

① 赵迎军. 从身份漂移到市民定位：农民工城市身份认同研究［J］. 浙江社会科学，2018（4）：93-102，158-159.

② 肖璐，蒋芮. 农民工城市落户"意愿—行为"转化路径及其机理研究［J］. 人口与经济，2018（6）：89-100.

③ ZHAO Y H. Causes and consequences of return migration: recent evidence from China［J］. Journal of Comparative Economics，2002，2（8）：54-55.

④ 罗凯. 打工经历与职业转换和创业参与［J］. 世界经济，2009（6）：77-87.

民工返乡的影响①。Pohl（2005）则从农民工的技能角度分析，当农民工随着年龄的增大，体能、技能的下滑致使其回流比例大幅提高②。另外，户籍制度还导致农民工在城市没有安全感，因此农民工在积攒一定的资本后选择回乡③。葛晓巍、林坚（2009）则从农民工的职业角度分析得出，有农民工经历的人员更偏向回流，而有个体工商户劳动者和农村智力劳动者经历的人员回流的概率较小④。

　　因此，对于回流返乡的农民工，各级政府应从制度规定和政策法规等方面为选择返乡的农民工顺利回流创造良好的环境，对于拥有较高资源禀赋的返乡农民工，各地政府可通过制定相应的财政补贴或政策使相关的金融机构对回流返乡创业的农民工予以优惠的贷款与融资利率，支持返乡农民工创业；对于拥有较低资源禀赋的农民工家庭，政府可通过提供技能培训或相应的技能指导增加其技术能力，并在此基础上为其提供信息服务，使其为乡村经济的发展注入活力⑤。此外，尽快完善留守农村人员和返乡农民工在农村的养老保险、医疗保险等相关制度，实现城乡一体化发展⑥。

---

① 匡远凤. 人力资本、乡村要素流动与农民工回乡创业意愿——基于熊彼特新视角的研究［J］. 经济管理，2018（1）：38-55.

② POHL C. Return migration of low-and high-skilled immigrants from Germany［J］. International Migration Review，2005，2（8）：243-244.

③ 杨菊华. 中国流动人口经济融入［M］. 北京：社会科学文献出版社，2013：121-123.

④ 葛晓巍，林坚. 影响我国外出劳动力回流的因素浅析［J］. 西北农林科技大学学报（社会科学版），2009（1）：31-35.

⑤ 李向荣. 资源禀赋、公共服务与农民工的回流研究［J］. 华东经济管理，2017（6）：38-44.

⑥ 石川，杨锦绣，杨启智，等. 外出农民工回乡意愿影响因素分析——以四川省为例［J］. 农业技术经济，2008（3）：71-76.

第四节　本章小结

通过对外出务工农村劳动力问题的文献梳理和分析研究，我们不难发现，国内外学者对中国外出务工农村劳动力问题给予了广泛关注。这一方面体现在研究内容的广度上，即涵盖外出务工农村劳动力的形成原因、现状和发展方向3个方面；另一方面体现在研究内容的深度上，即从经济学、社会学、人口学、管理学、法学等学科领域对外出务工农村劳动力问题进行研究。这也表明外出务工农村劳动力问题的特殊性、严重性以及需要解决的迫切性，并在此基础上提供相应的意见或建议，取得了一系列的研究成果。

绝大多数学者对外出务工农村劳动力问题的分析主要集中在某一方面影响效应的探讨上，这些方面主要包括外出务工农村劳动力的收入、教育、健康、社会保障等。以外出务工农村劳动力的收入为例，学术界对外出务工农村劳动力收入问题的分析主要集中于两个角度：一是将外出务工农村劳动力的收入作为自变量，分析外出务工农村劳动力收入对其自身的行为或劳动力市场的影响；二是将外出务工农村劳动力的收入作为因变量，分析影响外出务工农村劳动力收入的具体因素等。这些具体因素不仅包括外出务工农村劳动力群体的年龄、性别、工龄、工种等个体因素，还包括城乡二元结构、户籍制度、就业制度等因素。对于外出务工农村劳动力的教育、健康、社会保障等方面的分析方法与其收入一样，也采取外生性变量的研究方法。然而，这些文献对外出务工农村劳动力问题的研究较为分散，不能全面、整体地分析出外出务工农村劳动力的综合水平，大部分停留在定性描述的层面，即使学术界存在部分对外出务工农村劳动力问题的定量分析，也只是在有限的公开数据或调研数据的基础上采用计量经济模型而进行的实证研究。由此可见，这些定性的描述性分析和定量的实证分析均缺乏深入的理论基础，也没有为外出务工农村劳动力问题的整体分析建立一个良好的理论框架。

因此，笔者在以往研究的基础上，首先把劳动力再生产作为研究的切入点，然后根据时代发展要求，把外出务工农村劳动力高质量再生产作为研究的核心内容，从而在理论上做出新的推进。将外出务工农村劳动力的收入、教育、医疗和社会保障4个部分纳入衡量劳动力再生产质量的指标，并构建外出务工农村劳动力再生产质量分析的理论框架，尝试从学理上对外出务工农村劳动力再生产的质量进行科学分析，以期对如何实现外出务工农村劳动力再生产高质量发展提出对策和建议。

第三章 劳动力再生产质量问题分析的理论框架

劳动力再生产是人类社会再生产活动的重要前提，劳动力再生产既要再生产出劳动力的数量，也要再生产出劳动力的质量。劳动力再生产的质量水平，既是推动生产力进步的能动要素，也是衡量人类自身发展的重要尺度。中国特色社会主义进入新时代，我国外出务工农村劳动力再生产，也趋向于从数量发展迈向高质量发展的新阶段。因此，从质量视角研究外出务工农村劳动力再生产，与我国经济高质量发展的总体要求是一致的。为了研究我国外出务工农村劳动力再生产质量问题，本研究将建立一个理论框架。

第一节　劳动力再生产的数量和质量的关系

人类经济活动离不开劳动力。人类经济活动是循环往复的再生产过程，在这个过程中，劳动力不断地被消耗，又不断地被再生产出来。劳动力通常指人的劳动能力，正如马克思所指出的，"我们把劳动力或者劳动能力，理解为一个人的身体即活的人体中存在的、每当他生产某种使用价值时就运用的体力和智力的总和。"[1]对劳动力的"力"，我们可以从两个方面理解：一方面是指劳动者提供的动力或力量，即Power；另一方面

---

[1]　马克思. 资本论（第一卷）[M]. 北京：人民出版社，2004：195.

是指包含一定技能的能力，即Ability①。尽管在现实经济活动中，劳动力的这两个方面是融为一体的，表现为劳动者的劳动能力，但在学理分析上，做这种区分是具有理论意义的。

人的劳动能力的形成是一个自然的历史过程。劳动力首先是一种自然力，最初是在人类征服自然、改造自然的过程中形成的。正如马克思所指出的，人和自然之间要进行物质交换，"人自身作为一种自然力与自然物质相对立。为了在对自身生活有用的形式上占有自然物质，人就使他身上的自然力——臂和腿、头和手运动起来"②。

随着人类征服自然、改造自然的能力不断提高，人类智慧在社会生产活动中的运用越来越多，人类通过积累知识而习得的劳动能力也占有越来越重要的地位，这种能力是在社会化过程中形成的，称为"社会能力"，与"自然力"对应③。总体来看，劳动能力既体现在自身是否强壮有力的自然力方面，也体现在后天教育、培训、劳动经验等社会因素形成的社会能力，即人类智慧方面。

劳动者在自然力方面的再生产，是保证劳动力能被反复使用的基础，也是劳动力数量的基础。每个劳动力都能把自己已经消耗的"力"再生产出来，也就确保了劳动力数量的维持，从这个意义来说，劳动力的自然力再生产属于数量问题。劳动力在再生产过程中，不仅要保证数量，还要保证效率，效率来自劳动能力的提高。劳动能力能否得到提高社会因素密切相关，从这个意义来说，劳动力再生产的社会能力属于质量问题。教育、文化、劳动经验等与提高劳动力质量密切相关的因素能否被应用到劳动力身上，取决于具体的社会制度。比如在奴隶社会，教育、文化和劳动经验等均比原始社会有了明显的发展，但接受教育的不是提供劳动力的奴隶

---

① 刘凤义. 劳动力商品理论与资本主义多样性研究论纲［J］. 政治经济学评论，2016（1）：123-149.

② 马克思. 资本论（第一卷）［M］. 北京：人民出版社，2004：208.

③ "社会能力"在这里是为了区别劳动者自然力方面的能力，但这种智力不是天生的，是指后天教育、培训等形成的，又称"社会智力"，是Ability一词的体现。

们，而是不参与劳动的奴隶主阶级。由此可见，奴隶社会中的教育本身不是为了提高劳动者的技能，而是特权阶层才能享有的权利。

依据马克思关于劳动力再生产的理论，可以把劳动力再生产的内容概括为3个部分，这3个部分相对地分为数量和质量两个方面的问题。

第一是劳动者本人已有劳动能力的恢复，这是确保劳动者能够继续提供劳动力的基本条件，也是基本数量的保证。马克思指出："劳动力所有者今天进行了劳动，他必须明天也能够在同样的精力和健康条件下重复同样的过程。因此，生活资料的总和应当足以使劳动者个人能够在正常生活状况下维持自己。"[1]

第二是下一代劳动力的再生产，这是劳动力数量维持和增加的基础。马克思指出："劳动力所有者都会死的，……因损耗和死亡而退出市场的劳动力，至少要不断由同样数目的新劳动力来补充。"[2]

第三是劳动者本人和下一代劳动力在社会能力方面的提高和增加，如技能、健康、教育、休闲、自我发展等方面的再生产，这是劳动力再生产质量方面的重要体现。马克思指出："要改变一般的人的本性，使它获得一定劳动部门的技能和技巧，成为发达的和专门的劳动力，就要有一定的教育或训练。"[3]需要指出的是，并不是所有的教育和培训都是提高劳动力质量的表现，因为劳动力质量是一个历史范畴，这一点我们将在后文详细阐述。

现实中，存在于人类社会经济活动中的劳动力再生产始终是数量和质量的统一。劳动力再生产的数量，是保证社会再生产顺利进行的前提；劳动力再生产的质量，是提高劳动生产率、推动社会生产力发展的重要条件。

---

[1] 马克思. 资本论（第一卷）[M]. 北京：人民出版社，2004：194.

[2] 马克思. 资本论（第一卷）[M]. 北京：人民出版社，2004：200.

[3] 马克思. 资本论（第一卷）[M]. 北京：人民出版社，2004：200.

一、劳动力再生产的数量和质量

由于本章的研究视角侧重研究劳动力再生产的质量问题，而不是数量问题，因此在研究质量问题时，会事先假设数量一定。需要指出的是，当我们分析劳动力数量的时候，应该包含应有的质量水平，正如马克思在分析商品的价值时所指出的，"每种商品的价值都是由提供标准质量的该种商品所需要的劳动时间决定的。"[①]对于劳动力商品来说，这里的"标准质量"是指劳动力再生产出来时应有的质量水平，是劳动力再生产质量的平均水平。标准质量是什么呢？马克思在分析资本家购买劳动力时指出，正常质量的劳动力是指"劳动力在它被使用的专业中，必须具有在该专业占统治地位的平均的熟练程度、技巧和速度"[②]。因此，马克思所分析的劳动力再生产的数量是与标准质量相联系的数量，即首先考虑是否达到标准质量，进而考虑在标准质量基础上的数量变化。需要特别指出的是，标准质量的前提不是必然存在的，在现实情况下，劳动力再生产的数量变化还存在另外两种情况：一种是低于标准质量的劳动力数量变化；另一种是高于标准质量的劳动力数量变化。前者侧重体现的是劳动力再生产的数量水平，后者体现的是劳动力再生产的质量水平。

根据马克思的理论，为了更好地理解劳动力再生产数量和质量的统一性，我们将上述劳动力再生产的3个方面内容根据不同的行为主体，划分为劳动力的自身再生产和劳动力的代际再生产。劳动力的自身再生产是指劳动者通过个人消费补充其自身在劳动过程中所消耗的劳动力（包括劳动者的"自然力"和"社会能力"），当补充的生活资料仅够恢复劳动者"自然力"的消耗时，此时体现的是劳动力再生产的数量；当补充的生活资料在恢复劳动者"自然力"的同时使其得到提高，此时体现的是劳动力再生产的质量；当补充的生活资料不仅能够恢复或者提高劳动者的"自然力"，还能提高劳动者的"社会能力"，此时体现的是劳动力再生产的质

① 马克思. 资本论（第一卷）［M］. 北京：人民出版社，2004：201.

② 马克思. 资本论（第一卷）［M］. 北京：人民出版社，2004：228.

量①。劳动力的代际再生产是指新增劳动力的再生产，即从"自然力"和"社会能力"的角度对新增劳动力进行补充和培养，使新增劳动力增加到需要补充的、新的劳动者的队伍中，新增劳动力的多少体现劳动力再生产的数量；新增劳动力的素质是否提高体现劳动力再生产的质量。对于劳动力再生质量的考察是建立在不使劳动力再生产数量减少的情况下，实现劳动者自身和下一代劳动者的"自然力"和"社会能力"的提高。

（一）劳动力再生产的数量

为了说明劳动力再生产的质量范畴，有必要对劳动力再生产的数量作进一步分析。劳动力再生产的数量主要由劳动者能否满足自我再生产和是否能够顺利实现下一代再生产来衡量。随着生产力的发展，劳动者首先要保障自己的劳动力能够被正常再生产出来，在此基础上再考虑劳动力的代际再生产。也就是说，如果生活资料的补偿连劳动者自己的劳动力都不能被再生产出来，就谈不上劳动力再生产的新增数量。从整体上看，劳动力数量再生产是以家庭为单位进行的劳动力再生产，可以称为家庭劳动力再生产。与之对比，劳动力质量再生产与社会关系更为密切。

劳动力在数量方面的再生产有3种情况：一是劳动者自身不能够正常地再生产出来，或者劳动者家庭不能再生产足够数量的下一代劳动力，以保证劳动力数量的平衡，这时劳动力再生产的数量是减少的。这种情况由于劳动力再生产是在萎缩规模上进行的，可以称为劳动力数量的萎缩型再生产。萎缩型再生产不是历史的常态，而是一种特殊时期的特殊现象，主要发生于原始社会时期。这一时期社会生产水平极其低下，人们迫于有限生存空间和可供消费的生活资料压力，部落与部落之间的冲突是必不可少的。"野蛮人结成小群沿着荒无人烟的土地，沿着海河岸游荡，哪里能找

---

① 劳动者通过个人消费而再生产"自然力"和"社会能力"的过程是不同的，由于"自然力"会随着生产过程中劳动力的使用而呈现不断减少的趋势，直至减少到劳动者的体力消耗最大为止；而劳动者的"社会能力"却不会因劳动力的使用而减少，至多呈现不增加的趋势。因此，劳动者"自然力"的再生产强调的是从零到有的恢复过程，而劳动者的"社会能力"的再生产强调的是从有到多的提高过程。

到丰富的食物就在哪里停留，……为了保全自己的生存资料——由果实、野兽、鱼，有时还由在森林中自由放牧的猪群所构成——旧世界与新世界的野蛮民族与半开化民族在自己的领土周围设一中间地带。超越出自己部落领土边界的人都会遭到邻近部落的追逐：这个部落围捕他，有时甚至杀死他。"①由此可见，原始社会通过斩杀的方式处理俘虏。因此，原始社会时期劳动力再生产的数量大部分接近于萎缩型再生产的模式。

二是每位劳动者通过不断地再生产自己和新一代的劳动力来维持整个社会劳动力数量的平衡，这一时期劳动力再生产的数量是不变的。每个劳动者家庭通过繁衍后代，一方面可以维持劳动力的数量，另一方面可以增加劳动力的数量。如果上一代劳动力因丧失了劳动能力而退出劳动力市场，而新一代劳动力正好接续，且数量平衡，这表明从社会范围内来看，劳动力再生产的数量稳定。这种情况由于劳动力再生产是在原有规模上进行的，可以被称为劳动力数量的简单再生产。

三是上一代劳动力还没有丧失劳动能力，下一代劳动力已经接续，或者上一代劳动力丧失劳动能力，下一代劳动力接续数量多于上一代，都表明劳动力再生产的数量是增加的。这种情况由于劳动力再生产是在扩大规模上进行的，可以被称为劳动力数量的扩大再生产。

如果不考虑劳动力再生产的质量因素，人类社会发展总体趋势是在劳动力数量扩大再生产基础上进行的。但考虑技术进步和社会制度因素，就不完全是这种线性关系。比如技术进步会催生技术替代型的生产方式，这种生产方式对劳动力的数量需求下降，质量需求上升。再如，一个社会抚养孩子成本过高，可能导致生育率下降，进而使劳动力再生产数量下降，客观上促使劳动力质量要不断提高。现代社会尤其如此，这也是笔者从劳动力再生产质量角度研究问题的重要现实原因。

（二）劳动力再生产的质量

劳动力再生产的质量是指劳动力不仅要把劳动者自身和下一代劳动力

---

① 拉法格. 思想起源论［M］. 王子野，译. 上海：生活·读书·新知三联书店，1963：85.

的数量再生产出来，还需要更好地再生产出来。劳动力再生产的质量是一个历史范畴，具有动态性和相对性的特点。虽然在学理上可以用劳动力的自然力反映劳动者的数量，用社会能力反映劳动者的质量，但是由于社会能力的培养是一个社会过程，文化、教育、培训等具体内容会随着社会发展的变化而变化，所以劳动力的自然力与社会能力是一个不断融合的过程。以教育为例，在只有小学教育的情况下，接受五年小学教育的劳动者可能就属于高质量的劳动力。但随着教育的发展，出现了初中教育，显然接受初中教育的劳动力才是高质量的劳动力，而这个阶段，接受小学教育所形成的社会智力就属于劳动力的自然力组成部分[1]。随着教育的进一步发展，如果初中教育成为普遍教育，大学教育就会成为高质量劳动力的体现，而接受初中教育所形成的社会智力又转化为劳动力自然力的一部分。总之，我们在分析劳动力再生产的质量时，要结合具体的、历史的、社会的条件来分析。

接下来我们以商品交换关系为例，结合具体的历史条件来说明劳动力再生产质量所包含的内容。在劳动力市场上，劳动者出卖劳动力获得货币，并用换得的货币来购买商品[2]，劳动者通过消费购买的商品再生产劳动力自身和下一代劳动力，这就是家庭劳动力再生产的整个过程。如图3-1所示，A代表劳动力商品，劳动者通过出卖自己的劳动力获得货币G[3]，W代表劳动者用货币交换而来的商品，劳动者不仅以个人消费这些商品的形式来恢复和补充自身在生产过程中"自然力"的耗费，还通过培

---

① 前文将"自然力"定义为"与自然界进行物质交换的能力"，但是这种"与自然界进行物质交换的能力"不是一成不变的，而是随着技术的发展和社会的进步，其所包含的内容不断增多。

② 这里的商品不仅包括维持劳动者基本生活的生存资料，还包括教育、培训等发展资料和享受资料。关于生存资料、发展资料和享受资料内容的划分，后文将详细阐述。

③ 这里的G采用的是货币而不是货币资本，因为货币资本是用于追求增值的资本，劳动者本人并不占有资本，这里用货币即可。

训、教育的方式来提升"社会能力"，A′是指个人通过消费或培训而获得质量提升的劳动力商品。在图3.1中，横线"-"代表流通过程，"…"代表流通过程中断。

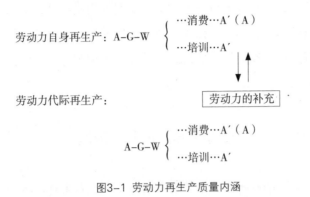

图3-1 劳动力再生产质量内涵

　　具体地说，劳动者依靠消费来进行的"补偿"是指单纯的"自然力"和"社会能力"的恢复，形成的是与之前不变的劳动力A，即W-消费（补偿）-A；劳动者依靠消费来进行的"补充"是指在恢复和补偿劳动力的基础上通过消费提供更多的生活资料，如高营养食物等产品来增强劳动力的体质，从而形成优于A的劳动力A′，即W-消费（主要是指补充）-A′，这种补充"自然力"所形成的是劳动力再生产的质量。新的劳动力A′优于A的程度则取决于生产力的发展水平。随着生产力水平的不断提高，物质资料的生产为整个社会提供的关于生产和延续劳动力所需要的生活资料的产品总量和种类不断增多，这种日益增加的产品总量和种类为劳动力再生产质量的提升提供了坚实的物质基础。因此，生产力的发展速度决定了A′优于A的程度。

　　培训是指劳动力通过职业教育、职业培训等形式提升劳动力的质量，即实现W…培训…A′。这种通过培训提高的劳动力质量包括劳动技能的改进和劳动创造性的增强。劳动技能是指人客观上改造自然的能力，体现的是人与自然的关系；劳动的创造性体现的是人与人的关系，受生产关系的束缚和制约。在合理的生产关系下，劳动者的积极性和创造性被不断地激发，这种激发是持久的、有内在动力的；而在不合理的生产关系下，劳动者的积极性和创造性被不断地压抑，即使这种生产关系下存在劳动力质量的提高，这种提高的劳动力所包含的积极性和创造性也是被动的、强迫的。

要想提高劳动力再生产的质量，一方面需要建立高水平的生产体系来生产数量更多、种类更全的可供人们更多消费的物质产品，从而提高劳动者家庭的"自然力"；另一方面需要建立"以人为中心"的生产关系来激发劳动者的创造性和积极性，通过教育、技能培训等方式来提高劳动者家庭的"社会能力"。

二、区分劳动力再生产数量和质量的基本依据

劳动力再生产的基本内容是劳动者通过个人消费来补偿劳动者自身和维持其家庭所需的必要生活资料，个人通过消费补偿或满足整个家庭所必需的生活资料的程度直接决定着劳动力再生产是数量型再生产还是质量型再生产。

关于满足劳动者自身和家庭所必需的生活资料的内容，恩格斯根据消费目的将其归纳为"生存资料、享受资料、发展和表现一切体力和智力所需的资料"[①]，即生存资料、发展资料和享受资料3个部分。生存资料是指为满足劳动者及下一代生存所需要的食品、日用品、衣服、居住等最基本的生活资料，这种满足生存所需的生活资料根据消费时效分为快速消费品和耐用消费品，快速消费品主要包括每天都需要购买或支付用来充饥的食品、御寒的燃料等；耐用消费品主要包括每星期、每季度或每年才需要购买或支付的衣服、住房、家具等。发展资料是指劳动者本人和其家庭获得基础知识和专业技能所需要的生活资料，这种新知识和新技能的学习既可以是劳动者在恢复了体力和脑力之后的学习和经验的总结，也可以是在劳动实践过程中总结的经验和学习培训等[②]。享受资料是指用来满足人们

① 马克思恩格斯选集（第一卷）［M］. 北京：人民出版社，1972：349.

② 朱沁夫. 论劳动力价值——从劳动力再生产角度的分析［J］. 当代经济研究，2001（9）：33-34.

生活享受的产品，这种享受资料与生存资料最大的区别在于其能够满足人们更高层次的需要。例如，满足食欲的高级营养品、满足美丽欲望的华丽衣裳、满足舒适欲望的豪华住房和满足通行方便的高级轿车等①。

对于整个社会来说，构成劳动者所需的生存资料、发展资料和享受资料之间的比例不是固定不变的，而是呈现动态性的变化，这种动态性体现在不同的生产力发展水平下3个部分的组成比例不同②。当生产力水平较低时，社会生产所能提供的生活资料只能用来弥补劳动者本人劳动能力的消耗，此时构成劳动者家庭所必需的生活资料只包括生存资料。随着生产力水平的不断提高，产品的种类和数量不断增多，社会生产在满足劳动者自身生存需要的基础上，能够产生剩余，这种剩余用来提供劳动者所需的发展资料和享受资料。此时构成劳动者家庭所必需的生活资料不仅包括生存资料，还包括实现劳动者发展和享受的资料，即发展资料和享受资料，这是较高水平的劳动力再生产。

我们根据劳动者的个人消费所能满足劳动者及其家庭所需生活资料，即生存资料、发展资料和享受资料的比例来区分劳动力再生产数量和质量的差别。当个人消费仅能用来补偿劳动者自身劳动能力的恢复、满足代际的劳动力再生产，属于劳动力再生产的数量问题；当个人消费能够有发展资料和享受资料提高劳动力自身和家庭的再生产，属于劳动力再生产的质量问题。发展资料、享受资料与生存资料的比例直接决定着劳动力再生产质量的水平。

三、劳动力再生产的自然属性和社会属性

任何社会都需要劳动力的再生产。劳动力作为蕴藏在劳动者本身的劳动能力，其补偿和恢复的程度直接决定着人类的生存和繁衍。我们将这种

---

① 晓琛. 享受资料［J］. 商业经济文荟，1986（3）：51.

② 周铁军，江齐，邓诚. 论劳动力价值的动态性［J］. 重庆大学学报（社会科学版），2006（6）：78-81.

事关人类生存和繁衍的劳动力再生产称为劳动力再生产的自然属性。任何一个劳动力，都是在一定社会关系中的劳动力。不同社会生产关系下劳动力再生产的方式不同，我们将这种与社会制度紧密相连的劳动力再生产称为劳动力再生产的社会属性。因此，劳动力的再生产也是自然属性和社会属性的统一。那么劳动力再生产的自然属性和社会属性与劳动力再生产的数量和质量之间是什么关系呢？自然属性对应的是劳动力再生产的数量问题，而社会属性对应的是劳动力再生产的质量问题。需要指出的是，这种对应是基于分析的需要，具有相对性。我们反复强调，劳动力再生产是数量和质量的统一，人类社会不同历史阶段，劳动力数量中总是包含质量，即平均质量。我们把包含平均质量的劳动力视作正常质量，属于数量再生产的基本要求。低于平均质量的劳动力再生产属于萎缩型劳动力再生产，本质上也是数量问题。在具备一定的生产基础上，劳动力再生产能否提高质量，取决于社会制度因素，也就是劳动力再生产的社会属性。

（一）劳动力再生产的自然属性

我们分析劳动力再生产的自然属性，是为了进一步深入理解劳动力再生产的社会属性和质量问题。劳动力再生产的自然属性是指人类生命的再生产，这种生命的再生产不仅包括劳动者通过物质资料再生产来维系现存人类生命的存在，还包括劳动者通过繁育来延续现存人类的生命体。两个组成部分既是劳动者及其子女维系生存的最低生理要求，也是劳动力数量再生产的理论依据。

人类生命再生产的前提是维持有血有肉的生命体的存在，这种生命体的存活主要依靠食物、燃料、衣着、住房等产品来实现，而这些产品的生产都需要人类劳动通过物质资料的生产来完成。由此可见，人类生命再生产是在物质资料再生产的过程中实现的。同时，人类生命再生产决定着物质资料再生产的程度，因为人类生命再生产质量的高低直接决定劳动者在生产过程中对劳动对象、劳动工具的占有程度，也反映着物质资料再生产的层次和水平。因此，物质资料再生产与人类生命再生产互为前提，构成双方"质"的规定性。

人类生命再生产不仅要恢复劳动者自身的劳动力，即满足劳动者本人的基本生存需要，还要保证劳动者家庭即代际再生产能够被顺利地再生产出来。劳动者的代际再生产是指"每日都在生产自己生命的人们开始生产另外一些人，即繁殖"。通过这个定义我们不难发现，这种代际再生产产生于"每日都在生产自己生命的人们"，即父母之中，父母通过两性关系的结合繁衍后代，形成父母与子女之间的生育繁殖关系，即家庭关系，家庭关系是劳动力自身再生产和劳动力代际再生产的纽带；要想保证代际再生产的顺利进行，作为父母的劳动者只有在完成自身生命再生产的前提下才能通过两性的结合繁殖下一代。当劳动者自身在顺利完成劳动力再生产时，代际再生产的出现才有意义，即增加劳动力再生产的数量。如果劳动者自身都无法顺利实现劳动力的再生产，此时即使存在代际再生产也不可能出现劳动力再生产数量的增加，因此劳动者代际再生产的产生条件是劳动力再生产数量增加的基础。

（二）劳动力再生产的社会属性

劳动力再生产是在一定生产关系下的再生产。在不同的生产关系条件下，劳动力再生产的社会形式不同，这就是劳动力再生产的社会属性。与劳动力再生产社会属性紧密相连的劳动力再生产质量在不同的社会制度下存在差异化。

由于奴隶社会、封建社会、资本主义社会中的统治阶级对劳动者的剥削属性，劳动力再生产的质量仅维持在最低的生存需要水平，即仅仅是"动物般的最低限度的需要和生活资料"[1]。马克思指出，没有任何动物能够像此时的劳动者一样，"能够把自己的需要缩小到这样不可想象的程度和把自己的生活条件限制到这样的最低限度"[2]。因此，在奴隶社会、封建社会和资本主义社会这样的阶级社会中，劳动力再生产的质量服从于统治阶级对资本利益的需求而维持在基本的生存需要中，即"靠自己的劳动所占有的东西只能够勉强维持他们的生命的再生产"[3]。

---

①　马克思恩格斯全集（第46卷上）［M］. 北京：人民出版社，1972：244-245.

②　马克思恩格斯全集（第49卷）［M］. 北京：人民出版社，1972：130.

③　马克思恩格斯全集（第4卷）［M］. 北京：人民出版社，1958：481.

社会主义社会和未来的共产主义社会生产的根本目的从资本主义社会追求价值增值转变为生产更多的使用价值，从满足少数剥削阶级的需要转变为满足全体劳动者的需要，使劳动者实现人的自由而全面发展。从劳动力再生产的角度来看，这种发展就是为了劳动力的高质量发展。此时，"工人参与更高一些的享受，以及参与精神享受——为自身利益进行宣传鼓动、订阅报纸、听演讲、教育子女、发展爱好等——这种使工人和奴隶区别开来的分享文明的唯一情况，在经济上之所以可能，只是因为工人在营业兴旺时期，即有可能在一定程度上进行积蓄的时期，扩大自己的享受范围"①。

第二节　劳动力再生产质量提高的物质基础

人类经济社会的进步，客观上对劳动力再生产质量有不断提高的内在要求。劳动力再生产质量能否真正提高，取决于生产力和生产关系两个方面，其中生产力是劳动力再生产质量提高的物质基础。劳动力再生产虽然是在生产活动之外，但补偿劳动力消耗的各种消费资料，包括物质产品和精神产品，都是以生产力发展水平为基础的。因此，劳动力再生产质量的提高，必须建立在一定生产力发展的物质基础上。

一、劳动力再生产质量提高的生产力前提：剩余劳动

从劳动力再生产的角度来看，剩余劳动是保证劳动力再生产质量提高的生产力前提。正如马克思所指出的："富的程度不是由产品的绝对量来

① 马克思恩格斯全集（第46卷上）[M]．北京：人民出版社，1972：246．

计量，而是由剩余产品的相对量来计量。"①这句话就表明，要提高劳动者的质量，仅依靠必要劳动是不行的，关键是依靠剩余劳动。

马克思将劳动者在一定时间内耗费的劳动量划分为必要劳动和剩余劳动。必要劳动是指为了满足再生产劳动者自身及其子女所必需的生活资料所耗费的劳动量，以实现劳动者自身再生产和代际再生产。剩余劳动作为必要劳动的相对概念，是指再生产超过补偿劳动者自身及其子女所必需的生活资料所耗费的劳动量。然而，必要劳动和剩余劳动之间的划分具有较大的弹性，与社会生产力的发展程度密切相关。在原始社会前期，由于生产力水平较为低下，劳动者即使将全部的劳动时间都用于生产劳动者的食物都不能保证其家庭的正常生存，此时显然不可能有剩余劳动的出现，因此也不存在必要劳动和剩余劳动的划分。在这个劳动者生命再生产都未能得到保证即体现劳动力再生产自然属性的前提下，考察劳动力再生产的社会属性也就没有意义，也就是说，在原始社会前期不存在劳动力质量的再生产。

随着生产力水平的提高，劳动者的劳动在生产维持劳动力家庭再生产的生活资料之余还存在剩余，这种剩余就是剩余劳动，最早出现在原始社会末期。随着原始公社制度的解体和奴隶制的建立，统治者将战争中抓来的俘虏作为自己的奴隶来做工，并逼迫奴隶上交其劳动所获得的大部分产品，这部分被奴隶主榨取的产品就是剩余产品，生产剩余产品的劳动就是剩余劳动。剩余劳动是生产力发展的必然结果，人类社会生产力总体上呈现不断提高的趋势。剩余劳动一旦出现，就必然呈现不断增多的趋势。因此，在奴隶社会、封建社会、资本主义社会、社会主义社会、共产主义社会中，剩余劳动是不断增多的，不同的是，在不同的社会制度下剩余劳动的形成和分配方式不同。封建社会和资本主义社会与奴隶社会一样，都是以剥削劳动者的剩余劳动为基础的，它们之间体现的是不同的剥削方式；而社会主义制度下的剩余劳动在扣除补偿已消耗的和扩大再生产所需要的生产资料部分以外，以公益金和公积金等形式增加劳动者的个人消费。

---

① 马克思. 资本论（第一卷）[M]. 北京：人民出版社，2004：265.

剩余劳动的产生意味着社会能够生产更多的物质产品可供消费，是保证劳动力有质量再生产的生产力基础。但剩余劳动的出现只是提高劳动力再生产质量的前提，并不意味着必然出现高质量劳动力再生产，具体是否能出现按照高质量方向实现劳动力再生产，取决于社会制度属性，第三节将详细阐述。

二、劳动力再生产质量提高是生产力发展的客观要求

马克思认为，社会再生产不仅包括物质资料的再生产，还包括劳动力的再生产。物质资料再生产和劳动力再生产作为社会再生产的两个重要组成部分，不是孤立地、静止地且对立地存在于社会生产中，而是统一地、交替循环地且发展地构成社会再生产的整体运动。在社会化大生产中，二者按一定的比例相互关联着，即不仅劳动力数量要与物质资料的数量相适应，而且劳动力的技术水平要与物质生产技术状况相适应。劳动力作为社会生产的主体，是生产力中最活跃的要素，其再生产的质量高低直接决定着生产力发展的水平；反过来，随着社会化生产程度的不断加深，劳动力为了适应生产力的发展要求，也需要不断提高其再生产的质量，从而较好地在生产中发挥高质量、高技能、高水平的劳动能力，提升劳动效率。

（一）生产力发展客观要求劳动力再生产质量的提高

生产力的发展，不仅改变了体力劳动和脑力劳动在生产过程中的劳动结构，还改变了生产过程中生产资料的利用程度、利用方式和利用范围等，更加强了科学管理水平等。"现代工业通过机器、化学过程和其他方法，使工人的职能和劳动过程的社会结合不断地随着生产的技术基础发生变革。这样，它也不断地使社会内部的分工发生革命，不断地把大量资本和大批工人从一个生产部门投到另一个生产部门。因此，大工业的本性决定了劳动的变化、职能的更动和工人的全面流动性。"[①]由此可见，生产力的快速发展，对劳动力再生产质量不断提出更高的要求，高技能、高质

---

① 马克思. 资本论（第一卷）[M]. 北京：人民出版社，2004：533–534.

量的劳动力越多，就越有利于推动生产力的发展。

1. 劳动结构的改变与劳动力再生产的质量

人类的任何劳动都是脑力和体力结合的劳动，体力劳动和脑力劳动的区别在于劳动者运用身体器官的侧重点不同。体力劳动运用的主要是力量，即自然力；脑力劳动运用的主要是技能和智慧，即社会能力。体力劳动与脑力劳动在劳动过程的关联方式或耗费比例决定着劳动者的劳动结构，这种劳动结构的变化是一个自然的历史过程，随着生产力的发展而变化。在原始社会时期，由于社会生产力水平较为低下，人们主要根据性别、年龄、劳动能力等自然特点进行劳动分工。在这种自然分工的条件下还不存在体力劳动与脑力劳动的分离，因此劳动能力的耗费全部体现在体力劳动上。随着生产力的发展，劳动的演进促使原始社会经济出现3次社会大分工，为奴隶社会及奴隶社会以后各个时期所出现的相对独立的体力劳动和相对独立的脑力劳动提供了基础。这种分离体现在部分劳动者专门从事单纯的体力劳动来满足全社会的物质生活需要，而部分劳动者则脱离体力劳动专门进行管理、研究、艺术方面的劳动。近现代史上3次技术革命的发展使脑力劳动在生产过程中的作用不断加强，对劳动力质量不断提出新的要求。当劳动结构采取以体力劳动为核心、以脑力劳动为辅助的劳动形式时，再生产劳动力的质量与数量具有很大重合性，主要体现在能够顺利补偿体力劳动的耗费；当劳动结构采取以脑力劳动为核心、以体力劳动为辅助的劳动形式时，再生产劳动力的质量则侧重知识、教育和培养方面。以中国为例，新中国成立初期的劳动力结构中，体力劳动与脑力劳动的比例为9∶1；随着科学技术的发展，劳动力结构使劳动者不断地向非体力和智能化的方向转化；20世纪90年代中期，体力劳动与脑力劳动的比例发展为1∶9[1]。因此，生产力发展带来的劳动力结构的变化，客观上要求劳动力再生产质量的提高。

---

① 陈彬藩. 沉思录：改革开放的实践与认识 [M]. 北京：现代出版社，1994：157.

2. 生产资料的改进与劳动力再生产的质量

生产资料是生产过程中劳动资料和劳动对象的总和，它是任何社会进行社会生产所必备的物质条件。随着科学技术的产生和发展，生产力水平的提高不仅使劳动结构发生了改变，还使生产资料有了改进。生产资料的改进主要体现为劳动工具的优化、劳动对象的扩大。因此，社会生产要想顺利地进行，劳动力必然要与改进的生产资料相适应，这种适应体现在劳动力再生产的数量和质量需与生产资料的数量和质量相适应。

（1）劳动资料的改进

劳动资料又称劳动手段，是连接人与自然之间物质变换过程的中介。劳动工具作为劳动手段中最重要的组成部分，反映了人类控制自然的能力和程度。斯大林说："生产工具发展和改善是由参加生产的人来实现的，而不是与人无关的，所以，生产工具的变化和发展了，生产力的最重要的因素——人也随着变化和发展，人的生产经验、劳动技能以及运用生产工具的本领也随着变化和发展。"[1]

从历史上看，工具是时代的产物，也是生产力发展的重要标志。历史上生产工具主要经历了石器时代、铁器时代和工业时代等阶段。石器时代是指以石器为基本生存工具的原始社会时期，铁器的使用和发展预示着封建社会的产生和奴隶社会石器时代的灭亡。这两个时代均是以手工劳动为生产的基础，工具作为生产的手段把劳动者的动作传到劳动对象上，也就是说劳动者依靠自身的体力用手来操纵工具，从而实现社会的生产[2]。劳动者的自然力对劳动效率具有决定性作用。而工业时代则不同，机器是以工具机、动力机和传动装置3个部分构成的复杂体系为基础。在工业时代，动力不再是由人提供，而改由机器提供，这样一来，劳动者的体力，也就是自然力不再是机器时代的劳动障碍。与机器相适应的各种劳动技能，成为是否能获得高收入、稳定工作的重要依据。正如马克思指出的，"劳动资料取得机器这种物质存在方式，要求以自然力来代替人力，以自

① 斯大林. 列宁主义问题［M］. 北京：人民出版社，1964：649.

② 孙显元. 科学和生产力［M］. 上海：上海人民出版社，1982：25-33.

觉应用自然科学来代替人力，以自觉应用自然科学来代替从经验中得出的成规。"①因此，要想使劳动者的劳动能力与日益精良化的复杂机器装置相适应，就必须提升劳动力再生产的质量。机器可以使劳动过程简单化，既不需要劳动者的体力，也不需要劳动者的复杂技能，比如看管流水线、给机器填料等工作。所以在资本主义机器大工业初期，出现了妇女、儿童劳动力大军。在这种情况下，劳动力数量具有决定性作用。本研究侧重从劳动力质量方面进行探索。

（2）劳动对象的改进

劳动对象的规模和效能是决定生产力水平的关键因素。近代科学的发展对劳动对象的开发起着重要的作用，主要表现在3个方面：一是自然资源的勘探和原材料的研发扩大了劳动对象的规模，即劳动对象数量的增加；二是随着日益揭示物质的各种物理和化学的属性而提高劳动对象的效能，即劳动对象质量的提高；三是生产力的发展促进劳动对象利用率的提高，即改善了劳动对象的利用程度。相关资料显示，在公元前，长期应用的天然资料只有11种；到1976年，在资本主义世界应用的各种新材料达到25万多种；到20世纪70年代末，已达到30余万种。劳动者作为运用劳动对象的主体，为了适应社会生产中劳动对象数量的增加、劳动对象质量的优化和劳动对象利用率的提高，要保证其劳动力的质量、数量和劳动生产率均需要与之相匹配。这种与改进的劳动对象相匹配的劳动能力只能从再生产劳动力的非生产领域中去寻找，即在维持劳动者自身体力和脑力劳动耗费的同时，不仅需要繁衍新一代的劳动力以增加劳动力的数量，还需要通过学习和培训来提升劳动力的质量，从而更好地驾驭劳动对象的使用。

3. 生产组织的管理与劳动力再生产的质量

对社会生产进行科学管理是生产力发展到一定阶段的客观要求，也是科学技术发展的必然结果②。管理在生产中的作用被马克思在《资本论》中高度概括为"生产过程的社会结合"，这种"社会结合"一方面反映人

---

①　马克思. 资本论（第一卷）［M］. 北京：人民出版社，2004：423.

②　董继斌. 试论社会再生产中的智力功能［J］. 赣江经济，1983（11）：50-52.

与物的关系，即人通过组织生产力、指挥劳动来使生产过程联系为一个统一的整体，这是生产过程的自然需要，也是管理的自然属性；另一方面，这种"社会结合"反映人与人的关系，是与生产关系相联系的"监督劳动"，在不同社会制度下受不同社会生产方式制约，表现出不同的经济管理活动的不同形式。

无论是处于哪种社会制度下的管理水平，生产力的发展都需要高质量的劳动者来执行。恩格斯指出："由整个社会共同地和有计划地来经营的工业，就更需要各方面都有能力的人，即能通晓整个生产系统的人。"①其中，通晓整个生产系统并在各方面都很有能力的管理者就是高质量的劳动者。这种劳动者往往具有较高的科学技术水平和文化水平，且在一定的生产经验基础上指挥劳动和监督劳动。高质量的劳动能力源于高质量的劳动力再生产水平，因此科学的管理要求劳动力再生产质量的提升。

（二）劳动力再生产质量的提高促进生产力的发展

劳动力再生产质量的提高是社会经济发展的客观要求，也是推动经济增长的重要力量。作为劳动主体的人在生产过程中虽然只是单纯的劳动者，但劳动的目的、劳动的对象、劳动的手段、劳动的方式、劳动的效果等都与其个人直接相关。劳动力虽在生产过程中被耗费了，却在生产过程之中和生产过程之外得到补偿，如生产过程中劳动者的休息、吃饭和非生产过程中的教育、培训等。由此可见，这种在生产过程之中和在生产过程之外同时通过消费来补偿劳动力的程度就反映了劳动力再生产的质量。因此，劳动力再生产质量不仅用来衡量劳动力在生产过程中的劳动力质量，还包括在非生产过程中的社会保障等福利质量。就劳动力再生产质量促进生产力发展方面而言，劳动力再生产的质量更多的体现的是劳动力的质量。因此，本部分将劳动力再生产质量的提高对生产力的促进影响，转化为劳动力再生产质量的提高促进生产力的发展。

有学者将劳动力的质量的规定性概括为技术能力、社会地位和劳动力

---

① 马克思恩格斯选集（第一卷）［M］. 北京：人民出版社，1972：223.

的思想心理素质3个方面①。也就是说，高质量的劳动力是指拥有高质量的技术能力、较高的社会地位和良好的思想心理素质。其中，高质量的技术能力是指劳动者在接受高水平综合教育的基础上，通过技术培训掌握科学的技术知识和专业的技术能力；较高的社会地位决定了其在社会总劳动中所占的比例较大；良好的思想心理素质使劳动者既能积极地发挥主观能动性，又有较强的接受能力和适应能力。因此，劳动力作为生产过程中唯一体现主观能动性的关键要素，其质量直接决定了劳动力生产率、生产资料运用的合理程度和经济管理水平等。

1. 劳动力质量的提升有利于劳动生产率的提高

马克思说："劳动生产力是由多种情况决定的，其中包括工人的平均熟练程度、科学的发展水平和它在工艺上应用的程度。生产过程的社会结合，生产资料的规模和效能，以及自然条件。"②以上决定劳动生产力的各个组成部分，都与劳动力的质量有关：第一，"工人的平均熟练程度"反映的是劳动者技术能力的高低，这是反映劳动力质量的重要方面；第二，相较于劳动能力的提高带来劳动生产力提升的方法，将"科学技术"应用到产品设计、机械与设备的工艺设计上，这种改变劳动方法的手段对于提升劳动生产力来说更迅速、更有效；第三，"生产过程的社会结合"是由生产资料所有制决定的，体现的是劳动者质量方面所包含的劳动者的社会地位，也代表着管理在生产力中的作用；第四，"生产资料的规模、效能，以及自然条件"是劳动者发挥其劳动力质量的物质基础，决定劳动力质量的发挥程度。

总的来说，当劳动者具有较高的劳动力素质时，其不仅能在劳动过程中积极地、主动地运用技术革新和技术革命等手段来进行技术创造，提高劳动者的专业技能水平，提升工人的平均熟练程度，从而减轻劳动强度；还能在现有生产中的某些薄弱环节予以突破，从而改进工艺设计，改善劳

---

① 李伟. 论劳动力的质量必须同生产资料的性质相适应规律［J］. 经济问题，1986（9）：62-64.

② 马克思. 资本论（第一卷）［M］. 北京：人民出版社，2004：53.

动组织。通过技术革新和技术革命的方式改进产品设计，改造机器和设备工艺，可以提高劳动能力，减轻劳动强度，最终提高劳动生产率。以20世纪90年代的中国为例，劳动者体力劳动与脑力劳动的比例从新中国成立初期的9：1转变为1：9，劳动生产率从手工劳动到传统工业再到高科技产业的比例一般为1：10：100（甚至达到1000）[①]。由此可见，劳动力质量的提升有利于提高劳动生产率。

世界各国政府正是基于劳动生产率与劳动力质量呈正比例关系的认识，不断地增加公共教育支出占政府支出的比例。由图3-2我们不难看出，21世纪伊始，发达国家公共教育支出占政府支出的比例呈现不断上升的趋势，从2004年的4.031%上升到2013年的4.483%，年增长率为1.07%；同时，中国公共教育支出占政府支出的比例从2004年的2.79%增加到2013年的4.3%，年增长率为2.88%。由此可见，中国公共教育支出的比例虽然不及发达国家的平均水平，但其年增长率是其2.6倍。

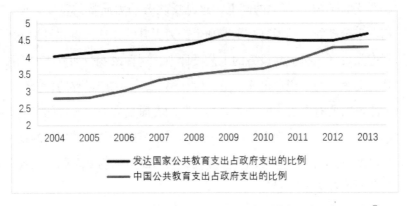

图3-2　2004—2013年发达国家和中国公共教育支出占政府支出的比例[②]

---

① 陈彬藩. 沉思录：改革开放的实践与认识［M］. 北京：现代出版社，1994：157.

② 数据来源：2004—2013年发达国家公共教育支出占政府支出的数据来源于联合国教科文组织，2004—2013年发达国家公共教育支出占政府支出的数据来源于《中国统计年鉴》（2005—2014）。

2. 劳动力质量的提升有利于充分利用生产资料

在物质资料的生产过程中，一定时期内劳动力总是在接受既成的生产资料的基础上从事生产活动。随着生产力的发展，在不同的历史阶段，"既成的生产资料"可供社会生产的数量和质量需求也是不同的。由于本部分主要考察劳动力质量与生产资料数量的关系，所以我们假定在某个特定的国家、特定的时期内可供劳动者生产使用的生产资料的质量是一定的。

如前所述，"资本主义生产对已经实现的、对象化在商品中的劳动，是异常节约的"，即为了更多地获得剩余价值，资本家想尽一切办法来节约生产资料。而资本家要想"做到生产资料只按生产本身的需要来消耗，这部分取决于工人的训练和教育"[①]。因为工人在物质资料的生产过程中发挥主观能动性作用，其个人经验和个人能力影响着整个生产行为，包括生产流程的工艺设计、劳动的使用方法和生产资料的节约程度等。劳动质量的提高，不仅能够节约生产资料在生产过程中的耗费，还能通过运用科学技术进一步开发和利用自然资源，创造新的材料，从而节省整个部门乃至整个社会物化劳动的消耗。

第三节 劳动力再生产质量提高的社会基础

如果说劳动力再生产数量方面的考量侧重劳动力能不能把消耗掉的能力再生产出来，即实现劳动者自身的再生产，和能不能把新一代劳动力再生产出来，即实现劳动力的代际再生产；那么劳动力再生产质量方面的考量，要看再生产出来的劳动力是否实现了健康水平更高、劳动技能更强、自我发展更全面等。劳动力的消耗是在生产活动中，劳动力的再生产则主

---

① 马克思恩格斯全集（第42卷）[M].北京：人民出版社，1979：91-92.

要是在生产活动之外[①]，因此社会制度因素对劳动力再生产质量具有决定性影响，体现了劳动力再生产的社会属性。

一、剩余劳动向必要劳动转化的程度体现劳动力再生产质量提高的社会基础

必要劳动和剩余劳动在不同的社会制度下表现为不同的比例关系。在奴隶社会和封建社会中，二者的关系是由统治阶级基于劳动者的生存底线决定的，也就是说，统治阶级为了自身的利益不断地压低被统治阶级的生存资料，甚至使劳动者的必要劳动降低到生存底线以下，在这个时期内不存在任何剩余劳动向必要劳动的转化，被统治阶级劳动力再生产的质量被压到最低；而资本主义社会则不同，资本主义社会是发达的商品经济社会，商品关系和价值规律普遍地贯穿于资本主义社会再生产的全过程和各个环节。必要劳动在价值规律的约束下，一般用维持劳动者所必需的生活资料的价值即劳动力价值来表示；剩余劳动是必要劳动之外的、由雇佣劳动新创造的部分价值，用剩余价值来表示。当然，正如马克思所指出的，在资本主义社会，反映必要劳动的劳动力价值不是一成不变的，而是受道德、历史因素影响的。在一定的历史阶段下，必要劳动是相对固定的。按照价值规律的要求，劳动者在必要劳动时间所获得的生活资料能够满足其在生产过程中体力和脑力的消耗，这种劳动力的恢复则代表着社会生产活动所要求的平均水平的劳动力质量。

资本家获得剩余价值水平，就是以这个必要劳动时间所代表的生活资

---

① 通常劳动力再生产是在劳动过程之外，如休息、吃饭、休闲等。但也有一小部分是在劳动过程之中，比如一天工作期间，也要有休息、吃饭等时间，这些时间也是劳动力恢复的时间。工作日内劳动者休息、吃饭等时间，取决于劳动强度。工作日之外的休息、休闲等时间，取决于工作日长度，因为工作日长度与休闲时间的长度是此消彼长的关系。因此，本节在研究劳动力再生产质量问题时，会考虑工作日长度、劳动强度等因素。

料的平均水平为基准的。在劳动时间一定的情况下，剩余劳动向必要劳动的转化程度，就成为衡量劳动力再生产质量能否提高的尺度。如果用劳动时间代表价值，工人的必要劳动时间为4个小时，剩余劳动时间为4个小时，表明劳动力价值和资本家获得的剩余价值是一样的。此时，如果工人在必要劳动时间4个小时内能够再生产出符合社会平均水平的劳动力，这个劳动力再生产就没有体现质量的提高；如果在劳动生产率和生活资料价值均不变的前提下，资本家把工人必要劳动时间增加为6个小时，剩余劳动时间缩短为2个小时，显然，此时必要劳动时间的6个小时超过正常再生产符合社会平均质量水平的劳动力所需要的4个小时，在这种情况下工人劳动力再生产质量会提高，因为剩余劳动中的2个小时转化为必要劳动。

在不同的社会制度下，由于统治阶级的生产目的不同，其对劳动力再生产质量提高的要求也不同。在奴隶社会和封建社会，虽然生产资料的具体形式有区别，但这两种社会制度有一个共同点，即生产目的是满足统治阶级自身的生活需要和统治需要，这种需要通常用使用价值来表示。由于使用价值是物质财富的代表，在物质财富的需要和储备都有限的条件下，统治阶级也没有动力去提高劳动力的质量，因此对劳动力的过度使用、粗放使用和破坏性使用是非常普遍的。

资本主义社会与以前社会制度在生产目的上有根本的不同，即从以前社会追求使用价值变为追求价值增值。追求价值增值具有无限性，这就决定了资本家对劳动价值的贪欲是无限的。那么是不是意味着资本家对劳动力的使用更加具有过度使用、破坏性使用等特点呢？不完全是。这是因为资本的本性要求资本家对劳动力的过度使用，占有更多剩余价值，尽量降低劳动力的价值。但是资本主义竞争机制，又形成了相反的力量，也就是要提高劳动力的质量，提高劳动生产率，使资本家在竞争中处于有利地位。在资本主义社会，有两种相反的力量同时对劳动力再生产的质量产生作用，因此就出现了劳动力技能分化、收入分层的现象。这一点我们在后文进行具体分析。

社会主义社会和未来的共产主义社会与以前的所有社会都不同，实现了生产资料公有制，消灭了剥削阶级。社会主义生产的根本目的从资本主义社会追求价值增值，转变为满足人民需要，实质就是生产使用价值。但与奴隶社会、封建社会不同的是，社会主义社会生产使用价值不是为了满足少数剥削阶级的需要，而是满足全体劳动者的需要。劳动者成为生产资料的主人，必要劳动和剩余劳动虽然还客观存在，但必要劳动和剩余劳动的关系发生了彻底变化，剩余劳动除了必要社会扣除，最终转化为全体劳动者的必要劳动。既然剩余劳动都转化为必要劳动，其目的自然也就是满足人的自由全面发展。从劳动力再生产的角度来看，这种发展就是为了劳动力的高质量发展。

由此可见，在不同的社会里，由于统治阶级的目的不同，剩余劳动向必要劳动转换的程度不同，所以劳动力再生产的质量也遵循着不同的规律。如果从大的种类划分，劳动力在人类社会不同时期通常有三种存在形态：劳动力非商品形态、劳动力半商品形态和劳动力商品形态。这三种劳动力的存在形态，遵循的再生产规律是不同的，进而推动劳动力再生产质量提高的规律也是不同的。

二、劳动力非商品形态下劳动力再生产质量的变化趋势

劳动力非商品形态处于原始社会、奴隶社会、封建社会和共产主义社会（含社会主义社会）等4类社会形态。在这4类社会形态中，劳动力再生产分为3种情况。

一是原始社会。生产力水平低下，没有剩余劳动，劳动力再生产主要处于维持状态，所以基本上谈不上劳动力再生产的质量问题。

二是奴隶社会和封建社会。这两种社会形态共有3个特点，即剩余劳动的出现、私有制下的自然经济形态和劳动力不是商品。在这一时期，出现了奴隶买卖的现象，但这种买卖在性质上不是把劳动力作为商品，而是把劳动者本人作为商品。在劳动者作为商品的社会里，劳动者没有人身自由，劳动力在性质上只是"会说话的工具"，劳动力的使用与牛、马等畜力没有本质区别。在这样的社会制度下，虽然剩余劳动出现了，但剩余劳动不可能被奴隶主当作提高劳动力再生产质量的物质基础，而是作为奴隶

主本人积累物质财富和享受奢华生活的物质基础。封建社会依然存在人身依附关系，但与奴隶社会相比，农奴有了一定的人身自由①，通过租种地主的土地，缴纳实物地租、劳役地租或者货币地租等形式，把剩余劳动和必要劳动区分开来，剩余劳动以地租形式交给地主，留下来的产品作为农奴的必要劳动，维持自己和家庭的劳动力再生产。由于封建农奴的劳动力不是商品，用于劳动力再生产的必要劳动不遵循价值规律，必要劳动和剩余劳动的界限主要取决于地主的经验、习惯和农奴的关系等。地主根据自己的经验或习惯决定收取地租的数量。由于农业生产活动受自然条件影响，在自然条件不好的情况下，地主也不会因为农产品歉收，轻易改变从农奴那里收取的剩余劳动数量，这样农奴家庭劳动力再生产会受到威胁。如果租地农奴通过改良土地、努力耕作等获得更多的产出，在缴足地租后，必要劳动部分会有所增加，这有助于改善家庭劳动力再生产的质量。但这种情况不会持续下去，因为一旦地主发现农奴有更多产出，下一年就会增加地租，导致农奴通过努力增加的剩余部分被地主征收，不会再留在农奴手里。由此可见，封建私有制下对剩余劳动和剩余产品的占有，决定了劳动力非商品形态下农奴家庭劳动力再生产不会朝着高质量方向发展。

三是社会主义和共产主义社会。按照马克思主义唯物史观方法认识未来社会，商品经济消亡，劳动力不再是商品。但这与资本主义以前的社会劳动力非商品形态，在性质上完全不同。在所有制性质上，未来社会是生产资料公有制，劳动者成为生产资料的主人，劳动普遍化，没有人能够凭借生产资料的垄断而无偿占有别人劳动。未来社会剩余劳动不仅存在，而且由于生产力的高度发达，剩余劳动会更多，人们之间会因为剩余劳动的不断增加而走向共同富裕。马克思认为，未来社会"只有消灭资本主义生产形式，才允许把工作日限制在必要劳动上。但是，在其他条件不变的情况下，必要劳动将会扩大自己的范围。一方面，是因为工人的生活条件将会更加丰富，他们的生活要求将会增大；另一方面，是因为现在的剩余劳

①　为了区别自己拥有土地的农民，这里把租种封建地主土地的农民称为"农奴"，这里的农奴也区别于地主专门雇用的没有土地的长工。

动的一部分将会列入必要劳动,即形成社会准备基金和社会积累基金所必要的劳动"[1]。从未来社会剩余劳动转化方向可以看出,社会主义和共产主义在本质上更有利于劳动力再生产质量的提高。可以说,这样的社会,生产的根本目的就是要提高劳动力再生产的质量,从而推动人的自由全面发展。

三、劳动力处于半商品形态下劳动力再生产质量的变化趋势[2]

在资本发展规模较不发达的商品经济初期,为了实现资本快速积累,资本家选择雇用零散的农业劳动力来满足自身对劳动力的需求,从而使劳动力在农闲时期以零工、散工等形式参与工业生产;同时,农业生产方式的季节性特点也为这种劳动形式提供了现实基础,我们将以零工、散工、半日工、日工等形式参与工业生产的劳动力称为劳动力半商品化形态。处于半商品形态下的劳动力,其参与生产的方式是以农业生产为主,以工业生产为辅的,其家庭劳动力再生产所需要的生活资料通过土地收入和工资性收入等来进行价值补偿。这种半商品形态下的劳动力相对于存在于奴隶社会、封建社会中仅靠土地收入为生的劳动者来说会新增工资性收入,工资性收入的增加会提高整个家庭的总收入,因此半商品形态下的劳动力再生产质量因新增的工资性收入的增加而存在提高的可能性;但相对于社会主义社会、共产主义社会的非商品形态劳动力来说,由于工资性收入受资本因素的影响,资本追求剩余价值的本质会不断地压低劳动力再生产的质量,再加上半商品形态下的劳动力因有土地收入作为补偿和保障家庭劳动力再生产的一部分,会进一步促进资本降低劳动者的工资,并且"如

---

[1]   马克思. 资本论(第一卷)[M]. 北京:人民出版社,2004:578.

[2]   关于劳动力半商品形态的提出主要是与劳动力非商品形态和劳动力商品形态相区别,是指劳动力在未完全实现劳动力商品化或未完成无产阶级化成为雇佣劳动之前的状态,即同时通过土地收入和工资性收入共同维持家庭劳动力再生产。

果生产失败了，家庭工业者①就会暂时失业，而蒙受最大损失；但是这种生产却不需建造昂贵的厂房，而且商业也不会因承担生产的责任而冒风险"②。由此可见，这种处于半商品形态的劳动力最适宜资本初期的快速积累。因此，对于处于半商品形态的劳动力来说，其劳动力再生产的质量因工资性收入的增加相对于传统农民有提高的趋势，但是工资性收入水平是由资本本性决定的，资本对剩余价值的追求不会促使劳动力再生产实现高质量的发展。这部分对劳动力半商品形态下劳动力再生产质量的变化趋势的分析为后文研究外出务工农村劳动力的劳动力再生产质量提供理论基础。

四、劳动力处于商品形态下劳动力再生产质量变化的一般规律

劳动力成为商品，既是资本主义经济制度的重要特征，也是商品经济的关键特点。对劳动力商品形态下劳动力再生产质量变化规律的研究，有助于研究我国外出务工农村劳动力再生产质量问题。

（一）资本逐利本性具有压低劳动力再生产质量的变化趋势

随着机器大工业等资本主义生产方式的建立，"在资本主义体系内部，一切提高社会劳动生产力的方法都是靠牺牲个人来实现的；一切发展生产的手段都变成统治和剥削生产者的手段，都使工人畸形发展，成为局部的人，把工人贬低为机器的附属品，使工人受劳动的折磨，从而使劳动失去内容，并且随着科学作为独立的力量被并入劳动过程而使劳动过程的智力与工人相异化；这些手段使工人的劳动条件变得恶劣，使工人在劳动过程中屈服于最卑劣的可恶的专制，把工人的生活时间变成劳动时间，并且把工人的妻子儿女都抛到资本的扎格纳特车轮下"③。由此可见，随着

---

①　这里指处于半商品形态的劳动者。

②　卡尔·波兰尼. 巨变: 当代政治与经济的起源［M］. 黄树民，译. 北京: 社会科学文献出版社，2017: 78.

③　马克思. 资本论（第一卷）［M］. 北京: 人民出版社，2004: 707-708.

资本积累的不断加深，资本主义生产的方式、方法和手段加剧了劳动者本身与劳动条件、劳动过程、劳动结果的异化，使工人的"劳动条件变得恶劣"，使工人的"劳动过程屈服于资本家的统治"，使工人的"生活时间变成劳动的时间"，不管工人的报酬高度如何，工人的生活状况和工作状况必然随着资本积累而日趋恶化。因此，资本追求剩余价值的本质具有压低劳动力再生产质量的趋势。

需要特别指出的是，资本具有压低劳动力再生产质量的内在趋势并不意味着在现实中劳动力再生产的质量就会被无限制地压到最低。事实上，现实中劳动力再生产质量水平的高低是工人和资本家博弈的结果，资本家逐利对劳动力再生产质量的压低和工人斗争要求劳动力再生产质量的提高，这两种相反力量最终博弈的结果决定劳动力再生产质量。从西方发达国家的历史来看，劳动力再生产的质量随着劳动者收入水平和生活水平的提高呈现不断提高的趋势，但这并不意味着资本逐利所形成的压低劳动力再生产质量趋势就不成立。西方发达国家劳动者的劳动力再生产质量具有提高的趋势，这主要基于3点原因：一是工人不断地通过各种政治斗争争取自身权益；二是资本压低劳动力再生产质量的前提是，必须保证在这种劳动力再生产的质量下资本家能够获取足够多的剩余价值，在现代，资本主义剩余价值主要依靠相对剩余价值的生产方法，这就要求劳动者素质足够高，才能与现代技术相匹配。如果压低劳动力价值，影响劳动力再生产的质量，势必影响相对剩余价值的生产，这是资本家不能容忍的；三是国际范围的竞争，迫使资本家提高劳动力再生产的质量，增强竞争实力。

1.资本压低劳动力再生产质量的根本原因

资本实现压低劳动力再生产质量的根本原因是资本主义生产条件下劳动的异化。在物质资料的生产过程中，有3个必不或缺的要素，即有目的的劳动、劳动对象和劳动资料。一般来说，劳动过程是指运用生产资料的劳动者在劳动对象上实现自己的劳动并展开劳动活动，借以生产出满足人类需要的劳动产品。也就是说，劳动这种活动对劳动者本人来说不过是维持其肉体客观存在的手段，与此同时，劳动生产的产品就是维持劳动者生存所需要的生活资料。但是在资本主义生产关系下，"劳动所生产的对象，即劳动的产品，作为一种异己的力量的存在物，作为不依赖于生产者的力量，同劳动相对立。劳动的产品是固定在某个对象中的、物化的劳动，这就是劳动的对象化。劳动的实现就是劳动的对象化……对象化表现为对象占有丧失和被对象奴役、占有，表现为异化、外化"[①]。这种异化不仅表现在劳动成果即劳动产品的分配上，而且表现在生产行为中，表现在生产活动本身中。

（1）劳动成果的异化

在资本主义条件下，由于生产过程中的生产资料（劳动对象、劳动资料）均归资本家所有，且劳动力由资本家以商品的形式在劳动力市场中购买所得，所以劳动者运用全部归资本家所有的生产条件最终生产的产品也应归资本家所有。也就是说，工人在资本主义生产过程中不仅把自己的劳动能力交由拥有生产资料的资本家支配，而且把自己劳动的成果一并交给资本家。此时的工人同自己劳动产品的关系就是同一个异己的对象的关系。"工人生产的财富越多，他的产品的力量和数量越大，他就越贫穷。工人创造的商品越多，他就越变成廉价的商品。物的世界的增值同人的世界的贬值成正比。"[②]具体地说，在"物的世界"中，劳动为资本家创造了宫殿，创造了机器并生产了智慧；而在"人的世界"中，劳动却为工人生产了贫民窟、野蛮劳动和愚钝。资本家的宫殿与工人的贫民窟，资本家使用的机器与工人的野蛮劳动，资本家的智慧与工人的愚钝，这种"物的世界的增值"与"人的世界的贬值"所形成的鲜明对比就表现为工人与他生产的产品相异化的结果。

（2）生产行为的异化

劳动产品是由劳动者运用生产资料在劳动对象上实现自己的劳动并展开劳动活动，借以生产出满足人类需要的最终结果。产品作为生产过程或生产行为的最终结果，其与劳动相异化必然与生产过程中劳动者实现自己的劳动并展开劳动活动的生产行为本身有着密不可分的关系。事实上，工

---

① 马克思恩格斯全集（第42卷）［M］. 北京：人民出版社，1979：90.

② 马克思恩格斯全集（第42卷）［M］. 北京：人民出版社，1979：90.

人之所以会同自己活动的产品像某种异己的东西那样对立，是因为工人在生产行为本身中就存在自身的异化。由于劳动的产品以外化的劳动形式存在，作为在劳动对象异化中总结的结果，其生产本身就必然是能动的外化、活动的外化或外化的活动。显然，这种外化的劳动不是自愿的劳动，而是被迫的强制劳动。资本主义条件下的工人在被强制的劳动中必然会因为不能自由地发挥自己的劳动意愿而不断地否定自己，这种否定不仅使劳动者的精神遭受摧残，也使其肉体经受折磨。因此，"工人只有在劳动以外才感到自在，而在劳动中则感到不自在，他在不劳动时觉得舒畅，而在劳动时就觉得不舒畅"①。

这种生产行为本身的异化不仅限制了劳动者体力和脑力的发展，还引发生产过程中生产资料的浪费。在物质资料的生产过程中，劳动者的主观能动性作用决定着生产资料的应用程度、生产效率和生产结果的质量。工人作为生产资料的使用者，其个人经验和个人能力影响着整个生产的效率，如"在什么地方节约以及怎样节约，怎样用最简便的方法来应用各种已有的发现，在理论的应用即把它用于生产过程的时候，需要克服那些实际障碍，等等"②。正是由于生产行为本身的异化使劳动者的劳动不以自身的利益为目的，而将因资本家对价值增值的狂热追求而带来压低劳动力再生产质量的不满全部用在生产资料的浪费上，所以透支了大量的物力和自然力，形成了反生态性的趋势。

2.资本实现压低劳动力再生产质量的手段

资本家主要是通过采用绝对剩余价值生产和相对剩余价值生产两种生产方式作为压低劳动力再生产质量的手段。绝对剩余价值生产是指依靠绝对地延长工作日，即在必要劳动时间不变的前提下绝对地延长剩余劳动时间的生产方式；相对剩余价值生产是指在工作日不变的前提下缩短必要劳动时间、相对地延长剩余劳动时间的生产方式，如增加劳动强度、提高劳动生产率等。以上任何一种延长剩余劳动时间的方式都会对再生产的劳动

①   马克思恩格斯全集（第42卷）［M］. 北京：人民出版社，1979：94.

②   马克思. 资本论（第三卷）［M］. 北京：人民出版社，2004：118–119.

力产生负面影响。正如马克思在《资本论》中关于工作日的分析中所阐述的，"资本由于无限度地盲目追求剩余劳动，像狼一般地贪求剩余劳动，不仅突破了工作日的道德极限，而且突破了工作日的纯粹身体极限。它侵占人体的成长、发育和维持健康所需要的时间。它掠夺工人呼吸新鲜空气和接触阳光所需要的时间"①。由此可见，通过延长工作日而形成的绝对剩余价值生产"突破了工作日的道德极限"，而通过提高劳动生产率而形成的相对剩余价值生产甚至"突破了工作日的纯粹身体极限"。

3.资本实现压低劳动力再生产质量的动力

资本压低劳动力再生产的动力是资本使用上的节约。"工人一生的大部分时间是在生产过程中度过的，所以，生产过程的条件大部分也就是工人的能动生活过程的条件，是工人的生活条件。"②资本家为了达到疯狂追求利润的目的，不断地促进生产过程中资本使用上的节约，这种资本使用上的节约不仅包括不变资本的节约，即生产条件的节约，还包括可变资本的节约，即活劳动的节约。无论是不变资本还是可变资本，其节约方式都分为质的节约和量的节约两个方面。其中，资本在某个部门或某个产业实现质的节约是其他生产部门或产业提高劳动生产率的结果，后文将详细阐述，这里不再赘述；而资本在某个部门或某个产业实现量的节约是资本家刻意精简的结果。

就不变资本使用量上的节约而言，资本家把所有使用的不变资本的价值缩减到它的尽可能最低的限度，如将工人挤在一个狭窄的有害健康的场所生产，以确保生产厂房的节约；将危险的机器塞进同一场所而不安装安全设备或采取预防措施，以确保生产安全方面基础设施的节约等；更别说资本家会为了使工人在生产过程中能合乎人性、舒适、健康地生产而提供的其他设备了。以上种种不变资本使用量上的节约都表明资本对劳动力再生产质量存在压低的趋势。

就可变资本使用量上的节约而言，资本家尽量节约使用直接的活劳

---

① 马克思．资本论（第一卷）［M］．北京：人民出版社，2004：294-295.

② 马克思．资本论（第三卷）［M］．北京：人民出版社，2004：101.

动，利用劳动的各种社会生产力来不断缩减生产产品所必要的劳动，这种以提高劳动生产率的令用来满足劳动再生产所需要的生活资料价值不断减少，用来表现劳动力价值的工资也相应地减少，最终实现可变资本的节约。工资的多少对于劳动力来说直接决定其购买所需生活资料的能力，因此，资本家促进可变资本的节约从而使工资压到最低程度，也决定劳动力再生产的质量无法提高。

由此可见，"资本主义生产对已经实现的、对象化在商品中的劳动，是异常节约的。相反地，它对人，对活劳动的浪费，却大大超过任何别的生产方式，它不仅浪费血和肉，而且浪费神经和大脑。"①资本主义条件下机器的广泛使用，使工人的劳动强度和紧张程度提高，工人脑力、体力消耗增加，劳动条件和环境的变化，造成体质下降，疾病和工伤事故频繁增加。

（二）资本对效率的要求客观上促进劳动力再生产质量的提升

在资本主义生产关系下，资本对效率的追求使资本家想尽一切办法实现资本生产率和劳动生产率的双重提高，这些办法主要包括资本家不仅通过采用新技术、新工艺来提高劳动生产率，还通过建立新的工厂、新的部门、新的产业等增加生产规模的方式来形成规模经济，从而提高资本生产率。资本生产率和劳动生产率的增加均与劳动力再生产质量提升的发展要求是分不开的。因此，本部分主要分析资本对效率的追求在客观上要求劳动力实现高质量的再生产，这种劳动力的高质量再生产不仅包括劳动力质量的提高，主要表现在生产过程中；还包括劳动者生活质量保障的提高，主要表现在非生产过程中。

1.竞争促使资本提高劳动力再生产的质量

在资本主义条件下，追求剩余价值是资本家生产的根本动机，尤其对单个资本家来说，超额剩余价值的获取更是资本家生产的关键。在竞争的推动下，单个资本家要想源源不断地获得剩余价值甚至是超额剩余价值，不提高劳动生产力是不可能的。"生产力特别高的劳动起了自乘的劳动作

---

① 马克思. 资本论（第三卷）[M]. 北京：人民出版社，2004：103.

用，或者说，在同样多的时间内，它所创造的价值比同种社会平均劳动要多。"①也就是说，提高的劳动生产力能使劳动者运用较小量的劳动，生产较大量的使用价值，从而缩短生产某种商品的社会必需的劳动时间，使该商品的个别价值低于它的社会价值。当资本家按照高于商品的个别价值但又低于它的社会价值来出售商品时，资本家就获得了超额剩余价值。"任何商品卖者一样对他所提供的商品是负有责任的，如果他不想被同种商品的另一些卖者所排挤，他就必须提供一定质量的商品。"②因此，市场竞争的意识使资本家为了获得超额剩余价值，不得不想尽各种办法提高工人的劳动生产力，以便在市场上提供一定质量的商品。

资本家要想提高工人的劳动生产力，就需要改变劳动过程本身：首先需要改善工人劳动的生产条件，如劳动时间的缩短、居住环境的改善等；其次需要提高工人在生产过程中的劳动力质量，如提供技能培训等，使劳动者在干中学；最后需要改善工人在非生产过程中的社会保障，如提高劳动福利等。因此，资本家在竞争的推动下，要想获得更多的剩余价值，甚至是超额剩余价值，就不得不提高劳动力再生产的质量。

2.机器生产带来的风险要求提高劳动力的生活保障

资本主义生产方式从15世纪末开始，经由协作、分工和工厂手工业的发展，最终于19世纪初建立社会化的机器体系。机器体系是由一系列各不相同而又互为补充的独立机器组成的，但是这些独立机器的简单加总并不构成机器体系本身。因为只有当劳动对象顺次通过这一系列不同而又互为补充的工具机时，才能使独立的机器相互联系，最终建立真正的机器体系。机器体系的生产与工厂手工业的生产最本质的区别在于，"在工厂手工业中，单个的或成组的工人，必须用自己的手工工具来完成每一个特殊的局部过程。如果说工人会适应这个过程，那么这个过程也就事先适应了工人。在机器生产中，这个主观的分工原则消失了。在这里，整个过程

① 马克思. 资本论（第一卷）[M]. 北京：人民出版社，2004：370.

② 马克思，恩格斯. 马克思恩格斯全集（第49卷）[M]. 北京：人民出版社，1982：10.

是客观地按其本身的性质分解为各个组成阶段，每个局部过程如何完成和各个局部过程如何结合的问题，由力学、化学等在技术上的应用来解决"①。由此可以看出，整个机器生产体系的设计和建立丝毫没有考虑任何有关劳动者个体的、主观的因素，或有关于整个人类历史的、道德的因素等，如劳动者工作时间的生理界限和道德界限，可供工人接受的劳动强度或精神的紧张程度，以及机器等现代化体系的应用增加劳动者产生工伤事故的概率等，所有这些关乎劳动者的生存、生活质量和健康状况的因素都不在机器体系的参考范围内，而是由外在的劳动者本身的力学、化学等客观因素所决定的。

由于机器在资本主义生产体系中被广泛使用，由多个独立机器构成的整个机器体系不仅使工人的剩余劳动时间绝对地或相对地延长，不断地突破工作日的生理底线和道德底线，还不断提高劳动者在整个劳动过程中的劳动强度和紧张程度，消耗了工人大量的体力和脑力劳动。同时，机器所带来的劳动条件和生存环境的恶化，使劳动者的体质不断下降，增加了劳动者引发疾病和工伤事故的风险②。也就是说，这些机器大生产给工人带来体力和脑力的支出加大、身体健康的每况愈下、疾病和事故风险性的急剧增加等均迫使资本家为了维持社会生产而不得不去提高劳动者的生活保障，因为没有了这些维持工人基本生活的保障，工人们普遍会遭受"贫困、疾病、愚昧、肮脏和失业之苦"。因此，以上这些工人的现实状况才是资本家给劳动者提供起码的医疗社会保险和工伤事故保险等社会保障的根本原因，才是"二战"后许多现代资本主义国家相继推出福利主义措施的真相。不断壮大的无产阶级队伍和持续高涨的民主运动已经威胁到资产阶级的统治地位和社会稳定，机器体系的应用造成工人生活的日益贫困化，这一事实已达到各国资产阶级政党再也不能无视的程度，为了掩盖真相，西方资产阶级经济学家编造出资本主义国家福利保障的增加是为整个

---

① 马克思. 资本论（第一卷）［M］. 北京：人民出版社，2004：437.

② 尤来寅. 社会福利增长的实质是劳动力再生产社会化［J］. 学术月刊，1985（5）：18-24.

人类建立超越种族和文明的公正、平等、富裕、繁荣的大同世界这一虚假的笑话。

总的来说，机器的大量使用，一方面使社会生产不断进步，使资本家的财富迅速积累；另一方面造成无产阶级大量的、绝对的贫困化，使工人的劳动力呈现低质量的再生产，这是资本主义生产方式中的固有矛盾。如果任由这个固有矛盾继续激化而得不到必要的缓解，资本主义制度将难以存在下去。维持整个社会正常生产是资本家获得利润的前提，而劳动力再生产作为社会再生产的重要组成部分，也是资本家不得不去关注的关键问题。资本家为了维持自身的统治地位和社会稳定而维护资本主义社会的正常生产。

（三）劳动力再生产质量变化的矛盾运动规律

在资本主义社会化大生产的条件下，资本对效率本身的要求使资本家不仅通过建立新的工厂、新的部门、新的产业等方式来扩大生产规模，带来规模经济，还通过不断地采用新技术、新工艺来提高本部门的劳动生产率。事实上，规模经济的产生和劳动生产率的提高都与劳动力高质量再生产的发展要求是分不开的。正是高质量劳动力之间分工、协作并与集中的生产资料相结合，规模经济的产生才有了可能；同时，劳动力质量的提高是高质量劳动力再生产的重要方面，即高质量劳动力再生产不仅包括生产过程中劳动质量的提高，而且包括劳动者在非生产过程中的生活质量保障。具体地说，生产过程中高质量的劳动力不仅有利于劳动生产率的提升，而且有利于节约和充分利用生产资料，还有利于提高经济管理水平。而劳动者在非生产过程中必须提高社会保障是因为资本主义生产条件下机器体系的建立给工人带来体力和脑力的支出加大、身体健康的每况愈下、疾病和事故等风险性的急剧增加等问题。这些劳动者现实的悲惨状况已经威胁到正常的社会生产，因此迫使资本家为了维持社会生产而不得不去提高劳动者的生活保障。

然而，在资本积累体制下，劳动作为资本的对立关系，其再生产质量被压到最低是资本最大化地追求剩余价值而带来的必然结果，这是由工人在生产过程中的异化劳动决定的。异化劳动主要表现在劳动成果的异化和生产行为的异化两个方面。也就是说，工人在资本主义生产过程中不仅把自己的劳动能力交由资本家支配，而且把自己劳动的成果一并交给资本家。其中，交由资本家支配的劳动能力在生产过程就表现为生产行为的异化，这种异化导致资本家对劳动力的过度浪费从而使劳动力再生产质量不断降低；工人将自己的劳动成果交给资本家就表现为劳动成果的异化，这种劳动成果的异化使得工人在为资本家生产更多产品和财富的同时，这些产品和财富转为工人异己的力量反而使他自身更加贫穷。因此，这两种劳动的异化均为资本压低劳动力再生产的质量提供了基础。另外，资本家为了疯狂地追求利润，通过绝对剩余价值生产和相对剩余价值生产两种方式来不断地促进生产过程中资本使用上的节约，这种资本使用上的节约不仅包括不变资本（即生产条件的节约），还包括可变资本（即活劳动的节约）。这两种资本使用量上的节约共同造成了劳动力再生产质量呈现不断下降的趋势。

通过以上分析可知，资本的逐利属性致使劳动力再生产质量压低到仅能维持劳动力正常生活的程度；而资本本身对效率的追求，又客观上要求劳动力实现高质量再生产。对于资本而言，资本本性追逐经济利益的内在冲动与资本本身追求高效率的客观要求决定了劳动力再生产质量出现压低和提升两种相反的力量，而这两种相反力量造成的冲突形成资本主义社会的固有矛盾。随着资本主义社会的发展，如果任由这个固有矛盾继续激化而得不到必要的缓解，资本主义制度将难以存在下去。资本家为了维持自身的统治地位和社会稳定，维护资本主义社会的正常生产，同时由于劳动力再生产作为社会再生产的重要组成部分，资本家不得不去关注这个事关资本主义社会存亡的关键问题。因此，资本主义国家在不影响自己利益的条件下对工人劳动力再生产质量进行调整，从而出现了不同的市场经济模式，如北欧高福利国家模式，这种社会保障的建立使广大低收入阶层的生活有所改善，社会平均生产质量有了明显的提高，这在一定程度上是源于资本需要解决劳动力的质量问题并提高效率。

最后，从劳资关系的斗争结果的趋势性来看劳动力再生产质量的层次性要求。事实上，不同时期、不同阶段下劳动力再生产的质量是由资本家和劳动者围绕工作日或者说工人的生存条件而做出的斗争结果决定的。也就是说，工人阶级希望尽可能地增加休闲时间来实现人的自由全面发展，其斗争的目的是将工作日缩短，而资本家阶级则追求更多的剩余价值，其斗争的目的是延长工作日，不同阶级根据各自的需要最终达成的妥协决定着劳动力再生产的层次性需求。实际上，劳动力高质量再生产是工人阶级维持生命再生产的一般趋势，也是工人阶级成长过程中的一种客观需要。高质量的劳动能力是节约劳动、提高劳动效率的内在要求，客观来讲是有利于生产力发展的；但在资本主义条件下，资本追求剩余价值的本质会不断破坏或者损坏高质量劳动力再生产。因此，资本主义条件下劳动力再生产是在资本想压低劳动力的质量和效率本身要求的高质量之间的矛盾中不断发展的。

第四节　劳动力再生产质量指标体系的理论构建

劳动力再生产的质量是衡量劳动力发展的关键因素，也是评估社会发展程度的重要指标。学术界对于劳动力再生产质量的研究比较少，所以对衡量劳动力质量的指标构建自然也很少，相关的研究主要集中在分散测量不同群体的人力资本、生活质量、就业质量和工作生活质量等方面。这些测量的指标体系通常采用构建涵盖经济、政治、文化教育等方面的指标，这些指标的构建使相关测量的结果标准化，并为该问题的研究提供了基本的研究框架；在内容上既包括反映宏观层面的社会总体状况，也包括对微观层面个体生活质量的影响。但是，学术界目前关于人力资本、生活质量、就业质量和工作生活质量等方面的研究主要是针对劳动者本身，较少以家庭为单位对劳动力的发展质量问题进行测量。基于此，笔者尝试在学理基础上，建立以家庭为单位的劳动力再生产质量的指标体系。该体系既包含对劳动者本身劳动力再生产质量方面的测量，也包括劳动者代际再生产，即劳动者子女的再生产质量方面的测量。

一、指标体系构建的原则

劳动力再生产的质量并非由单一的数量因素决定，而是多种因素综合作用的结果。由此可见，对于劳动力再生产质量的实证分析应该采用综合指标评价法，从而避免选用单一指标的片面性。综合评价指标是一个复杂系统，构建简明综合的劳动力再生产质量评价指标体系，我们要遵循以下四项原则。

（一）科学性与实用性的原则

劳动力再生产质量指标体系的建立，一定要以正确的、科学的理论为指导：指标的选择必须能够系统而准确地把握劳动力再生产的质量；指标权重的确定必须反映衡量劳动力再生产质量指标内部之间的数量关系；核心指标数据的选取必须符合劳动力家庭本身的性质特点和社会经济的实际；指标口径、计算方法、计算单位等必须以公认的科学经济理论为依据，以较少的综合性指标，规范、客观、综合地反映劳动力再生产质量的基本内涵。

（二）系统性与层次性的原则

指标设置要尽可能全面地反映劳动力再生产质量的特征，具有层次高、涵盖广、系统性强的特点。劳动力再生产质量指标体系的建立是一个复杂的系统，应该从反映劳动力再生产质量状况的不同维度出发，在不同维度下建立若干不同层次的指标。不同维度之间的指标相互联系、相互配合，同一维度内部的指标各有侧重，从而形成一个层次分明的、有机结合的能够真实反映劳动力再生产质量的指标体系。

（三）动态性与稳定性的原则

劳动力实现高质量再生产既是社会发展的目标，又是一个可持续发展的渐进过程。因此，劳动力再生产质量的指标体系一方面要能在一定时期保持相对稳定，以便分析劳动力再生产质量的现状；另一方面要能综合反映其动态发展趋势，便于预测和管理。

(四) 简明性和可操作性的原则

劳动力再生产质量所涵盖的范围比较广泛，能够反映其特征的指标也相对较多，因此衡量劳动力再生产质量的指标体系应将与各个维度密切相关的指标保留下来，尽可能将一些与主题无关或关系不大的指标删减，从而精简指标达。另外，指标体系应是一个可操作性强的方案，要尽可能利用现有统计数据指标，使读者能够清晰地明白不同指标所代表的确切含义，以及指标体系所形成的研究成果，从而保证指标比较结果的合理性、客观性和公正性。

二、指标体系的构建逻辑

劳动力再生产质量是一个多维概念，关于劳动力再生产质量指标的建立也需要一个多维的分析框架。前文已从理论的角度分析了劳动力再生产质量所包含的内容，接下来将结合现有的统计数据，构建合理的、客观的、符合现实的劳动力再生产质量的指标体系。

图3-3的是劳动力再生产质量指标体系的理论框架。劳动力再生产是以家庭为单位的再生产。根据与行为主体的不同关系，劳动力再生产分为劳动者自身再生产和劳动者代际关系再生产，其中劳动力自身再生产是劳动力行为主体本身的再生产，劳动者代际关系再生产是劳动者为了维持整个社会劳动力的延续而需要实现的再生产。如前所述，劳动力再生产从理论上来说是在生产领域之外进行的，即通过个人消费来进行体力和脑力劳动的恢复。但在现实生活中，生产过程中劳动力的被消耗程度如劳动时间、劳动强度等均直接影响劳动过程之外劳动能力的恢复，因此笔者将通过个人消费在非生产领域进行的劳动力再生产称为狭义的劳动力再生产，将由生产领域和非生产领域共同决定的劳动力再生产称为广义的劳动力再生产。本章建立劳动力再生产质量的指标体系运用的是广义的劳动力再生产概念，在衡量劳动力再生产质量的实证分析中不仅包括影响非生产过程中的消费水平、社会保障水平、教育水平等因素，还包括生产过程中影响劳动力消耗程度的因素。

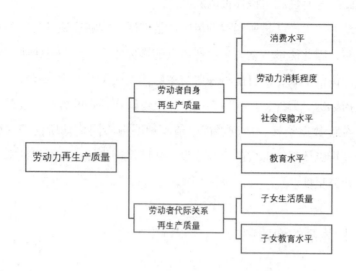

图3-3　劳动力再生产质量指标体系的理论框架

　　对于劳动者自身再生产来说，其质量由以下4个方面决定。

　　一是劳动力的消费水平。劳动力再生产是指劳动者通过个人消费来补充或恢复其体力和脑力的耗费，因此劳动力的消费水平直接决定劳动力再生产的质量。收入是消费的来源和基础，是影响消费水平最重要的因素。收入的稳定与否是个人能够消费的前提，收入数量决定个人的消费能力，因此收入数量的多少和收入是否稳定是衡量劳动力再生产质量的重要组成部分。消费结构的变化也影响着劳动者的再生产质量，食物支出占总收入的比例直接反映劳动力再生产的质量，因此我们将收入的数量、收入的稳定程度和消费结构的变化作为衡量劳动力自身"自然力"再生产质量变化的重要组成部分。

　　二是在生产过程中劳动力的消耗程度是影响其恢复的关键因素。劳动力消耗越多，其恢复或提高的速度越慢；反过来，劳动力消耗越少，其恢复或提高的速度越快。因此，在生产过程中，劳动者劳动时间的长短、劳动强度的多少、劳动环境的好坏等变化程度都影响其劳动力再生产质量的变化趋势。此外，劳动过程中的吃饭、娱乐和休息时间也是影响其劳动力再生产质量的关键因素。

三是劳动者的社会保障水平为其劳动力的恢复或提高提供保证[1]。企业和社会保障水平越高，劳动力恢复或提高的稳定性越强；反过来，企业和社会保障水平越低，劳动力恢复或提高的稳定性越弱。需要特别引起注意的是，消费质量中收入的高低和工作质量中劳动时间的长短、劳动力强度的大小，以及社会保障程度的高低，这些数值本身不能衡量劳动力再生产的质量，而是这些指标本身的"变化程度"反映劳动力再生产质量的变化趋势。

四是教育是提高劳动力再生产质量的重要途径和必要条件。教育不仅包括劳动者在生产过程以外通过接受基础教育、技能培训而形成的一般劳动能力，还包括在生产过程中通过知识的积累、经验的增加，即"干中学"而习得的特殊劳动能力。因此，我们将劳动者的教育水平、技能水平和经验积累程度等作为衡量劳动者自身"社会能力"再生产质量的一级指标。教育水平与消费水平、劳动力消耗程度和社会保障水平等一级指标相区别的就是受教育程度的高低、技能有无和经验多寡等指标本身可直接用来衡量劳动力再生产质量的高低，无须通过指标的变化程度来反映劳动力再生产质量的变化趋势。

对于劳动者代际再生产来说，其质量是由影响外出务工农村劳动力子女"自然力"再生产和"社会能力"再生产两方面的因素决定的。由于外出务工农村劳动力子女的"自然力"和"社会能力"均处于从零到有的增加过程，因此我们将子女的生活质量作为衡量劳动者代际再生产"自然力"的一级指标，将子女的受教育水平作为衡量劳动者代际再生产"社会能力"的一级指标。

---

[1]　我国社会保障制度不仅包括社会保险、社会福利，还包括给予中断或丧失劳动能力的劳动者的社会救助、社会优抚等。为了使劳动力再生产顺利进行，社会保险中医疗保险、医疗服务为劳动者的"修理费用"提供保障，从而恢复劳动者本人的身体健康；社会福利中的教育服务、技能培训等为劳动者的智力水平提供保障，从而提高劳动力再生产的质量。由于数据可得性的限制，我们将社会保障水平集中在为劳动者的"修理费用"提供保障的医疗保险、养老保险等方面。

三、指标体系的构建内容

根据上述构建劳动力再生产质量指标体系的原则和逻辑，笔者参考学术界衡量不同群体的消费质量[①]、就业质量[②]、生活质量[③]所建立的指标体系，设置劳动力再生产质量指标体系如下。

表3-1是劳动力再生产质量指标体系所包含的6个一级指标、12个二级指标和22个三级指标。根据劳动者自身和劳动者子女两种不同的行为主体，我们将一级指标划分为用来衡量劳动者自身的消费水平（A_1）、劳动力消耗程度（A_2）、社会保障水平（A_3）、教育水平（A_4）和用来衡量劳动者子女的生活质量（A_5）、教育质量（A_6）共6个部分。接下来，我们详细对表3.1中所列的12个二级指标和22个三级指标的具体含义进行描述性分析。

表3-1 劳动力再生产质量的指标体系

行为主体	一级指标	二级指标	三级指标
劳动者本人	消费水平（A_1）	收入的充足性	家庭年收入
			人均月收入
劳动者本人	消费水平（A_1）	收入的充足性	劳动者名义工资
			劳动者实际工资
		收入的稳定性	年收入变动幅度
			更换工作单位次数
			拖欠工资比例
		消费结构	食物支出占总收入比例

① 王欣. 农民工收入质量评估研究［D］. 咸阳：西北农林科技大学，2014.

② 明娟，曾湘泉. 工作转换与受雇农民工就业质量：影响效应及传导机制［J］. 经济学动态，2015（12）：22-33.

③ 李臻. 美国高等教育与收入分配关系的政治经济学研究［D］. 天津：南开大学，2016.

续表

行为主体	一级指标	二级指标	三级指标
劳动者本人	劳动力消耗程度（A_2）	工作时间	周工作时间
			日工作时间
		工作强度	劳动行业
			休息时间
	社会保障水平（A_3）	劳动合同	签订劳动合同比例
		社会保险	医疗保险比例
			养老保险比例
			失业保险比例
			工伤保险比例
	教育水平（A_4）	教育程度	受教育年限
		技能水平	是否有培训经历
		经验水平	工作经验时间
劳动者子女	生活质量（A_5）	子女抚养成本	子女生活成本
	教育质量（A_6）	子女受教育水平	子女受教育程度

消费水平（A_1）用来衡量消费的优劣程度。消费水平主要体现在收入数量是否充足、收入来源是否稳定和消费结构是否合理3个方面，因此笔者将收入的充足性、收入的稳定性和消费结构作为衡量劳动者消费水平的核心指标。收入的充足性是指收入是否能够满足整个家庭的消费需要，体现收入充足性的指标有家庭年收入和人均月收入；收入的稳定性是指收入能否给予劳动者消费的稳定来源，体现收入稳定性的指标有年收入变动幅度、工作单位更换次数、拖欠工资比例等；消费结构是指劳动者是否具有多种消费渠道或消费方式，体现消费结构的指标有食物支出占总收入的比例、财产性收入和转移性收入的比例等。

劳动力再生产过程中被消耗程度主要由工作时间和工作强度两个方面决定。衡量工作时间的指标有周工作时间和日工作时间；由于衡量工作强度的直接指标较难收集，笔者间接采用劳动者所处的行业来进行具体分析。此外，工作中的休息时间，如吃饭、休闲等也是体现劳动者工作强度的衡量指标。因此，笔者将衡量工作强度的指标选择为劳动行业和工作中的休息时间等；将工作保障程度的指标选择为签订劳动合同的比例。

社会保障水平（A_3）根据劳动者签订劳动合同的比例和参与社会保险的比例等社会保障程度来衡量，其中社会保险包括养老保险、医疗保险、失业保险和工伤保险。因此，我们选用劳动合同签订比例和以上4种保险参与比例逐年之间的变化来衡量劳动力再生产质量的趋势。教育水平（A_4）是指劳动者教育、技能、经验的优劣程度，因此我们选用劳动者的受教育年限或获得的最高学历、是否有培训经历或工作经验时间来衡量劳动力的教育质量。

对于劳动者子女的生活质量（A_5）和教育质量（A_6），我们采用子女抚养成本、子女受教育成本来衡量。

第五节　本章小结

本章基于马克思主义政治经济学的基本原理和研究方法对劳动力再生产质量和数量的关系、劳动力再生产的自然属性和社会属性、劳动力再生产质量提高的物质基础和社会基础，以及不同商品形态下劳动力再生产质量变化的规律进行分析，得出以下结论。

第一，存在于人类社会经济活动中的劳动力再生产始终是数量和质量的统一。劳动力再生产的数量，主要由劳动者能否满足自我再生产和是否能够顺利实现下一代再生产的数量来衡量，这是保证社会再生产顺利进行的前提；劳动力再生产的质量，主要由劳动力能否在保证劳动力再生产数量的前提下还能更好地生产出劳动者自身和下一代劳动力的质量来衡量，这是提高劳动生产率、推动社会生产力发展的重要条件。因此，劳动力再生产质量的提升只有在保障劳动力再生产数量的前提下才有现实意义。

第二，劳动力再生产具有自然属性和社会属性。任何社会都需要劳动力的再生产来维持人类的生存和繁衍，人类生存和繁衍的顺利进行，即劳动力再生产的自然属性，是保证劳动力再生产数量的基础；而在不同的生产关系下，社会生产的不同目的对劳动力再生产数量和质量的要求不同，这种不同社会属性下劳动力再生产数量和质量的不同表现形式，即劳动力再生产的社会属性，是决定劳动力再生产质量的基础。因此，劳动力再生产质量和数量的统一是以劳动力再生产自然属性和社会属性的统一为依据的。

第三，人类经济社会的进步，客观上要求劳动力再生产质量有不断提高的内在要求。劳动力再生产质量能否真正提高，取决于生产力和生产关系两个方面。一方面，就生产力而言，剩余劳动是劳动力再生产质量提高的前提，是保证劳动力有质量再生产的生产力基础。剩余劳动的出现只是为高质量劳动力再生产提供前提，并不意味着必然出现高质量劳动力再生产，具体是否能按照高质量方向实现劳动力再生产，取决于社会制度属性；另一方面，就生产关系而言，在不同的社会里，由于统治阶级的目的不同，剩余劳动向必要劳动转换的程度不同，所以劳动力再生产的质量在劳动力非商品形态、劳动力半商品形态和劳动力商品形态下遵循不同的运动规律。

第四，笔者尝试在有关劳动力发展指标的基础上建立以家庭为单位的劳动力再生产质量的指标体系。该指标体系不仅包含对劳动者本身劳动力再生产质量方面的测量，还包括劳动者代际再生产即劳动者子女的再生产质量方面的测量。由于劳动力再生产质量是一个多维概念，所以关于劳动力再生产质量指标的建立也需要一个多维的分析框架，即从消费水平、劳动力消耗程度、社会保障水平和教育水平4个方面来衡量劳动者本身的劳动力再生产质量，从劳动者子女生活质量和教育质量来衡量劳动者代际关系的再生产质量。本章以家庭为单位建立的劳动力再生产质量的指标体系，为后文分析外出务工农村劳动力再生产质量的实证分析提供了方法基础。

第四章 我国外出务工农村劳动力再生产质量的特点

在我国户籍制度与社会保障体系相联系的国情下，农民工的劳动力虽然在城市使用，但其仍未能与城镇工人一同享受城市社会保障，如医疗、住房、养老保险、随迁子女教育等城市社会保障；虽然其离开了农村，但其劳动力再生产仍与土地、农村、农业存在不可分割的联系。外出务工农村劳动力阶层的这种跨越部门、地区的特殊性，使中国社会经济中的工农、城乡、地区、劳资等矛盾都间接地体现在他们身上，尤其体现在劳动力再生产的质量上。因此，解决好外出务工农村劳动力问题，具体来说，解决好外出务工农村劳动力再生产质量问题事关我国城乡经济协调发展、共享共富的全局，也影响着经济的高质量发展。

第一节　改革开放后外出务工农村劳动力商品化的特点

外出务工农村劳动力是伴随着中国经济体制改革、结构转型和产业调整所形成的特殊群体，伴随中国特色社会主义现代化进程，其产生带有历史必然性。中国外出务工农村劳动力问题的"特殊"，是与其所处的特殊时期、特殊阶段、特殊背景相联系的。改革开放之前，我国实行的是传统计划经济。在计划经济条件下，物质资料的生产、分配和最终产品的消费等均由政府统一计划和安排，劳动力资源也是由各级政府部门统一调配和管理的，因此农业劳动力和城市劳动力均以非商品化形式存在。改革开放以后，我国大力发展商品经济，不断推进市场化、城镇化和工业化，在这一过程中，外出务工农村劳动力群体便应运而生。

一、外出务工农村劳动力实质是农民劳动力半商品化的产物

　　学术界对农民工概念的界定较多。部分学者从职业和身份的角度来定义农民工，他们认为农民工中的"农民"是指外出务工农村劳动力的社会身份，即农村居民；"工"是指外出务工农村劳动力的职业，即工人。由于农民工户籍在农村，工作在城镇，这种职业与身份的特殊融合使人们难以明确外出务工农村劳动力到底是传统意义的农村居民还是纯粹意义的城市居民。部分学者从农民工劳动力的属性角度来定义，认为农民工是兼具务农和务工两种劳动能力的特殊群体[1]。随着我国人均耕地面积的减少，劳动生产率的提高加剧了农村劳动力的剩余，1980年以后出生的农民工，即新一代农民工对于务农能力的了解较少，因此随着农民工劳动能力的兼业性和季节性特点的消失，这种从劳动能力角度来定义农民工的学理性与现实情况越来越不一致。部分学者直接否定农民工概念的提出，他们认为，农民工是计划经济时期城乡户籍制度政策实施的结果，是经济体制转轨时期的产物，具有时代的局限性和歧视性，是一个不宜再提的概念[2]。部分学者在批判学术界对农民工概念的认识存在名称、内涵、外延与特征四大误区的基础上指出，农民工是由于经济体制的改革，即计划经济让位于市场经济时，经由农村流向城市的、那一群在职业与身份上的农民与工人的奇妙结合体[3]。

　　本章主要从历史的角度出发来描述农民工的发展特征，如其产生背景和本身所具备的特点等，从而对这一概念进行界定，而不是直接下定义。

---

　　① 杨思远. 试析农民工的廉价工资 [J]. 教学与研究，2004（7）：32-36.

　　② 贺汉魂，皮修平. "农民工"：一个不宜再提的概念——"农民工"的伦理学思考 [J]. 农村经济，2005（5）：107-109.

　　③ 刘小年. 重新认识农民工——兼论农民工认识上的四大误区 [J]. 安徽农业科学，2006（15）：3802-3804.

随着人民公社的解体，联产承包责任制的实施给每位社员一份责任田，社员既可以选择在责任田上务农，也可以选择去城市务工。这种拥有责任田的农业劳动力选择离开农村而去城市做工所形成的特殊群体被称为农民工。需要指出的是，农民工是特殊背景下所形成的特定概念，并不是惯常熟识的在城市中从事工业生产的农民就是农民工，因为农民工不全都是工人，那些依靠自主经营的小业主、清洁工、保姆等均属于农民工行列。农民工最重要的特点是其虽在城镇务工，但其凭借农民的身份而获得与责任田直接相关的土地经营权的户口。

随着家庭联产承包责任制的实施，外出务工农村劳动力群体本身也呈现不同的发展变化。国家统计局根据出生年代，将外出务工农村劳动力分为老一代外出务工农村劳动力和新生代外出务工农村劳动力：老一代外出务工农村劳动力或者说第一代外出务工农村劳动力，是指1980年以前出生的外出务工农村劳动力，他们是由人民公社的社员转化而来的，他们在人民公社时期从事较多的体力劳动，因此大部分人已经掌握熟练的务农能力，且较能吃苦；而新生代外出务工农村劳动力或者说第二代外出务工农村劳动力，是指1980年以后出生的外出务工农村劳动力，他们与城市工人一样基本没有务农的经验和能力，与城市工人的主要区别在于其为了进城可以接受较低的工资。

基于此，本章将外出务工农村劳动力定义为：通过城市务工所获得的工资性收入和农业户口获得的土地性收入共同实现家庭劳动力再生产的特殊群体称为外出务工农村劳动力。外出务工农村劳动力实质是农民劳动力半商品化的产物。这个定义是结合外出务工农村劳动力的身份特点，同时从劳动力再生产角度给出的，这与我们从劳动力再生产质量角度研究外出务工农村劳动力问题的视角是一致的。

依据对外出务工农村劳动力的定义，本章研究外出务工农村劳动力是在以家庭为单位的基础上的，从劳动力商品的角度研究外出务工农村劳动力的劳动力再生产问题，尤其是再生产的质量问题。外出务工农村劳动力再生产根据其产生和发展的不同阶段呈现不同的特点。

老一代外出务工农村劳动力和新生代外出务工农村劳动力再生产的特

点不完全相同。老一代外出务工农村劳动力的家庭分工主要是指部分成员自己经营土地，而且经营土地获得的农产品不仅可以通过口粮的形式直接满足家庭生活所需，还可以通过交换其他产品来满足自己家庭一年所需的生活资料，而其他人员去城市务工。这种外出务工农村劳动力家庭的劳动力再生产形式是由部分成员务工所获得工资性收入和部分成员务农所获得的土地收入共同构成的。至于工资性收入和土地性收入之间的比例情况，则是由不同家庭成员的外出务工状况决定的。这种外出务工农村劳动力家庭劳动力再生产的形式有两个特点：第一，对于外出务工农村劳动力家庭来说，外出务工的主要目的不是谋生，而是增加家庭的劳动剩余，这样的外出务工农村劳动力家庭相对于纯粹的务农家庭而言其生活水平会有所提高；第二，这种类型的家庭相对于城市纯粹的工人家庭而言，能够接受更低的工资，因为外出务工农村劳动力家庭的部分生活资料可以通过土地等农村生产资料来获得。

新生代外出务工农村劳动力家庭更多的是举家进城，自己不再经营土地，大部分依靠受企业雇佣而获得的工资性收入来维持其家庭生活，虽然名义上可凭借农业户口获得农业领域的生活资料，但由于他们不再经营自己承包的土地，而是将土地通过流转或转包的形式来获取部分收益，这部分收益已经微不足道，土地对这类家庭更大的意义在于拥有土地经营权本身对外出务工农村劳动力来说具有一种保障功能，倘若城市就业不景气，可退回农村维持最基本的生存保障。事实上，新生代外出务工农村劳动力在城市的总体生活环境有所改善，但受经济条件的约束，生活境遇要比老一代外出务工农村劳动力更为艰难。老一代外出务工农村劳动力的工资收入只是为了增加家庭剩余，而新生代外出务工农村劳动力的工资收入是为了维持整个家庭在城市的基本生活，如家庭的衣食住行、子女教育、医疗等，再加上城市生活成本的增长速度远远高于外出务工农村劳动力工资增长速度，使他们的生活举步维艰。

二、外出务工农村劳动力半商品化形成的原因

为什么我国改革开放以来会形成外出务工农村劳动力这个特殊群体？我们从供给和需求两个角度出发，结合中国的户籍制度和"工农业剪刀差"来分析外出务工农村劳动力的产生机制。从劳动力供给的角度来说，1978年家庭联产承包责任制的建立，一改计划经济时期的绝对平均主义，既充分调动了农民的积极性，又推动了劳动生产率的提高，从而释放了大量的剩余劳动力；从劳动力需求的角度来说，经济体制的改革要求大量发展商品经济，伴随着工业化、城市化和市场化的发展，私营经济和国有企业的市场化对劳动力产生了大量的需求；同时，户籍制度的松动从政策上允许农业劳动力的转移，为其劳动力的转移提供制度支持；加之"工农业剪刀差"的市场因素，外出务工农村劳动力在政治、经济、文化的三重背景下应运而生。

（一）家庭联产承包责任推动农业劳动力产生剩余

家庭联产承包责任制是我国农村改革的一大创举。1978年，我国开始实施家庭联产承包责任制的土地改革，在坚持社会主义公有制的基础上将土地产权分为所有权和经营权：所有权仍归集体所有，集体组织（主要是村或组）负责承包合同的监督、土地的分配和农机的使用和调度等；经营权则由集体经济组织按户均分包给以家庭为单位的农户，农户自主经营土地等生产资料来完成生产任务，这种土地所有权归集体、经营权包产到户的农业生产责任制是一套有统有分、统分结合的双层经营体制。

由于计划经济时期"集体所有、统一经营"的生产关系是社会主义建设的重要内容，试图改变小私有制的生产方式，从这个意义上说是正确的。但由于在探索过程中，过急过快的公有化步伐脱离了当时的生产力发展水平，也挫伤了农民劳动的积极性，"一大二公"的所有制调整反而影响了劳动生产率的提高。据统计，1978年农民人均从集体分配所得的年收

入只有88.53元，有30%的生产队人均分配的年收入在50元以下^①，如此低的经济水平甚至不能解决农民的温饱问题。家庭联产承包责任制通过对土地所有权和经营权分离，调动农民生产的积极性，有利于纠正计划经济时期管理体制带来的低效率问题，使农民由单纯的劳动者变成生产经营者，提高劳动生产率。同时，农民劳动积极性的提高，极大地发挥了劳动和土地的潜力，在农业人口不断增多的情况下，农业劳动力的剩余激增，为工业化发展提供了大量劳动力。

1. 农业劳动力供给量的增长

农业劳动力的供给主要来自农村人口资源，农村人口资源的状况是由整个社会的经济、文化和历史传统等综合决定的。新中国成立以后，由于经济的推动和国家生育政策的引导，农业人口的供给总量出现了难以控制的增加。毛泽东强调："中国人口众多是一件极大的好事，……世间一切事物中，人是第一可宝贵的。在共产党领导下只要有了人，什么人间奇迹都可以创造出来。"^②国家统计局公布的资料显示，我国总人口在1949—1978年从5.41亿人迅速攀升到9.58亿人，增加了4.17亿人，近30年的时间人口增长了77%，年增长率高达2.56%。同时，农业人口也随着总人口的增加而增加，从1949年的4.84亿人增加到1978年的8.38亿人，农业人口增长了73%^③，如图4-1所示。然而，此期间的耕地面积却出现绝对的下降。耕地面积由1957年的167745万亩，下降为1988年的143583万亩^④，下降了14.4%，减少了24162万亩，相当于法国全国耕地面积的总和，比英国的耕地面积的两倍还多。耕地面积的下降又导致粮食播种面积的下降，由1957年的200450万亩下降到165188万亩，下降了17.6%^⑤。这种农业劳动

———————

① 王国敏，赵波. 中国农业现代化道路的历史演进：1949—2010〔J〕. 西南民族大学学报（人文社会科学版），2011（12）：207-212.

② 毛泽东. 毛泽东选集（第四卷）〔M〕. 北京：人民出版社，1991：1512.

③ 数据来源：《中国统计年鉴》（1981）。

④ 一亩=666.67平方米。

⑤ 中国科学院国情分析小组. 生存与发展〔M〕. 北京：科学出版社，1989.

力绝对供给数量的增加和耕地面积的绝对减少是农业劳动力转移的前提。

从理论上说，农业科学技术的进步不仅体现在对传统农业技术的利用和改造、对现有科学技术成果的推广和应用、开发和应用现代高科技和新技术3个方面，还体现在扩大农业自然资源对农业劳动的吸纳度上，如新的农业部门（淡水和海水养殖业）的兴起吸纳了更多的农业劳动力。然而受当时世界科学技术发展水平的限制，新农业部门的兴起还不足以把日益增长的农业劳动力完全吸纳到现有的农业自然资源的开发利用中。尤其在计划经济时期的"集体所有、统一经营"的经济体制下，由于农业生产的边际生产率和资金积累率较低，投入产出比不高，社队无力或者不愿意将有限的资金投入现有的先进农业科技的采用和推广中。因此，无论是从自然的、技术的和经济的角度，还是从历史的、现实的角度分析，都会使人们认识到在农村的农业系统中，农业劳动力供给量的增长必然具有超过农业劳动力需求量的总体趋势。1949—1981年，我国总人口与农村人口数量对比情况如图4-1所示。

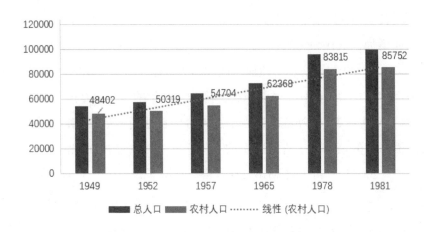

图4-1　1949—1981年我国总人口与农村人口数量对比情况（万人）

数据来源：《中国统计年鉴》（1981）

2. 家庭联产承包责任制推动农业劳动生产率的提高

家庭联产承包责任制在坚持社会主义公有制的基础上按照所有权与经

营权相分离的原则，通过签订合同，确定集体与农户的责、权、利关系，使农户实行自主经营、自负盈亏的经济管理制度，充分发挥统一经营、分工协作的优越性，以及充分调动社员劳动积极性，把"统"和"分"有机地结合起来，实现农业劳动生产率的提高。

农业生产家庭联产承包责任制适应我国农业两个方面的要求：一方面，是国家和集体对于生产过程的统一控制，即"统"；另一方面，是分散的劳动，即"分"；"包"是承包制的核心，它把"统"和"分"统一结合起来。"统"一般是将那些适于集体经营管理的生产项目、生产环节，以及相应的生产设施，坚持由生产队统一经营，具体到一个生产队，一般就坚持"五统一"，即统一种植计划，统一重大生产措施，统一管理和使用大中型农机具，统一兴建、管理和使用农田水利设施，统一安排国家集体各项事业的用工[①]。随着生产力的发展，农民之间还将不断增加"统"的因素。"分"是指那些宜于分散经营的生产项目、作业种类，以及相应的生产资料，分到组、分到户去负责。正确地处理好统与分的关系，要求把统一经营和分散作业更好地结合起来，"统"得合理、"分"得适当，才能既发挥集体的优越性，又充分调动社员的积极性，使社员有更多的安排生产、经营家庭副业的自主权和主动权，不断地把农业生产提高到新的水平。

图4-2是按1952年可比价格计算的劳动生产率（劳均农业总产值、劳均农业净产值）的增长曲线图。为了便于比较，笔者将其换算为指数增长率（以1952年为100），并变成对数形式。为了凸显家庭联产承包责任制建立的统分管理制度所来的劳动生产率的提高，我们以1978年为分水岭，主要对比分析人民公社时期（1957—1977年）和改革开放早期（1978—1987年）实行家庭联产承包责任制后的劳动生产率的变化。首先就总的增长情况而言，在人民公社时期，1977年以农业总产值衡量的劳动生产率与1957年的基本持平，而以净产值衡量的劳动生产率甚至比1957年还低，这主要是由于农业科技含量比较低，种子化肥等还没达到较高水平，以及计

---

① 张民修，刘志金. 发展农业必须以计划经济为主［J］. 河北学刊，1982（2）：107–111.

划经济体制下的管理制度和绝对平均主义的分配制度挫伤了社员的生产积极性，妨碍了劳动生产率的提高。自1978年的家庭联产承包责任制改革后的十年间，1987年以农业总产值衡量的劳动生产率增长了0.6%，以净产值衡量的劳动生产率增长了0.4%。其次，就变化的情况而言，改革开放之前劳动生产率处于长期上下徘徊阶段。劳均总产值在1957年前是上升的，但1959年以后却长期下降与徘徊，1977年时仅和1958年的水平相当，这与计划经济时期农业生产合作社的不同阶段是密切相关的。新中国成立初期，农民在中国共产党的带领下经过短暂的农民个人所有的土改迅速进入集体化的进程，集体化的农业生产合作社克服了小农经济的分散性、自给性、脆弱性，使农业生产力得到解放，劳动生产率有所提高。1958年人民公社的建立，农业规模经济带来劳动生产率的提高，但高度集中的管理体制限制了农民生产的积极性，劳动生产率受两种相反力量的影响，在1958年到1977年之间上下徘徊。随着家庭联产承包责任制的建立，包产到户增强了农民的积极性，但劳动生产率直到1982年才超过1959年的水平。同理，劳均净产值下降得越厉害，徘徊的时间就越长。1977年仍低于1952年的水平，1983年仍低于1959年的水平，到了1984年以后，随着大量农业劳动力转入非农产业，劳动生产率才有了较大幅度的提高[1]。

图4-2　1952—1987年劳动生产率的增长曲线（以1952=100，对数形式）

数据来源：根据《中国统计年鉴（1988）》整理所得。

---

① 根据《中国统计年鉴》（1988）数据计算。

此外，家庭联产承包责任制的实施，使农机机械的拥有量相对于承包之前有了较大幅度的提高，农机拥有量的增加表现着劳动生产率的提高，如表4-1所示。

表4-1　1952—1981年主要农机机械拥有量

年份	农业机械总动力（万马力）	农用大中型拖拉机（台）	农用小型及手扶拖拉机（台）	大中型机引农具（万台）
1952	25	1 307	—	—
1957	165	14 674	—	—
1962	1 029	54 938	919	19.2
1965	1 494	72 599	3 956	25.8
1978	15 975	557 358	1 373 000	119.2
1979	18 191	666 823	1 671 000	131.3
1980	20 049	744 865	1 874 000	136.9
1981	21 319	792 032	2 037 000	139

数据来源：《中国统计年鉴（1981）》。

3. 农业劳动生产率的提高推动农村劳动力产生剩余

农业劳动生产率的提高表现为单位劳动力在一定时间内的总产出增多，或者说在一定时间内生产单位产出所需要的劳动力较少，正如列宁在讨论农奴制改革后的俄国农村资本主义发展时指出："农业的技术进步，随着农业系统的不同，随着耕作制度的不同而有不同的表现。在谷物农业系统和粗放耕作的条件下，这种进步会表现在简单地扩大播种面积和缩减单位播种面积上使用的劳动力。"[1]因此，农业生产率的提高会表现为相对地缩减单位播种面积上使用的劳动力。

随着家庭联产承包责任制的实施，从20世纪80年代开始，学者们大多采用农村劳动力资源总量减去既定的农业生产能力下农业对劳动力的需求量的方法估算中国农村剩余劳动力的数量，绝大多数学者的测算结果表明农村有30%～40%的劳动力是剩余的。泰勒推算得出20世纪80年代中国农

---

① 中共中央马克思恩格斯列宁斯大林著作编译局. 列宁全集（第三卷）[M]. 北京：人民出版社，1984：58.

村剩余劳动力的数量为1亿人到1.5亿人[①]，农村经济体制改革的深化使20世纪90年代农村剩余劳动力人口的绝对数量增加，卡特等估计其数目达到1.72亿人，剩余比例为31.5%[②]。进入21世纪以后，刘建进等（2006）估计2000年中国农村剩余人口比例高达46.6%，绝对人口超过1.7亿 人[③]。

（二）户籍制度的松动允许农业劳动力转移

新中国的户籍制度始于1950年公安系统在内部颁布的《特种人口管理暂行办法（草案）》，该草案建立的户口登记和管理制度主要是通过统计和收集相关的人口资料从而对人口进行规范和管理，以维持正常的社会秩序。计划经济时期，我国政府受苏联工业化模式的影响推行重工业优先发展战略，重工业相较于轻工业来说其资本密集程度较高，相对于对劳动力的依赖程度来说其更依赖资本，因此拥有较高资本密集程度和较高资本依赖程度的重工业对劳动力的吸纳程度较弱。由于我国当时受资金、资源、交通运输等方面的限制，一般将重工业建立于城市中。在重工业优先发展战略下，重工业本身对劳动力较弱的吸纳能力相对于日益增长的城市劳动力人口来说无疑是雪上加霜。据统计，1949—1953年，由于农村人口流入城市，我国城镇人口从新中国成立时的5764万人上升至7725万人，同期的城镇人口占全国总人口的比例从10.6%上升至13.3%[④]。为了保障城市居民的充分就业，以防农村劳动力流入增加城市的就业负担，政府于1958年颁布了《中华人民共和国户口登记条例》，该条例以法律法规的形式对城乡

---

①　TAYLOR J. R. "Rural Employment Trends and the Legacy of Surplus Labor: 1978–1989", In Kueh, Economic Trends in Chinese Agriculture: The Impact of Post–Mao Reforms [M]. New York: Oxford University Press, 1993.

②　CARTER, C. A., F. ZHONG &F. CAI（1996），China's Ongoing Agricultural Reform-San Francisco: 1990 Institute.

③　刘建进. 中国农村劳动力转移实证研究 [J]. 中国劳动经济学，2006（1）：48–80.

④　黄可人. 户籍制度演变与城乡劳动力的流动 [J]. 农业经济，2018（1）：86–88.

之间人口的自由流动实行严格的限制和政府管制，并在与特殊的粮油供应制度、劳动用工制度和社会福利制度相结合的条件下第一次将城乡居民区分为"农业户口"和"非农业户口"两种不同的户籍。这项户籍制度一方面有效地把农村人口控制在城市体制之外，使城市体制建立起以保证城市劳动力全民就业为核心的排他性福利体制，这种福利体制使城市居民享受国家政策提供的低价粮油、住房补贴、优先招工等待遇；另一方面削弱了劳动力的自由流动，遏制了消费市场的进一步发展，使农民因束缚在贫瘠的土地上而收入微薄、生活困苦等，从而加剧了城乡割裂，引发社会分化等问题。

改革开放后，家庭联产承包责任制的实施，户籍制度的改革及生产要素市场的培育等制度变化，均使计划经济时期城乡劳动力的分割状态发生了不同程度的变化。农村联产承包责任制将从集体手中分离出来的土地经营权交给劳动者，劳动者凭借土地经营权激发其劳动的积极性，在提高劳动生产率的同时，释放了大量计划经济时期所隐藏的剩余劳动力。此时，户籍制度的放松成为农村剩余劳动力向城市转移的制度前提，随着劳动力市场的建立，劳动力的流动性也越来越强，大批外来务工人员均在城市找到工作[①]。

（三）市场经济的发展对农业劳动力的需求

改革开放之初，我国生产力水平较低，物质产品匮乏，我国人民的生活水平与发达国家的差距较大。1978年，中国的国内生产总值为3624.1亿元，仅是当时美国的1/9，1.67亿美元的外汇储备更是不值一提；更为严重的是，已经回城与即将回城的1600万名知识青年与城市原有的待业青年面临着极大的就业压力。此时，以经济建设为中心、实现市场经济的发展是我国经济水平提高的客观必然要求。

马克思指出，生产力决定生产关系，生产关系一定要适应生产力的发展，所有制关系作为生产关系的重要组成部分，其形式是由生产力的发展

---

① 蔡昉，都阳，王美艳. 户籍制度与劳动力市场保护［J］. 经济研究，2001（12）：41-49，91.

水平决定的。改革开放之初，我国生产力发展状况呈现不发达、多层次和不平衡等特点。少量经济较发达地区与多数经济欠发达地区、少量高水平先进技术和普遍低水平科学技术的同时存在，决定了我国在改革开放之初的社会主义初级阶段必然包括公有制、私有制在内的多种所有制制度，商品经济是我国不可逾越的发展阶段。因此，党的十二届三中全会中提出在公有制的基础上发展有计划的商品经济，并在党的十四大报告提出建立社会主义市场经济体制。在市场经济条件下，劳动力作为重要的生产要素必然要走向市场。市场经济的建立迅速促进民营经济的发展，这也必然产生对劳动力的巨大需求。发展市场经济，城市里批发、零售、清洁、建筑、装修等众多行业对外出务工农村劳动力的需求迅速增加。国有企业成为自主经营、自负盈亏、自我约束和自我发展的独立市场主体，国有企业因其用工制度更加灵活也成为吸收农业剩余劳动力的部门。

1. 乡镇企业对农业剩余劳动力的需求

从1982年起，农村联产承包责任制的实施使农业产生大量剩余劳动力，城市中有限的资源无法完全吸纳剩余劳动力。在多种所有制并存的经济中，社会主义市场经济的发展在农村表现为乡镇企业的诞生。费孝通在20世纪80年代通过对苏南农村的乡村调查发现，苏南农民以乡村工业化的方式进入市场体系，改变了传统农民落后的面貌，包产到户的农村家庭联产承包责任制改革是第一步，乡村工业化、走市场经济是第二步，这一步影响了整个国民经济，为改革开放创造出来一个新方向①。乡镇企业是由计划经济时期的社队企业转化而来，在实行市场经济之前是由集体统一所有和经营；而在市场经济条件下，以合作企业或个体企业为主的乡镇企业对农业剩余劳动力的吸收产生了巨大的作用。随着乡镇企业的不断发展，其年转移人数不断增加，如表4-2所示。

---

① 费孝通. 行行重行行［M］. 北京：群言出版社，1997：5.

表4-2　乡镇（社队）企业年转移人数（万人）

年份	累计转移人数	每年转移人数
1978	2826.56	—
1979	2909.34	82.78
1980	2999.67	90.33
1981	2969.56	−30.11
1982	3112.91	143.35
1983	3234.64	121.73
1984	5208.11	1973.47
1985	6979.03	1770.92
1986	7937.14	958.11
1987	8805.18	868.04
1988	9545.45	740.27
1989	9366.78	−178.67
1990	9264.75	−102.03
1991	9609.11	344.36

资料来源：根据《中国统计年鉴（1993）》整理所得[1]。

由表4-2可知，社队企业时期（1978—1983年）共转移408.08万人，年均转移81.62万人；乡镇企业时期（1984—1991年）共转移4401万人，年均转移550.13万人，乡镇企业时期农业剩余劳动力转移人数是社队企业时期的10倍。乡镇企业的年转移人数于1984年达到顶峰，转移人数高达1973.47万人，实现井喷式转移，是1983年年转移人数的16倍，这种增长趋势直到1986年才有所回升。

2.非公有制经济对农业劳动力的需求

改革开放之前，非公有制经济发展受到严格限制。改革开放之后，非公有制经济逐渐作为社会主义市场经济的重要组成部分，伴随着市场经济的逐步建立、发展而发展起来。非公有制经济作为农村劳动力非农化的载体，必然对农业劳动力有巨大的吸收作用[2]。表4-3显示的是1990—2000

---

①　1984年之前为社队企业，1984年后全部为乡镇企业。

②　杨先明，张国胜.非公有制经济发展与中国农民工市民化［J］.经济界，2007（6）：69-74.

年城镇不同所有制经济就业人数的分布情况。

表4-3　1990—2000年不同所有制经济就业人数分布　　（单位：万人）

年份	1990	1992	1994	1996	1998	2000
城镇国有单位	10346	10889	11214	11244	9058	8102
城镇集体单位	3549	3621	3016	1963	1499	1122
乡镇企业	9265	10635	12017	13508	12537	12820
非公有制经济	2342	2921	4380	6728	8118	8119

数据来源：《中国统计年鉴（2001）》。

改革开放后到20世纪90年代以前，外出务工农村劳动力以本地外出务工农村劳动力为主，主要集中在乡镇企业。但是随着改革的不断深入，乡镇企业的转制使这一规模不断减少。在这一阶段，城镇公有制经济吸收的就业人数从1990年的13895万人减少到2000年的9224万人，平均每年减少467.1万人；而非公有制经济就业人数从1990年的11607万人增加到2000年的20939万人，平均每年增长933万人，年增长率为6.08%，与同期中国就业人数一共增加11076万人相比，非公有制经济吸纳了新增就业人口的86.87%。也就是说，20世纪90年代以后，外出务工农村劳动力主要以异地转移为主，社会主义市场经济的建立使私营经济快速发展，大规模吸收外地外出务工农村劳动力的就业载体主要由城镇非公有制经济承担。

三、我国外出务工农村劳动力数量的演变

虽然外出务工农村劳动力再生产数量问题不是本章的研究视角，但为了更好地认识外出务工农村劳动力再生产质量的演变，有必要对外出务工农村劳动力数量变化作进一步分析。由于外出务工农村劳动力是我国农业劳动力在特有的体制环境下向非农产业转移而形成的特殊群体，因此相关政策的调整对农业劳动力转移的阶段性特点具有重要的影响。本部分主要结合改革开放后不同时期的外出务工农村劳动力政策来分析和考察外出务工农村劳动力数量或规模的变化。

党的十一届三中全会后，家庭联产承包责任制的实施释放了大量的劳

动力，使我国农村出现劳动力的富余。国家为了维护社会的稳定和健康的发展，必须迅速将这批富余的劳动力从农业领域转出。因此，1984年的中央一号文件指出，鼓励集体和农民本着自愿互利的原则，将资金集中起来，联合兴办各种企业。这种由集体和农民以自愿原则联合兴办的企业主要以个体企业和合办企业为主。个体企业和合办企业的快速发展吸纳了大量农村富余劳动力，农民工这一称谓也随之而生，形成"离土不离乡"的农民工，又称本地农民工，这是农民工发展的第一个阶段。20世纪90年代，随着社会主义市场经济的发展，快速推进工业化的东部沿海地区和大城市对劳动力的需求日益旺盛，一大批农村富余劳动力进城务工和经商，形成了"离土又离乡"的农民工，又称外出农民工，即农民工发展的第二个阶段[①]。进入21世纪，我国加入世界贸易组织后，随着工业化、城镇化的加速发展，外出农民工群体由以老一代农民工为主体向以新生代农民工为主体转化。

　　农民工的数量包括在本乡镇内从事非农产业6个月以上的本地农民工和外出从业时间超过6个月的外出农民工。由图4-3可知，全国农民工的增量呈现稳健的上升趋势，从1985年6700万人增加到1990年的8000万人，增加的1300万人口主要源于乡镇企业发展所吸收的本地农民工。随着社会主义市场经济的建立，快速推进工业化的东部沿海地区和大城市对劳动力的需求日益旺盛，2000年农民工总量增加到1.5亿人，相比于1990年，十年间，增加了近一倍，增加的这部分农民工数量主要是外出农民工。进入21世纪，中国加入WTO以后，在全球化资本的推动下本地农民工和外出农民工持续增加，甚至比1990—2000年增加的绝对人口数量还要多，增长速度还要快，到2017年高达2.8亿人，占城市就业人口总量的1/2，占全国就业人口的1/3。

---

① 杨志明. 我国农民工发展的历程和特色［N］. 人民日报，2018-10-15（07）.

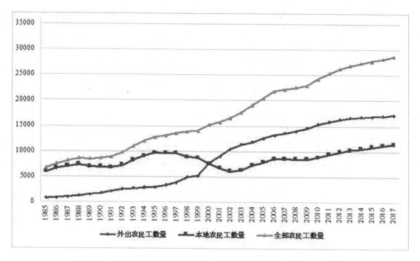

图4-3   1985—2017年农民工的数量变化（单位：万人）

数据来源：卢峰"中国农民工工资定量估测（1979—2010）"和国家统计局《农民工监测调查报告》。

（一）乡镇企业与本地外出务工农村劳动力的数量变化

改革开放以后，家庭联产承包责任制的实施使农村浮现大量的剩余劳动力。在城乡二元社会结构下，尤其农业人口的流动受户籍制度限制，因此农村要想发展，只有通过在本地开拓新的就业途径来自我消化吸收农业剩余劳动才有可能实现。表4-4呈现的是1984—2002年乡镇企业总数和本地农民工数量。

表4-4   乡镇企业与本地农民工数量情况

年份	企业总数（万个）	在乡农民工（万人）	产值（亿元）
1984	606.5	5208.1	1709.9
1985	1222.5	6979.0	2728.4
1986	1515.3	7937.1	3540.9
1987	1750.2	8880.5	4764.3
1988	1888.2	9545.5	6495.7
1989	1868.6	9366.8	7428.4
1990	1850.4	9264.8	8461.6
1991	1908.9	9609.1	11621.7

续表

年份	企业总数（万个）	在乡农民工（万人）	产值（亿元）
1992	2079.2	10581.1	17975.4
1993	2452.9	12345.3	31540.7
1994	2494.5	12018.2	42588.5
1995	2202.7	12862.1	68915.2
1996	2336.3	13508.3	17659.3
1997	2014.9	13050.4	15616.3
1998	2003.9	12537.6	96693.7
1999	2070.9	12704.1	108426.1
2000	2085.6	12819.6	116150.3
2001	2115.5	13085.6	126046.9
2002	2132.7	13287.7	140434.5
2003	2185.1	13572.9	152360.7
2004	2213.2	13866.2	172516.7
2005	2249.6	14272.4	217818.6
2006	2314.5	14680.1	249807.9
2007	599.4	9329.0	227425.0
2008	589.8	9551.6	277123.0

数据来源：《中国统计年鉴》1993年卷第395页，1997年卷第400页，1998年卷第420页；《中国农村统计年鉴》1999年卷第293页；《中国乡镇企业年鉴》2001年卷第103页，2002年卷第112页，2003年卷第156页，2005年卷第107页，2006年卷第188页；《中国农业年鉴》200年卷第235页，《中国农业统计资料》2008年卷第124页。[1]

1. 乡镇企业起步增长阶段（1984—1988）

中共中央、国务院于1984年1月在《转发农牧渔业部和部党组〈关于开创社队企业新局面的报告〉的通知》中指出："乡镇企业即社（乡）队（村）举办的企业、部分社员联营的合作企业、其他形式的合作企业和个体企业，是多种经营的重要组成部分，是农业生产的重要支柱，是广大农民群众走向共同富裕的重要途径，是国家财政收入新的重要来源。只有不断开辟新的生产门路，妥善安排不断出现的多余劳动力，充分利用农村的

---

[1]　表中1978—1980年数据根据1970年价格计算，1981—1990年数据采用1980年的价格，1991—1994数据采用1990年价格。

剩余劳动时间，……农村才能富起来，也才能积累农业现代化所需要的大量资金。"随后，1985年、1986年中共中央关于农村问题的两个一号文件和1987年的5号文件都为乡镇企业的发展提供了一系列宽松的政策。至此，乡镇企业的发展进入黄金时期，其数量从1984年的606.5万个增加到1988年的1888.2万个，年增长率为32.8%；其总产值也从1984年的1709.9亿元猛增到6495.7亿元，年增长率为39.6%。随着乡镇企业数量和产值的增加，本地外出务工农村劳动力的数量也出现第一个增长高潮，从1985年的5208万人增到1988年的9545万人，3年之内增加近一倍。1987年邓小平高度评价乡镇企业对农业剩余劳动力的吸收，他指出："农村改革中，我们完全没有预期到的最大收获，就是乡镇企业发展起来了，异军突起。"[1]

2. 整顿提高阶段（1989—1991）

从1989年起，国家压缩基本建设，调整产业、行业、产品结构，对乡镇企业也采取"调整、整顿、改造、提高"的方针，同时产生了不合理的产业政策、不合理的企业负担、政府对企业生产经营的过度干预、市场流通方面的歧视等，使乡镇企业的发展明显受到抑制。1989—1991年，虽然乡镇企业总数和产值均呈现增长的趋势，乡镇企业数量从1989年的1868万个增长到1908万个，乡镇企业产值也从7428.4亿元增长到11621.7亿元，年增长率仍为25.1%，实现了较高速度的增长，但在乡务工农村劳动力数量却出现负增长，从1988年的9545.5万人下降到1990年的9264.8万人，绝对数量下降了281万人。随着国家对经济环境和经济秩序的调整和整顿，1991年在乡外出务工农村劳动力的数量有所回升，由1990年的9264.8万人增加到1991年的9609.1万人，仅一年的时间增加了340万人，年增长率为3.7%。

3. 高速增长阶段（1992—1996）

1990年，国家出台的《中华人民共和国乡村集体所有制企业条例》指出，对乡村集体所有制企业的合法权益进行保护。乡镇企业的信贷政策开始放松，再加上国家于1992年和1993年连续下发国发〔1992〕19号文件和

---

① 邓小平. 邓小平文选（第三卷）［M］. 北京：人民出版社，1993：238.

〔1993〕10号文件两个文件，为乡镇企业提供了良好的外部环境。此时，乡镇企业的规模和生产总值均呈现了较高速度的增长。乡镇企业的数量从1992年的2079万个增加到1996年的2336万个，年增长率为2.9%；而企业的产值却从1.79万亿元增加到7.4万亿元，年增长率高达42.6%。这个阶段本地外出务工农村劳动力的数量也急剧增加，从1992年的1.05亿增加到1996年的1.35亿元，4年增加了3000万元，年增长率为6.4%。

4. 改革发展阶段（1997年至今）

由于乡镇企业兴办的主要是"五小工业"，即小钢铁厂、小煤场、小农机厂、小化肥厂、小水泥厂。这些农村工业化的早熟性影响了产业结构的升级；地域的分散性对产业的集聚形成了严重的制约，再加上管理混乱和产品的不规范，市场经济体制改革使乡镇企业面临更加严峻的市场环境，因此乡镇企业出现一定程度的衰落成为必然，2002年，本地外出务工农村劳动力共6700万人。进入21世纪后，城镇化发展使本地外出务工农村劳动力的数量有所回升，除受2008年经济危机的影响，本地外出务工农村劳动力的数量在2007—2009年有所波动外，其他时间均呈现稳健的增长之势，从2002年以后持续上升，一直增长到2022年的2.9亿人。

（二）外出务工农村劳动力的数量变化

由于乡镇企业的衰落对农业剩余劳动力的吸纳能力越来越有限，其农村劳动力"蓄水池"的功能也逐渐减弱，因此局限于农村的农业剩余劳动力的"就地转移"或"离土不离乡"的模式亟待突破。

就业模式从"就地转移"向"异地转移"的转变与中国政府在政策上放松对人口迁移、流动的控制是密不可分的。早在1984年10月，国务院颁布的《关于农民进入集镇落户问题的通知》规定："除县城以外的各类县镇、乡镇、集镇，包括建制镇和非建制镇，全部对农民开放。""凡申请到集镇务工、经商、办服务业的农民和家属，在集镇有固定住所、有经营能力或在乡镇企业单位长期务工的，公安部门应准予落常住户口，及时办理入户手续、发给《自给口粮户口簿》，统计为非农业户口。"政策对农民迁移进镇的标准放宽了，为农业剩余劳动力的异地转移打开了突破口。1985年，外出务工农村劳动力的总量就已达到800万，这种自带口粮进城务工的经商者是第一批进城务工农村劳动力。

1992年邓小平南方谈话后，我国进一步确立了社会主义市场经济。城市经济的快速发展，为农业剩余劳动力创造和提供了更多的进城就业机会和硬件设施。1997年香港回归，大量的资本从香港转移，我国政府为了稳定香港经济，注资460亿元以弥补资本的外逃，中线资本迁至东南沿海①，东部沿海地区和大城市对劳动力的需求推动了农业剩余劳动力从"就业转移"向"异地转移"模式的转变。为了减轻大量农业剩余劳动力对大中城市造成的人口压力，中国政府在此期间又先后出台了《国务院关于做好劳动就业工作的通知》，以及国家计委等部门颁布的《关于"农转非"政策管理工作分工意见的报告》等政策，对城乡迁移人口进行了一定程度的管控，遏止了猛增的势头，使迁移流动基本上保持持续、稳定的增长之势。因此，进城外出务工农村劳动力从1985年的800万人增加到1999年的5240万人，平均每年增长317万人，年增长率为14.3%。

进入21世纪，中国加入WTO，融入全球经济贸易体系，全球资本的扩张使外出务工农村劳动力的数量急剧增长，形成了外出务工农村劳动力增长的第二个高潮。随着乡镇企业的衰落，资本的全球化为农业人口的非农化转移提供了巨大的需求空间，使农业剩余劳动力向城市地区迁移规模急剧扩大，人口迁移进入高度的活跃期。外出务工农村劳动力从1999年的5240万人增加到2002年的1.047亿人，3年增长了近一倍，尤其在2000年，外出务工农村劳动力首次以高于本地务工农村劳动力的数量出现。

随着城镇化和市场化的不断发展，外出务工农村劳动力的数量不断增加，并以高于本地务工农村劳动力的速度持续、稳定地增长。直到2017年，外出务工农村劳动力的数量达到1.7亿人。在外出务工农村劳动力数量不断增长的过程中，外出务工农村劳动力内部也出现了代际更替，外出务工农村劳动力以老一代外出务工农村劳动力为主体演变成以新生代农民工为主体。图4-4所示的是2009年外出农民工的年龄结构分布。

---

① 潘维. 农民与市场：中国基层政权与乡镇企业［M］. 北京：商务印书馆，2003：279.

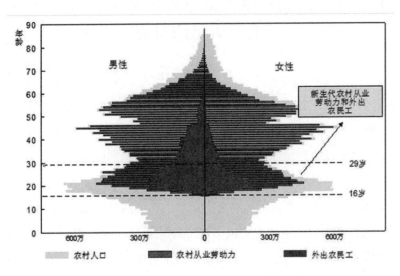

图4-4　2009年外出农民工的年龄结构分布

数据来源：《新生代农民工的数量、结构和特点》

　　2009年，外出农民工中年龄结构为16～29岁的劳动力人口最多，比例高达58.4%，也就是说，新生代农民工占外出农民工总数的一半以上，按照2009年1.45亿的外出农民工来计算，新生代农民工达到8487万人。由此可见，相对于农村从业劳动力来说，外出农民工更加趋于年轻化，并且这种年轻化的趋势不断上升，根据国家统计局发布的《2017年农民工监测报告》显示，我国新生代农民工的数量为1.45亿人，相当于2009年外出农民工的总人数，8年之内新生代农民工人数绝对增加了6000万人，年增长率为6.9%，远高于老一代农民工的增长。

　　综上所述，无论是与乡镇企业发展密切相关的本地农民工，还是伴随着市场经济发展而激增的外出农民工，农民工数量之多、规模之庞大意味着我国农民工劳动力再生产的要求须从数量发展转向到质量发展的新阶段，因此伴随着农民工数量的变化，我国农民工劳动力再生产的质量也出现了不同程度的变化。

第二节　商品经济关系下外出务工农村劳动力再生产质量的特点 [①]

我国外出务工农村劳动力问题涉及方方面面。这些方面如何从学理上展开研究，学界进行了探索。我们认为，从劳动力再生产角度进行研究外出务工农村劳动力问题非常有必要，对于这个视角的研究，学界还比较薄弱。从世界经济发展的历史来看，劳动力从农业领域向非农领域转移是伴随着商品经济发展而形成的一种客观趋势。在商品经济发展的不同阶段，补偿劳动者家庭的再生产方式也出现了3种不同的形态，即纯粹以土地收入为补偿的非商品化形态、以土地收入和工资性收入共同补偿的半商品化形态和纯粹以工资性收入为补偿的完全商品化形态。改革开放后，外出务工农村劳动力在商品经济发展初期主要以零工、散工、半日工、日工等形式参与工业生产。根据外出务工农村劳动力参与工业化生产的不同程度，本研究将其划分为两种类型：一是以农业生产为主、以工业生产为辅，与这种生产方式相对应的价值补偿方式是以土地收入为主、以工资性收入为辅，如20世纪90年代以前存在于乡镇企业的本地务工农村劳动力；二是以工业生产为主、以农业生产为辅，与这种生产方式相对应的价值补偿方式是以工资性收入为主、以农业收入为辅，如20世纪90年代以后出现的大规模的外出务工农村劳动力。无论是本地务工农村劳动力，还是外出务工农村劳动力，其维持家庭劳动力再生产所需要的生活资料都是通过土地收入和工资性收入来共同进行价值补偿的。由此可见，外出务工农村劳动力这种由土地收入和工资性收入共同来补偿的家庭劳动力再生产模式是劳动力

---

① 这里之所以使用商品经济而不是市场经济范畴，是因为市场经济侧重研究资源配置，而商品经济主要分析经济关系。本章主要分析农民工劳动力作为商品在经济关系下带来的变化，所以使用商品经济范畴。我国的市场经济是具有演变过程的，从最初的有计划的商品经济演变成现在的社会主义市场经济。因此，本章使用商品经济更准确。

半商品化形式。因此，后文所有对外出务工农村劳动力问题的分析都是建立在其处于劳动力半商品化形态这一条件之下的。

虽然我国外出务工农村劳动力处于半商品化形态，但是它依然具有商品的形式，这种商品化的形式就对应着商品化的内容。改革开放后，伴随着中国经济逐渐向社会主义市场经济转化，我国外出务工农村劳动力也经历了商品化程度不断提高的过程。这一过程要求我国外出务工农村劳动力的发展形势要遵循劳动力商品化的发展规律，即从计划经济时代的非商品化形式到经济体制改革后的半商品化形式；与劳动力商品化规律相适应，外出务工农村劳动力再生产的质量也遵循商品形态下劳动力再生产质量的变化规律。

一、外出务工农村劳动力遵循商品化的发展规律

劳动力商品化的发展规律是指农业劳动力在商品经济发展的推动下，经历了从劳动力非商品化形式到劳动力半商品化形式，最终形成完全商品化的雇佣劳动形式。马克思在《资本论》中指出，劳动力商品化的历史就是劳动力与生产资料相分离的历史。也就是说，伴随着劳动力与生产资料结合方式的转变，劳动力商品化也出现了不同程度的变化。根据生产资料与劳动力的完全结合、半结合和完全分离3种结合方式，劳动力商品化程度划分为非商品化、半商品化和完全商品化3种形式。从资本主义国家的发展历程来看，劳动力的发展正是遵循这一劳动力商品化的发展规律，即从自耕农的非商品化形式到兼业农民的部分商品化形式，最后演变成失地农民等雇佣工人的完全商品化的过程。虽然随着生产力水平的不断发展，工人的斗争导致其工资和社会福利水平逐渐提高，社会主义因素的增长使雇佣劳动存在去商品化的趋势，但这种去商品化的趋势并不代表劳动力可以在雇佣劳动制度下实现人的自由全面发展，只是由于资本家为工人铸造的锁链已经够沉重，允许工人放松些，以此缓解劳资矛盾的激化。总的来说，在商品经济关系下，劳动力经历了"非商品化—半商品化—完全商品化—去商品化"的过程。

与劳动力商品化趋势相适应的是维持劳动力再生产形式的商品化趋势。我们根据劳动力与生产资料完全结合、半结合和完全分离的3种结合方式，将劳动力划分为非商品化、半商品化和完全商品化3个形态。在不同商品化条件下，维持劳动力再生产的形式也由纯粹补偿经济以农业收入为主、以工资性收入为辅和以工资性收入为主、以农业收入为辅的过渡形式，最终形成纯粹以工资性收入为补偿的雇佣劳动模式。此外，随着工人的斗争，劳动力再生产的去商品化趋势体现在制度性收入的增加上，即通过福利、制度等收入来增加补偿再生产劳动力的费用。

从新中国成立至今，劳动力商品化也经历了类似过程。在计划经济时期，农业劳动力和城市劳动力生产什么、如何生产、生产出来的产品如何分配等问题均由政府部门统一安排和计划，这个阶段的劳动力都以非商品化形式存在，即维持其生产和再生产劳动力所需的生活资料均以非商品化的形式提供。改革开放以后，随着社会主义市场经济的建立，户籍制度的松动促使大量农村富余劳动力向城市转移，转移出来的劳动力以商品的形式出现在劳动力市场上，其获取劳动报酬是通过工资收入取得的。图4-5所示的是1984—2017年农民工工资性收入和家庭经营性收入占农村居民人均收入的比例。

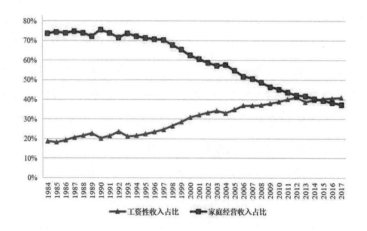

图4-5   1984—2017年农民工工资性收入与家庭经营收入在人均纯收入中所占的比重情况

资料来源：《中国统计年鉴》。

由图4-5可知，工资性收入与家庭经营纯收入的比例在发生变化。具体地说，工资性收入在家庭人均纯收入中所占比重逐渐提高，家庭经营纯收入在家庭人均纯收入中所占的比重逐渐降低；在工资性收入与家庭经营纯收入同步提高的情况下，工资性收入的增长速度要快于家庭经营纯收入。

随着1984年乡镇企业的出现，农村开始出现"四个轮子"的多种经营模式，农民的家庭经营呈现多元化的发展趋势，充分调动了农民的积极性，因此1984—1990年农民的家庭经营收入呈现波动式的变化，但其在家庭纯收入所占的比重仍高达70%以上，而工资性收入占比不及家庭纯收入的1/5。1992年邓小平南方谈话，以及政府加大改革开放力度的经济政策促使大量农民工外出务工，形成了工资性收入占比自1993年后出现连续20年的上升趋势，从1993年的28.67%一直攀升到2014年的42.25%，工资性收入的绝对数量超过家庭经营性收入。同时，中国农民的家庭经营纯收入在农民人均收入中所占的比重呈下降的趋势，从1993年的73.62%下降到2014年42.64%，其中在2008年跌破50%。

由此可见，我国农业劳动力遵循了劳动力商品化的发展规律，从最初农业劳动力仅以家庭经营纯收入为生，发展为以家庭农业经营纯收入为主、以工资性收入为辅，再演变成以工资性收入为主、以家庭农业经营纯收入为辅的经营模式。

二、外出务工农村劳动力遵循商品形态下再生产质量变化的运动规律

在社会主义市场经济条件下，我国外出务工农村劳动力以商品的形式出现在劳动力市场中。由于外出务工农村劳动力在劳动力市场上以商品的形式与资本进行交易，那么其劳动力再生产的质量变化也服从商品经济形态下劳动力再生产质量变化的发展规律。也就是说，在劳动力商品形态下，资本的逐利机制有压低外出务工农村劳动力再生产质量的趋势，表现为农民工在城市所获得的工资报酬是低于城市工人的。图4-6所示的是改

革开放以后农民工工资与城镇单位就业人员的工资比率情况。

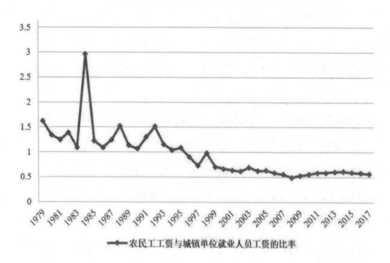

图4-6　1979—2017年农民工工资与城镇单位就业人员工资比率

数据来源：《中国农民工工资走势：1979—2010》及国家统计局。

　　由图4-6可知，20世纪70年代末期到20世纪90年代前期，农民工工资与城镇单位就业人员的工资比率在1.5%左右，也就是说，农民工的工资高于城镇工人，这与当时乡镇企业的迅速发展相关。由于乡镇企业是当时吸收农民工就业的载体，农民工"离土不离乡"，生活成本低，在乡镇企业获得的工资基本上就是纯收入，因此乡镇企业的快速发展提高了农民工的收入。随着社会主义市场经济的建立，私营经济的发展，农业比较利益下降，农民工供给数量增加，资本力量会趋向于压低工资。加之农民工"离土又离乡"，城市生活成本增加，农民工的工资与城镇单位就业人员工资比率相比，出现下降趋势。到1995年农民工工资与城镇单位就业人员工资持平。进入21世纪以后，农民工工资与城镇单位就业人员工资比率相比明显下降，到2009年，农民工工资仅为城镇单位就业人员的一半。虽然2009年以后农民工工资与城镇单位就业人员的比率有所回升，意味着收入差距在缩小，但是该比率仍然徘徊在0.5%左右。这个趋势也表明农民工劳动力再生产的质量没有显著提高。

　　资本本身对效率的追求又客观上要求农民工劳动力实现高质量再生产，这种高质量生产表现为农民工名义工资的增加。1979—2017年中国农民工名义工资的变化趋势如表4–5所示。

表4–5 1979—2017年中国农民工名义工资 （单位：元/月）

年份	名义工资	年份	名义工资
1979	90	1999	488.9
1980	85	2000	517.3
1981	80	2001	574.6
1982	92.5	2002	628.8
1983	75	2003	806
1984	240	2004	822
1985	116.7	2005	960.8
1986	120.6	2006	1014.4
1987	151.3	2007	1145.3
1988	221.8	2008	1180.5
1989	182.9	2009	1421.7
1990	190	2010	1690
1991	252.8	2011	2049
1992	341.2	2012	2290
1993	324	2013	2609
1994	394.4	2014	2864
1995	483.5	2015	3072
1996	449.8	2016	3275
1997	390	2017	3805
1998	609.1	—	—

数据来源：《中国农民工工资走势：1979—2010年》。

由表4–5可知，农民工的名义工资从改革开放后呈现增长的趋势，从1979年的90元增加到2017年的3805元，年增长率为10.36%，呈现较高速度的增长。

因此，农民工作为社会主义市场经济条件下的劳动力主体，其劳动力再生产的质量是由资本的属性决定的，也就是说，资本本性追逐经济利益的内在冲动与资本本身追求高效率的客观要求决定了劳动力再生产质量出现压低和提升两种相反的力量，两种相反的力量对比决定了农民工劳动力再生产质量是提升的，但是提升的速度低于城镇工人。必须指出的是，政府力量对提高农民工劳动力再生产质量发挥重要作用，包括劳动合同法的制定、对农民工工资的保护、社会保障的完善等。这些因素属于政府力量，关于政府力量如何在提高农民工劳动力再生产质量方面发挥作用，我们将在后文中详述。

三、外出务工农村劳动力剩余劳动与劳动力再生产质量的反向关系

如前所述，剩余劳动的产生意味着社会能够生产更多的物质产品以供消费，是保证劳动力有质量再生产的生产力基础。但剩余劳动的出现只是为高质量劳动力再生产提供前提，并不意味着必然出现高质量劳动力再生产，具体是否能出现按照高质量方向实现劳动力再生产，取决于社会制度、社会条件和社会因素等。在中国特色社会主义制度框架下，我们要辩证地认识外出务工农村劳动力再生产的质量问题。

一方面，从外出务工农村劳动力发展的历史过程来看，与农民及其家庭纯粹务农相比，外出务工农村劳动力在一定程度上增加了家庭收入，提高了家庭生活水平和质量。可以说，外出务工农村劳动力身份的形成和演化过程，是对传统农民的解放和发展的过程，也是中国工业化发展的必然历程。

另一方面，外出务工农村劳动力与城市工人相比，在劳动力再生产的质量方面还存在明显的差距。外出务工农村劳动力商品使用价值和价值的特殊性决定了剩余劳动与劳动力再生产质量呈反向关系，也就是说，外出务工农村劳动力与同等技能的城市工人相比，其劳动技能的多元性所形成的劳动力价值补偿的多样性使企业主不需要支付外出务工农村劳动力医疗、教育等社会保障，而外出务工农村劳动力这部分社会保障由其所拥有的土地经营权来补偿，因此外出务工农村劳动力的剩余劳动较多，提供了所谓的"人口红利"。但较多剩余劳动却没有用于外出务工农村劳动力再生产质量的同步提高。

（一）外出务工农村劳动力商品使用价值的特殊性与剩余劳动的创造

对于外出务工农村劳动力商品使用价值的特殊性分析，本节主要从劳

动力技能或劳动能力的角度出发。外出务工农村劳动力是农民从劳动力的非商品化形式到劳动力的半商品化形式转变过程中的劳动力群体，其使用价值的特点不在于能够劳动，而在于能从事不同产业的劳动，即在不同的生产方式下具有不同的劳动技能或劳动能力，又称劳动技能的多样性。外出务工农村劳动力不仅处于以家庭为单位的农业生产方式中，还卷入以机器体系为基础的工业生产方式中。在农业生产方式下的外出务工农村劳动力不仅满足认知"农时"和"地宜"等能力方面的需求，还满足"人力"实践能力需求①；在工业生产中的外出务工农村劳动力满足适应手工工具、机器工具和智能自动化时代对劳动技能的不同需求。虽然无论是在劳动力与生产资料完全结合的农业生产方式中，还是在劳动力与生产资料不同程度分离的工业生产方式中，作为蕴藏在劳动者个体之中的劳动能力归根结底都是人体力和脑力劳动的耗费，即耗费一定量的肌肉、神经和脑力等，也就是说两种技能之间存在相互转化的"自然力"基础，但是处于不同生产方式下的两种劳动能力是否可以相互转化是由不同的社会制度决定的。

中国农村土地制度改革即家庭联产承包责任制的实施不仅不像发达资本主义国家或印度等国家一样剥夺农民的土地，反而给予外出务工农村劳动力土地，保留外出务工农村劳动力的土地承包权、宅基地使用权和集体收益分配权，让农民既可以外出进城务工，也可以回乡务农，实现农村和城市的双向流动，即实现自由进入工业生产务工和自由返回乡村务农的"双重自由"，又称劳动技能的可转换性。进入工业生产的自由是指通过

---

① "农时"是指通过认识气候和季节等结构和功能的变化来指导农业生产，"地宜"是指通过识别土壤的结构来栽培植物和繁殖动物，总的来说，"农时"和"地宜"是农业生产对劳动者提出的认知能力的需求，是劳动者从事农业生产的前提条件，也是劳动者提供实践能力的基础。即使是劳动者充分地掌握了"农时"和"地宜"，但是如果没有劳动者有目的地引导着动植物朝向符合人们需要的方向发生变化，结果也只是徒劳。因此，处于半商品化状态下的劳动力只有在认知"农时"和"地宜"等客观条件下，加入人的主观能动性和积极性才能最终得到丰富的农业产品。

参加工业生产来提高整个家庭的货币收入，弥补经营农业带来的低收入；返回乡村务农的自由是指即使没有工资性收入也可以维持正常的生活，为劳动者提供最基本的生存保障。农民工正是拥有了这种进入和退出的双重自由，才不至于像拉美等国家一样在城市中出现大量的贫民窟状况，社会才能保持相对的安全和稳定。[①]但农民工这种劳动技能的多样性和可转化性也为资本剥削农民工的剩余劳动提供了条件。农民工技能的多元性和可转化性是农民工价值补偿多样性的基础，正是因为农民工劳动力价值补偿与城市工人相比，不仅包括工资性收入，还包括土地收入，而土地收入的增加为资本更多地剥夺农民工的剩余劳动提供了可能。

（二）外出务工农村劳动力商品价值的特殊性与剩余劳动的产生和分割

外出务工农村劳动力劳动技能的多元性决定其价值补偿方式的多样性。如前所述，处于劳动力半商品形态下的外出务工农村劳动力不仅拥有以家庭为基础的自给自足的农业生产能力，还拥有基于工厂体系的工业生产能力，与农业生产能力和工业生产能力相对应的价值补偿方式分别为土地收入和工资性收入。在中国特色社会主义生产关系下，外出务工农村劳动力的劳动力再生产不仅通过土地性收入、工资性收入共同来补偿，还包括制度性收入补偿，但由于我国特殊的土地制度，外出务工农村劳动力家庭的制度性收入表现在土地收入中，以家庭经营纯收入的方式来体现。为了叙述方便，本部分接下来对外出务工农村劳动力价值补偿方式的探讨主要围绕土地收入和工资性收入两个部分来说明。

对于以商品形式出现在劳动力市场上的劳动力来说，只要劳动者通过体力和脑力劳动的耗费在生产过程中进行劳动，企业主就必须按照维持家庭劳动力再生产所需的劳动力价值给予劳动者工资性收入。假定我国城镇工人在某一时期内维持家庭劳动再生产所必要的生活资料的平均范围，即必要劳动是一定的，也就是说，无论是用劳动时间还是用货币来衡量必要

---

①   温铁军. 我国为什么不能实行农村土地私有化［J］. 红旗文稿，2009（2）：15–17.

生活资料的价值，我国城镇工人维持其家庭再生产所需的生活资料在一定时期内是相等的，我们用线段a—b①表示。对于处于完全雇佣形式下的城镇工人来说，其维持家庭劳动力再生产所需的生活资料全部由工资性收入来补偿，此时城市工人的工资性收入水平表示为a—b。

对于社会主义条件下的外出务工农村劳动力而言，作为劳动力的半商品化形式，其劳动能力的多样性和劳动收入的多元性应该是劳动者增加收入的来源。也就是说，外出务工农村劳动力外出务工与城镇工人一样，在相同的劳动强度或劳动时间内生产的产品相同，因此其工资收入应与城镇工人相同，即获得工资性收入a—b。由于外出务工农村劳动力在农村拥有可使用的土地，其可凭借土地经营权来获得土地收入。因此，外出务工农村劳动力家庭的总收入应在工资性收入（a—b）的基础上增加土地收入，从而使代表总收入的长度应长于线段a—b，实现a—b……c甚至a—b………c等。但在社会主义市场经济条件下，私营经济的发展使资本的力量不断增加，资本正是利用外出务工农村劳动力两种收入之间的互补关系，将外出务工农村劳动力拥有的土地作为维持家庭劳动力再生产的一部分，只通过补偿维持家庭劳动力再生产所需的另外一部分来实现工资性收入。因此，表示维持家庭劳动力再生产所需的所有生活资料a—b被分为两部分：一部分代表工资性收入a'—b'，另一部分代表土地收入b……c。此时外出务工农村劳动力的工资性收入仅为a'—b'，被压低到劳动力价值a—b以下。

由此可见，外出务工农村劳动力与同等技能的城镇工人相比，其劳动技能多元性决定的劳动力价值补偿的多样性使企业主不需要对外出务工农村劳动力支付土地收入b……c所代表的生活资料，只需支付被压低到劳动力价值a—b以下工资性收入a'—b'。因此，对于企业主来说，外出务工农村劳动力创造的剩余劳动远多于同等技能条件下城镇工人所创造的剩余劳动；同时，伴随着外出务工农村劳动力的大量外出，中国剩余价值

---

① 线段的长短表示收入的多少，字母仅代表不同收入的符号。为了区别两种收入，土地收入用虚线表示。

率不断攀升，从1997年的1.59%上升至2008年的2.55%[①]。但对于外出务工农村劳动力来说，其创造的较多的剩余劳动却没有被用来提高外出务工农村劳动力自身或家庭劳动力再生产的质量，反而用来压低外出务工农村劳动力的工资，使外出务工农村劳动力再生产的质量与剩余劳动呈反向关系。阿里吉（Arrighi）在《罗得西亚的政治经济》和《历史视角下的劳动供给》中对比就得出结论，只要无产阶级化是局部的即半商品化形式存在，那么它就创造了农民贴补资本的条件，因为他们生产了自己的部分生存品[②]。

因此，外出务工农村劳动力价值补偿的多样性为资本占有更多的外出务工农村劳动力剩余劳动提供了条件。农业劳动者单凭农业而获得的土地收入无法满足其家庭正常的生活需要，这是市场自发作用对产业发展的扭曲乃至阻碍，从而为资本利用半劳动力商品的特殊身份把劳动力价格降到劳动力价值以下提供条件，也为政府给予劳动者补贴即制度收入提出要求。

第三节　外出务工农村劳动力拆分型再生产形式对劳动力再生产质量的影响

本节的研究重点是外出务工农村劳动力作为社会主义市场经济条件下的特殊群体，其劳动力再生产的形式所呈现的、与其他工业化国家不同的特征。在西方发达国家的工业化进程中，城市化和工业化基本上是同步进

----

① HAO QI. Dynamics of the Rate of Surplus Value and the "New Normal" of the Chinese Economy [J]. Research in Political Economy, 2017, （32）: 105–128.

② 乔万尼·阿里吉. 亚当·斯密在北京 [M]. 路爱国，黄平，许安结，译. 北京: 社会科学文献出版社，2009: 3.

行的[①]，工业化水平的提高是城市化发展的发动机，城市化发展是工业化水平提高的推动器，因此在城市化和工业化相辅相成、互相促进的生产关系中，劳动力的使用与劳动力的再生产紧密联系。也就是说，伴随着土地私有化，劳动力的生产资料直接被剥夺，劳动力作为雇佣工人在工业化进程中被迫进入城市，劳动力再生产在城市中直接遵循价值规律，以劳动力价值为基础进行买卖，因此发达国家城市化与工业化的同步进行没有使劳动力的使用与再生产出现空间的分离。发达资本主义国家工业化过程并非如田园诗一般，也有痛苦的阵痛，大量农民被剥夺土地以后，进入城里做雇佣工人，也经历了残酷的剥削，马克思在《资本论》中深刻分析了这一过程。我国的外出务工农村劳动力虽与发达国家的农业劳动力一样，也是伴随着市场化、工业化和全球化的趋势发展起来的，但不同的是，农民工劳动力的使用在城市，而家庭劳动力再生产却发生在农村，我们将这种劳动力的使用与家庭劳动力再生产在空间上的分离称为拆分型劳动力再生产形式[②]。学术界将处于拆分型劳动力再生产形式的农民工称为"半商品化""半无产阶级化""未完成的无产阶级化"形态的农民工等。

一、外出务工农村劳动力拆分型再生产形式

拆分型劳动力再生产形式最早是由布洛维（Micheal Burawoy）在分析俄国工业化时代的移民工人时提出的。移民工人像候鸟一样循环往复地流动在输入地和输出地之间，定期从农村迁徙到城镇，又定期从城镇返回至农村，这种往返于农村和城镇的移民，使其本该完整统一的劳动力再生产过程被肢解开来，形成拆分型的劳动力再生产形式。具体地说，劳动力再生产的一部分（劳动者个人体力和脑力的再生产过程）是在工厂—城镇中实现的，而另一部分（抚养子嗣、老弱等）则是在这些移民工人的来源

①　马尔科姆·威利斯. 发展经济学［M］. 北京：经济科学出版社，1990：716.

②　孟庆峰. 中国农民工的半无产阶级化与积累的社会结构［D］. 北京：中国人民大学，2010.

地，即乡土村社中实现的。我国的外出务工农村劳动力与俄国工业化时代的移民类似，由于其劳动力的使用在工厂—城镇中，因此其日常的、最小化的劳动力再生产是在工厂—城镇中进行；而维持家庭劳动力再生产则由土地收入和城市打工收入共同在农村进行①。因此，农民工这种由城市和农村共同承担的劳动力再生产也是拆分型的劳动力再生产形式。

部分学者从工业化与城市化的关系出发，他们认为农民工拆分型的劳动力再生产形式归根结底是由中国的城市化落后于工业化的境况造成的。改革开放以前，中国的工业化发展是以排斥城市化道路、限制城市化发展为主要特征的，因此那个阶段的工业化越发展，城市化反而越严重不足，与工业化相比，"滞后的城市化"不仅造成农民工劳动力再生产的分离，而且会阻碍农村贫困落后面貌的改变②。罗小峰认为我国的工业化和城市化的不同步导致进入城市的农民无法转变为市民，使农民虽在城市务工但身份仍是农民，没有与职业转变一样同步实现身份的转变③。

部分学者则从户籍制度与就业制度的关系出发，认为农民工"拆分型"的劳动力再生产形式是户籍制度改革落后于就业制度改革的结果，就业制度起始于家庭联产承包责任制的实施，非公有制的经济发展促进传统就业制度的改革，而城乡分治的户籍制度仍未完全取消。④

---

① 沈原. 社会转型与工人阶级的再形成［J］. 社会学研究，2006（2）：13-36.

② 简新华，黄锟，等. 中国工业化和城市化过程中的农民工问题研究［M］.北京：人民出版社，2008：12-13.

③ 罗小峰.制度、家庭策略与半工半耕型家庭生计策略的形成——兼论农民工家庭劳动力的再生产［J］. 福建行政学院学报，2013（5）：46-51.

④ 杨思远. 中国农民工的政治经济学考察［M］. 北京: 中国经济出版社，2005: 215.

二、外出务工农村劳动力拆分型再生产形式对劳动力再生产质量的积极影响

对于外出务工农村劳动力来说，改革开放以后，户籍制度的松动使农民摆脱仅靠农业收入来获得满足物质文化生活需要，可通过外出务工等途径增加非农业收入，这使农村家庭得到巨大财富。也就是说，相对于传统的农民家庭来说，外出务工农村劳动力拆分型再生产形式决定了其家庭劳动力再生产不仅可由凭借农民身份而分得的承包田、口粮田和宅基地来提供，还可以通过工资性收入来补充。新增的工资性收入为外出务工农村劳动力家庭劳动力再生产质量的提升提供现实的经济基础，相对地改善了外出务工农村劳动力家庭的劳动力再生产的质量。

农村劳动力外出务工对增加家庭年收入有着重要影响。钱文荣通过对"浙江大学中国农村家庭调查数据库"（CRHPS）数据的梳理发现，没有外出务工的传统农村家庭其人均收入仅是外出务工的农民工家庭人均收入的一半[1]。由此可见，农民工家庭收入与传统农村家庭收入的主要差距在于外出农民工的工资性收入，据相关资料统计，工资性收入对农民收入增长的年均贡献率达78%。另外，工资性收入对于农村家庭收入的增加还体现在农民工每年的汇款上，李强认为，70.3%的农民工都会给家庭汇款，半数以上的农民工将自己收入的40%以上都汇往家中[2]。胡枫、王其文等估算，从21世纪初起，农民工的年人均汇款量在3200元到4600元，并且随着农民工收入的增加汇款总额也会不断增长[3]。

① 钱文荣，朱嘉晔. 农民工的发展与转型：回顾、评述与前瞻——"中国改革开放四十年：农民工的贡献与发展学术研讨会"综述［J］. 中国农村经济，2018（9）：131–135.

② 李强. 关注转型时期的农民工问题（之三）户籍分层与农民工的社会地位［J］. 中国党政干部论坛，2002（8）：16–19.

③ 胡枫，王其文. 中国农民工汇款的影响因素分析——一个区间回归模型的应用［J］. 统计研究，2007（10）：20–25.

　　随着外出务工农村劳动力工资性收入的增加，外出务工农村劳动力的消费数量和消费结构也发生了变化，为提高外出务工农村劳动力家庭劳动力再生产的质量提供物质基础。相关调研资料显示，对于传统农民家庭来说，其消费的项目与是否结婚紧密相关，结婚前家庭的消费主要围绕自身生活和发展所需的衣食住行等方面，如衣帽、餐饮、通信、培训等方面；结婚后家庭消费主要围绕家庭生活和子女教育等方面，如家电、住房、医疗、子女上学等。对于外出务工农村劳动力家庭的消费而言，其消费水平和消费结构与传统农民家庭有较大提升，他们的消费理念更接近城市工人群体。他们已初步形成品牌意识，消费项目主要集中在安踏服装、康师傅方便面、麦当劳快餐、雪花啤酒等方面，对家用设备耐用品和通信设施如智能手机等的需求增加。由此可见，外出务工农村劳动力拆分型再生产形式相对于传统农民家庭来说，工资性收入的增加为外出务工农村劳动力家庭劳动力再生产质量的提升提供经济基础。另外，伴随着外出务工农村劳动力工资性收入的增加，外出务工农村劳动力的消费数量和消费结构也呈现出不同的变化，相对地改善外出务工农村劳动力家庭劳动力再生产的质量。

三、外出务工农村劳动力拆分型再生产形式对劳动力再生产质量的消极影响

　　拆分型的劳动力再生产形式是造成外出务工农村劳动力工资低、与城市工人同工不同酬的主要原因，也是降低外出务工农村劳动力再生产质量的关键因素。国家允许农民进入城市打工以满足全球资本与国家自身发展战略的需要，但同时拒绝承担他们在城市中所需要的教育、健康医疗、福利等家庭劳动力再生产的成本，由此形成外出务工农村劳动力拆分型再生产形式[①]。华勒斯坦（Wallerstein）认为，劳动力半商品化形式是最适宜资

---

　　① 潘毅、卢晖临、张慧鹏.大工地：建筑业农民工的生存图景［M］.北京：北京大学出版社，2012：67.

本积累的。因为对于任何劳动者来说，他能接受的雇佣劳动报酬底线取决于其维持家庭劳动力再生产所需的生活资料对工资性收入的依赖程度。由于雇佣工人维持家庭劳动力再生产所需的生活资料几乎全部依赖工资性收入，所以工人对工资拥有较高的货币报酬要求。相较于工人来说，由于土地等收入的加入使处于半商品化状态的劳动力对工资收入的依赖程度较低，即使是劳动报酬低于用劳动小时所应带来的实际收入，劳动者也是可以接受的，毕竟无论如何他是挣回来一些所需要的现金或者说能够替代报酬甚至更低的劳动[①]。

　　因此，与城市工人相比，外出务工农村劳动力可凭借农民身份获得承包田、口粮田、宅基地等补偿作为赡养父母和养育子女所需要生活资料的工资外来源，尽管这部分农业收入还较多地采取实物补给的形式成为外出务工农村劳动力价值的一个重要组成部分。由于农村土地集体所有制承担了外出务工农村劳动力一部分的劳动力价值补偿，使企业本来需要承担的社会保障部分地由农村土地来提供，外出务工农村劳动力正是在这样的前提下可以接受低工资，实际上这是多年以来非公有制经济发展的关键因素。外出务工农村劳动力的廉价工资使企业主在等量可变资本的前提下能够雇用更多的劳动力，再加上外出务工农村劳动力吃苦耐劳的劳动特点，不仅工作时间长、劳动强度大，也不会通过结成工会的形式来捍卫自己的权利，因此其已成为各种资本趋之若鹜的对象。这些年学术界一直流行人口红利的说法，认为人口红利是中国经济得以较快发展的主要原因。事实上这是不对的。美国劳动力市场上也存在大量的劳动力，且其文化水平、技能素质均高于中国的劳动力，但美国企业宁愿放弃本地大量失业的工人也要舍近求远地选择在中国建立工厂。这是因为美国本地的工人综合成本较高，不仅工资水平高，而且维权意识较强，经常通过罢工、游行等形式反对长时间、高强度的劳动。这充分说明，这些年来中国经济得以快速发展的主要原因不是人口红利，而是以外出务工农村劳动力为主体的低成本

---

　　① 伊曼努尔·华勒斯坦. 历史资本主义 [M]. 路爱国，丁浩金，译. 北京: 社会科学文献出版社，1999: 11.

的劳动力资源和低于城镇工人"标准质量"的劳动力再生产。因此，外出务工农村劳动力拆分型再生产形式使外出务工农村劳动力再生产的质量低于城镇工人。

第四节　本章小结

本章利用第三章建立的劳动力再生产质量分析的理论框架，深入地分析了我国外出务工农村劳动力的商品化过程，并在此基础上提出外出务工农村劳动力再生产的质量在商品经济关系下所呈现的一般规律，以及外出务工农村劳动力拆分型再生产形式对劳动力再生产质量的正负面影响等。

第一，外出务工农村劳动力是农业劳动力向城市（区域）或向非农业（行业）转移而形成的特殊群体，同时凭借在城市务工获得工资性收入和农业户口获得土地性收入来实现其家庭劳动力的再生产，是农民劳动力半商品化的特殊产物。改革开放以后，农民劳动力在以下3种因素的相互作用下实现半商品化：其一，承包制的实施促进农业劳动力产生剩余；其二，户籍制度的松动允许农业劳动力转移；其三，市场经济的发展如乡镇企业和非公有制经济对劳动力的大量需求。因此，承包制的实施、户籍制度的松动和市场经济的发展共同推动农民劳动力实现商品化。

第二，随着中国经济逐渐向社会主义市场经济转化，我国农村劳动力的发展遵循劳动力商品化的一般规律：从计划经济时代的非商品化形式过渡到经济体制改革后的半商品化形式，即外出务工农村劳动力。与劳动力商品化形式相适应的是，外出务工农村劳动力再生产的质量也遵循商品形态下劳动力再生产质量的变化规律：私营经济的快速发展使外出务工农村劳动力再生产的质量受到资本的影响。一方面，资本追求剩余价值的本质客观上具有压低外出务工农村劳动力再生产的趋势；另一方面，由于资本对效率的追求而不得不提高劳动力再生产的质量。因此，在资本双重作用的影响下，外出务工农村劳动力再生产的质量呈现的是缓慢的增长趋势。

第三，在中国特色社会主义制度框架下，我们要辩证地认识外出务工农村劳动力再生产的质量问题。一方面，从外出务工农村劳动力发展的历史过程来看，与农民及其家庭纯粹务农相比，外出务工农村劳动力在一定程度上增加了家庭收入，提高了家庭生活水平。可以说，外出务工农村劳动力身份的形成和演化过程，是对传统农民的解放和发展的过程。另一方面，外出务工农村劳动力与城市工人相比，在劳动力再生产的质量方面还存在明显差距。外出务工农村劳动力商品使用价值和价值的特殊性决定了剩余劳动与劳动力再生产质量呈反向关系，也就是说，外出务工农村劳动力与同等技能的城市工人相比，其劳动技能的多元性所形成的劳动力价值补偿的多样性使企业主不需要支付其医疗、教育等社会保障，而外出务工农村劳动力这部分社会保障由其所拥有的土地经营权来补偿，因此外出务工农村劳动力的剩余劳动较多，但较多的剩余劳动却没有用来提高外出务工农村劳动力再生产的质量。由此可见，外出务工农村劳动力的剩余劳动与劳动力再生产的质量呈反向关系。

第四，相对于传统的农民家庭来说，外出务工农村劳动力拆分型再生产形式决定了其家庭劳动力再生产不仅可以由凭借农民身份而分得的承包田、口粮田和宅基地来提供，还可以通过工资性收入来补充。新增的工资性收入为外出务工农村劳动力家庭劳动力再生产质量的提升提供现实的经济基础，相对地改善了外出务工农村劳动力家庭的劳动力再生产的质量。但也正是农村土地集体所有制承担了外出务工农村劳动力一部分的劳动力价值补偿，企业本来需要承担的社会保障部分地由农村土地来提供，导致企业越发压低外出务工农村劳动力再生产质量。

第五章 我国外出务工农村劳动力再生产质量的实证分析

前文已从理论的角度对我国外出务工农村劳动力再生产质量的特点进行了学理性分析，不仅阐述了外出务工农村劳动力半商品化形成的原因，而且就外出务工农村劳动力再生产质量在商品经济关系下所遵循的规律和表现的特点进行深入研究。本章基于前文所建立的劳动力再生产质量指标体系，结合关于外出务工农村劳动力的现有数据对我国外出务工农村劳动力再生产的质量进行实证分析，既纵向分析外出务工农村劳动力再生产质量的变化趋势，又横向对比外出务工农村劳动力与城市工人劳动力再生产质量，最终评估我国外出务工农村劳动力再生产的质量水平。

第一节　构建衡量我国外出务工农村劳动力再生产质量的指标体系

外出务工农村劳动力再生产的质量并非仅由单一的数量因素决定，而是多种因素综合作用的结果。目前，从笔者查阅的文献来看，尚未发现系统的指标体系。究其原因，一是因为测量劳动力再生产质量在学理上有难度，指标体系构建自然是不容易的；二是因为外出务工农村劳动力的相关数据收集有难度。构建指标体系既要有学理基础，又要考虑数据可得性。因此，本节基于前文所建立的劳动力再生产质量指标体系，再结合外出务工农村劳动力数据的可得性，尝试构建衡量我国外出务工农村劳动力再生产质量的指标体系，以期为实证测量外出务工农村劳动力再生产的质量提供学理依据。

一、数据来源

对于外出务工农村劳动力再生产质量的测量，不仅需要体现外出务工农村劳动力在生产过程中劳动力消耗程度方面的数据，而且需要体现外出务工农村劳动力在非生产过程中的消费水平、福利保障、教育水平，以及子女生活、教育质量等方面的数据。因此，本节选用的外出务工农村劳动力再生产质量的数据来自2009—2016年的《农民工监测调查报告》和2009—2016年的《人力资源和社会保障事业发展统计公告》。

本节使用2009—2016年的《农民工监测调查报告》（简称该报告）中体现外出务工农村劳动力在生产过程中劳动力程度方面的数据和体现外出务工农村劳动力在非生产过程中的消费、福利、教育，以及子女生活质量等方面的数据对农民工劳动力再生产的质量进行探讨。该报告是国家统计局为准确地反映全国外出务工农村劳动力规模、流向、分布等情况在外出务工农村劳动力输出地开展监测调查所形成的报告。该报告始于国家统计局2008年建立的外出务工农村劳动力监测调查制度，从2009年开始连续多年在全国31个省（自治区、直辖市）的农村地域中的1527个调查县（市、区）抽选了数千个村和数十万名农村劳动力作为调查样本，调查内容包括外出务工农村劳动力规模、分布及流向、外出务工农村劳动力基本特征（如性别特征、文化程度特征和技能培训特征、新生代外出务工农村劳动力占比情况等）、就业情况（如就业行业、受雇形式、月均收入等）、权益和社会保障（是否拖欠工资、劳动时间、签订合同比例和保险参与率等），以及进城的外出务工农村劳动力居住、随迁子女教育、社会融入等方面。但基于反映外出务工农村劳动力在生产过程中的劳动力消耗程度和在非生产过程中的消费、社会保障、教育，以及子女生活质量等方面数据的连续性、准确性和可操作性的考量，笔者选取2009—2016年共7年的数据样本作为衡量外出务工农村劳动力再生产质量的指标。

另外，在反映外出务工农村劳动力发展状况的相关数据中，体现外出务工农村劳动力社会保障程度的医疗保险参与率、养老保险参与率、失业保险参与率和工伤保险参与率的相关数据，笔者选用2009—2016年《人力资源和社会保障事业发展统计公告》（简称该公告）。该公告是人力资源和社会保障部为了促进公共服务的提升、推动人力资源和社会保障事业发展而形成的报告。该公告不仅全面反映了全国就业人员的社会保险情况，还准确描述了农民工的社会保险情况。

二、指标体系的建立

本节的核心问题是研究外出务工农村劳动力再生产的质量水平，根据前文所建立的劳动力再生产质量指标体系和2009—2016年《农民工监测调查报告》《人力资源和社会保障事业发展统计公告》中数据的可得性，我们构建的外出务工农村劳动力再生产的指标体系如表5–1所示。

表5–1　劳动力再生产质量的指标体系

行为主体	一级指标	二级指标	三级指标
外出务工农村劳动力本人	消费水平（A_1）	收入的充足性	月平均收入
		收入的稳定性	被拖欠工资人数比例
		消费结构	食物支出占总收入比例
	劳动力消耗程度（A_2）	工作时间	月工作时间
		工作强度	从事制造业以及建筑业人数占比
	社会保障水平（A_3）	劳动合同	签订劳动合同比例
		社会保险	医疗保险参与率
			养老保险参与率
			失业保险参与率
			工伤保险参与率
	教育水平（A_4）	教育程度	高中文化程度人数占比
		技能水平	有培训经历的人数占比
外出务工农村劳动力子女	教育质量（A_6）	子女受教育程度	随迁子女在公立学校的人数占比

数据来源：《农民工监测调查报告》《人力资源和社会保障事业发展统计公告》。

该指标体系根据行为主体分为外出务工农村劳动力自身和外出务工农村劳动力代际关系两部分。衡量外出务工农村劳动力自身再生产质量的一级指标有消费水平、劳动力消耗程度、社会保障水平和教育水平4个部分，衡量劳动力代际关系教育质量的一级指标为随迁子女的受教育程度。

对于外出务工农村劳动力本身的消费水平、劳动力消耗程度、社会保障水平和教育水平，学术界都有所涉及。但将外出务工农村劳动力代际关系再生产的质量作为衡量外出务工农村劳动力再生产质量，学术界的研究较少。事实上，衡量外出务工农村劳动力代际关系再生产的质量不仅包括子女的受教育水平，还应包括子女的生活质量等，其中外出务工农村劳动力子女不仅应包括随迁子女，还应包括留守儿童。但由于收集数据的困难较大，根据数据的可得性，笔者只能选用随迁子女的受教育程度作为代表来衡量外出务工农村劳动力代际关系再生产的质量。

对于劳动力自身来说，体现消费水平的二级指标有收入的充足性、收入的稳定性和消费结构3个方面，但受体现外出务工农村劳动力消费结构数据缺失的限制，笔者仅选用收入的充足性和收入的稳定性两个二级指标来衡量劳动力的消费水平。需要特殊说明的是，劳动者收入的多少和收入的稳定与否本身并不决定农民工的消费水平，只是较高且较稳定的收入能够增加农民工实现提高消费质量的可能性。我们采用外出务工农村劳动力月平均收入来衡量其收入的充足性，外出务工农村劳动力月均收入水平越高，其收入的充足性越强，体现消费水平越高；采用被拖欠工资人数的比例来衡量外出务工农村劳动力获取收入的稳定性，被拖欠工资人数比例越高，其获取收入的稳定性越差，体现其消费水平越差。

体现外出务工农村劳动力消耗程度的二级指标有工作时间和工作强度。我们选用外出务工农村劳动力月工作小时数来衡量劳动力的工作时间，工作时间越长，劳动力的消耗程度越大，体现其劳动力再生产的质量越低；由于劳动者的工作强度较难测量，我们选用从事相对于服务业来说工作强度较大的制造业及建筑业人数的比例来体现，当从事制造业和建筑业的外出务工农村劳动力人数比例较大时，其工作强度较大，此时体现的外出务工农村劳动力再生产质量越低。我们选用外出务工农村劳动力签订劳动合同人数的比例来衡量其工作保障程度，他们签订劳动合同的比例越高，其工作质量越有保障，此时体现的外出务工农村劳动力再生产质量越高。

　　体现外出务工农村劳动力社会保障水平的二级指标是外出务工农村劳动力是否签订劳动合同和参与社会保险的程度，我们选用外出务工农村劳动力签订劳动合同人数的比例作为衡量其签订劳动合同的标准；选用外出务工农村劳动力医疗保险参与率、养老保险参与率、失业保险参与率和工伤保险参与率来衡量其社会保障程度，外出务工农村劳动力签订劳动合同人数的比例和社会保险参与率本身并不反映劳动力再生产质量，但是不同年份各指标的变化程度反映外出务工农村劳动力再生产质量的变化趋势，因此我们选用2009—2016年外出务工农村劳动力参与社会保障比例的变化来反映其劳动力再生产质量的变化程度。

　　体现劳动力自身教育水平的二级指标有教育程度、技能水平和工作经验水平，但受体现外出务工农村劳动力工作经验数据缺失的限制，笔者仅选用教育程度和技能水平两个二级指标来衡量劳动力的教育水平。我们选用高中文化程度人数占比衡量外出务工农村劳动力的受教育程度，就目前而言，外出务工农村劳动力的受教育程度普遍集中在初中程度，因此外出务工农村劳动力群体中高中文化程度的人数占比越多，体现劳动力再生产质量越具有提高趋势；另外，我们选用有培训经历的外出务工农村劳动力人数占比衡量其劳动力的技能水平，没有培训经历的人数比例越高，体现劳动力再生产质量水平越差。

　　对于衡量农民工子女生活成本和教育质量的数据较少，本节采用外出务工农村劳动力随迁子女在公立学校所占比例来反映其子女的教育水平，但是选用这个指标暗含的假定是外出务工农村劳动力子女在城市中就读公立学校的教育质量高于就读于私立学校的教育质量。虽然现实中存在部分私立学校的教育质量如国际学校等高于公立学校，但对于绝大部分外出务工农村劳动力的收入水平来说，使自己的子女就读于高于公立学校教育水平的国际学校的机会是微乎其微的，所以假定外出务工农村劳动力子女在城市中就读公立学校的教育质量高于就读于私立学校的教育质量具有合理性。

三、样本变量分析

本节在选取评价指标时没有任何的导向性，而是初始选择2009—2016年的《农民工监测调查报告》《人力资源和社会保障事业发展统计公告》提供的能够反映外出务工农村劳动力再生产综合水平的相应数据，如表5-2所示。

表5-2　变量的描述性统计

变量		平均值	标准差	最大值	最小值
月平均收入（元）	C_1	2408.25	663.468	3275.0	1417.0
被拖欠工资人数占比（%）	C_2	1.02	0.406	1.8	0.5
平均每月工作时间（小时）	C_3	221.74	6.903	235.8	211.7
从事制造业和建筑业人数占比（%）	C_4	53.70	2.111	56.6	50.2
签订劳动合同人数占比（%）	C_5	40.39	3.473	43.9	35.1
医疗保险参与率（%）	C_6	48.49	3.103	52.3	43.4
养老保险参与率（%）	C_7	45.63	11.566	59.4	26.5
失业保险参与率（%）	C_8	31.86	11.438	46.6	16.4
工伤保险参与率（%）	C_9	69.40	6.781	75.1	55.9
接受技能培训人数占比（%）	C_{10}	63.50	7.362	48.9	30.8
高中文化程度人数占比（%）	C_{11}	15.14	1.717	17.0	13.1
随迁子女就读公立学校的人数占比（%）	C_{12}	74.88	9.710	80.4	50.3

数据来源：《农民工监测调查报告》《人力资源和社会保障事业发展统计公告》。

表5-2所示的是外出务工农村劳动力再生质量变量的描述性统计分析结果。基于连续数据的可得性，笔者选取的指标包括月平均收入、被拖欠工资人数占比、平均每月工作时间、从事制造业和建筑业人数的占比、签订劳动合同人数占比、医疗保险参与率、养老保险参与率、失业保险参与率、工伤保险参与率、接受技能培训的人数占比、高中文化程度人数的占比、随迁子女就读公立学校的人数占比，共计12项。

其中C_1、C_2体现的是外出务工农村劳动力的消费水平，C_3、C_4体现的是外出务工农村劳动力的消耗程度，C_5、C_6、C_7、C_8、C_9体现的是外出务工农村劳动力的社会保障水平，C_{10}、C_{11}体现的外出务工农村劳动力的教育水平，C_{12}体现的是外出务工农村劳动力子女的教育水平。接下来，我们对衡量外出务工农村劳动力再生产质量的主要变量进行描述性分析。

（一）影响外出务工农村劳动力消费质量的主要变量

外出务工农村劳动力人均月收入呈现增长的变化趋势：外出务工农村劳动力人均月收入从2009年的1417元增加到2016年的3275元，增加了1858元，增长了1.31倍。尤其在2010—2011年和2012—2013年，外出务工农村劳动力月收入增长率高达25%。如图5-1所示。

■ 2009-2016年外出务工农村劳动力人均月收入

- - - 外出务工农村劳动力月收入增长的变化趋势

图5-1 2009—2016年外出务工农村劳动力人均月收入（元）

数据来源：《农民工监测调查报告》。

由于建筑业层层转包的经营方式极易引发工程款的拖欠情况，从而形成外出务工农村劳动力工资被严重拖欠的现象。因此，外出务工农村劳动力被拖欠工资人数占比是衡量其收入稳定性的重要因素。如图5-2所示。

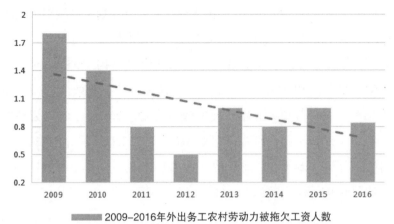

图5-2 2009—2016年外出务工农村劳动力被拖欠工资人数占比（％）

数据来源：《农民工监测调查报告》。

长期以来，党中央、国务院高度关注外出务工农村劳动力劳动报酬权益的维护问题。2009年以受雇形式从业的外出农民工中，被雇主或单位拖欠工资的仅占1.8%，比2008年的4.1%下降了2.3个百分点。紧接着，国务院办公厅于2010年2月发布《关于切实解决企业拖欠农民工工资问题的紧急通知》，明确要求建筑工程承包企业追回的拖欠工程款应当优先支付被拖欠的农民工工资。因此，从2010—2012年连续3年农民工被拖欠工资人数占比不断下降，从2010年的1.4%下降到2012年的0.5%。然而由于与外贸出口紧密关联的企业不景气和一些政府投资工程项目在融资不到位的情况下即上马开工导致农民工拖欠工资问题有所反弹，全国总工会保障工作部部长表示，自2012年以来，农民工欠薪事件呈现从建筑业向加工制造业、服务业蔓延的趋势。因此，农民工被拖欠工资人数占比从2012年的0.5%增加到2013年的1%，增加了一倍，在接下来的2014—2016年农民工被拖欠工资人数占比徘徊在1%左右。

（二）影响外出务工农村劳动力消耗程度的主要变量

从2009—2016年外出务工农村劳动力月工作小时数方面的整体来看，我国外出务工农村劳动力月工作小时数呈下降趋势。为了防止2008年国际金融危机引发的全球经济下滑，我国采取相应经济计划来刺激本国经济的增长，公有制经济和非公有制经济对劳动力的需求增加，外出务工农村劳动力月工作小时数由2009年的216.9小时激增到2010年的235.8小时，工作时间绝对地延长了18.9小时，增加了8%。随着经济刺激效应的减少和国家对外出务工农村劳动力健康状况的持续关注，外出务工农村劳动力月工作小时数从2010年起持续下降，由2010年的235.8小时下降到2016年的211.6小时，下降了24.1小时，降低10%，2016年的月工作小时数比2009年还低。如图5-3所示。

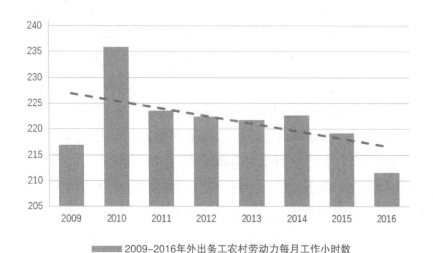

图5-3　2009—2016年外出务工农村劳动力每月工作小时数（小时）

数据来源：《农民工监测调查报告》。

　　建筑业是外出务工农村劳动力群体就业最集中的行业，在建筑工地一线从业人员中，外出务工农村劳动力比例达到90%以上。与服务业、金融业等第三产业的工人相比，处于制造业和建筑业的工人，其工作和生活条件更艰苦、劳动环境较差、劳动强度较大。因此，通过分析外出务工农村劳动力从事制造业和建筑业人数占比情况来分析其工作强度具有合理性。由图5-4可以看出，外出务工农村劳动力从事制造业和建筑业的人数比例整体呈现下降的趋势，也就是说，在制造业和建筑业中外出务工农村劳动力的比例在减少。由此可见，外出务工农村劳动力的工作强度趋于减缓，外出务工农村劳动力再生产的质量趋于提高。

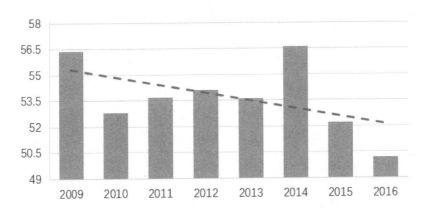

■ 2009-2016年外出务工农村劳动力从事制造业和建筑业人数比例

- - - 2009-2016年外出务工农村劳动力从事制造业和建筑业人数比例变化趋势

图5-4　外出务工农村劳动力从事制造业和建筑业人数比例（％）

数据来源：《农民工监测调查报告》。

（三）影响农民工社会保障水平的主要变量

我国社会保障制度不仅包括社会保险、社会福利，还包括给予中断或丧失劳动能力的劳动者的社会救助、社会优抚等。本部分仅选取外出务工农村劳动力参加社会保险比例的变化程度来衡量外出务工农村劳动力再生产的质量。在社会保险中，外出务工农村劳动力参与工伤保险比例的绝对数值最高，从2009年的43.35%增长到2016年的75.1%，年增长率为8.17%；而外出务工农村劳动力失业保险参与率的增长率最高，年增长率为16.06%，是其工伤保险参与率增长率的两倍，从2009年16.43%增长到2016年的46.59%；外出务工农村劳动力养老保险的参与率为12.24%，位列第二，从2009年的26.47%增加到59.4%；而外出务工农村劳动力医疗保险参与率的增长率较低，仅为1.72%，不足农民工失业保险参与率增长率的1/10。外出务工农村劳动力参加社会保险参与率的高低本身不能衡量其劳动力再生产质量的高低，但是外出务工农村劳动力参加社会保险的比率的变化程度可以反映劳动力再生产质量的变化趋势，如外出务工农村劳动力参与社会保险的人数占比不断增加，这说明劳动力再生产的质量也不断提升。如图5-5所示。

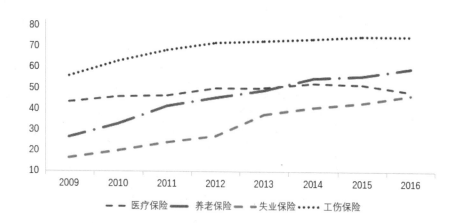

图 5-5　2009—2016年外出务工农村劳动力医疗保险、

养老保险、失业保险、工伤保险参与率（%）

数据来源：《人力资源和社会保障事业发展统计公告》。

（四）影响外出务工农村劳动力教育水平的主要变量

外出务工农村劳动力受教育水平主要集中在初中文化程度，这与我国九年义务教育在农村的广泛普及是密切相关的。外出务工农村劳动力的初中文化程度占比从2009年的64.8%下降到2016年的59.4%，下降了5.4%。事实上，外出务工农村劳动力初中文化程度占比减少的主要原因在于其高中文化程度的增加，外出务工农村劳动力高中文化程度占比从2009年的13.1%增加到2016年的17%，增长了3.9%，年增长率为1.21%；而外出务工农村劳动力初中文化程度占比虽呈现不断减少的趋势，但其仍维持在60%左右。如图5-6所示。

根据数据的可得性，外出务工农村劳动力的技能情况则由接受技能培训的人数占比来反映，2009年，外出务工农村劳动力没有接受技能培训的人数占比为51.1%，超过总人数的一半。随着20世纪80年代出生的新生代外出务工农村劳动力在外出务工农村劳动力总量中的占比不断增加，较大部分新生代外出务工农村劳动力因在学校接受通识教育而未接受过相关技能的培训。因此，从2010—2012年间外出务工农村劳动力未接受过技能培训人数占比增加，占比分别为52.4%、68.8%和69.2%。而2012年后，国家相关政策对外出务工农村劳动力教育培训的引导，使2012年到2014年未接受技能培训的外出务工农村劳动力占比下降，从69.2%下降到65.2%，下降了四个百分点。

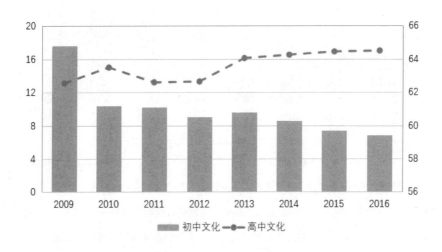

图5-6　2009—2016年外出务工农村劳动力的文化程度占比（％）

数据来源：《农民工监测调查报告》。

（五）影响外出务工农村劳动力子女教育水平的主要变量

联合国儿童基金会发布的《2015年中国儿童人口状况——事实与数据》指出，中国有1亿名儿童受人口流动的影响。其中，义务教育阶段随迁子女的数量为1897.45万人。由于外出务工农村劳动力子女的相关数据较难收集，笔者选用义务教育阶段外出务工农村劳动力随迁子女就读公办学校的比例衡量其子女教育的质量。2010年，外出务工农村劳动力随迁子女就读公办学校的比例为66.5%，在2011年得到大幅提升，国务院《关于实施〈国家中长期教育改革和发展规划纲要（2010—2020年）〉工作情况的报告》披露，2011年外出务工农村劳动力随迁子女就读公办学校的比例为79.2%，比2010年增长了12.7%，但是2011—2016年，外出务工农村劳动力随迁子女就读公办学校的比例一直徘徊在80%左右。如图5-7所示。

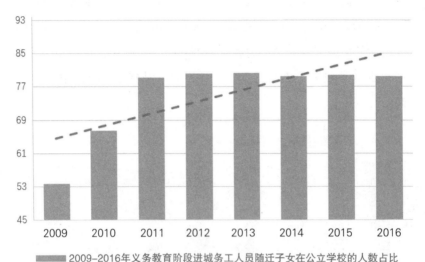

图5-7　义务教育阶段进城务工人员随迁子女在公立学校的人数占比（%）

数据来源：《关于实施〈国家中长期教育改革和发展规划纲要（2010—2010年）工作情况的报告〉》《关于城镇化建设工作情况的报告》《中国教育概况——全国教育事业发展情况》（2014—2016）。

第二节　我国外出务工农村劳动力再生产质量的实证测度

本节根据对外出务工农村劳动力再生产质量的学理分析，以及数据的可得性，采用综合指标评价法计算出反映外出务工农村劳动力再生产质量的综合指数，并结合2009—2016年综合指数的变化程度来说明外出务工农村劳动力再生产质量的发展趋势。

一、衡量外出务工农村劳动力再生产质量的综合评价模型

对于外出务工农村劳动力再生产质量的分析，本节采用综合指标评价法。该方法属于统计分析方法，不属于计量经济学的分析方法。之所以选用统计分析方法的综合评价模型而不使用计量分析方法的因果关系模型来衡量外出务工农村劳动力再生产的质量，是因为外出务工农村劳动力再生产的质量并非由单一的变量来体现的，而是由多个变量综合作用或决定的结果。因此，外出务工农村劳动力再生产的质量不能由某个变量或指标来体现，也就无法讨论外出务工农村劳动力再生产质量与其相关变量的因果关系。因为两者之间无法剔除内生性的因素，所以无法使用计量经济学的因果分析方法。综合指标评价法是运用多个评价指标来衡量或评定某一综合目标整体实现程度的测量方法，可实现外出务工农村劳动力再生产质量的测量。

在综合评价法中，当综合目标和评价指标体系确定以后，综合目标的整体实现程度就完全取决于各个评价指标之间的权重，权重系数的选择合理与否直接影响最终评价结果的正确性，因此综合指标评价法的关键是确定各评价指标的权重系数。

指标权重系数的确定方法主要有主观赋权法、客观赋权法和主客观综合赋权法（或组合赋权法）3种。主观赋权法根据研究者主观价值判断来赋予权重，如德尔菲法（Delphi法）、层次分析法（AHP法）和专家评判法等，该方法很难排除个人因素对指标权重的影响；客观赋权法依据指标的真实数据，通过数学或统计方法得出权数，常用的客观赋权方法有主成分分析法、因子分析法和熵权法等，该方法受样本数据的影响较大；主客观综合赋权法则综合前述两种方法的特点，得出两套权重体系后再进行综合，从而得出指标间的权重体系。主客观赋权法相对地克服了主观赋权法人为因素的干扰和客观赋权法对样本数据的完全依赖。

因此，为了相对地缩小主观人为因素和客观样本数据对指标体系之间

权重的影响，以及最大限度地保留数据的全部原始信息，本节选用主客观综合赋权法。首先，根据客观赋权法中的熵权法和主观赋权法中的层次分析方法分别计算外出务工农村劳动力再生产质量的指标之间的权重体系。其次，综合两套权重体系得出最终的指标权重体系。最后，根据最终确立的外出务工农村劳动力再生产指标的权重体系得出不同时期外出务工农村劳动力再生产的质量指数。

（一）熵权法

熵权法的核心思想是在对各指标进行同趋势变换和归一化处理的基础上，根据指标变异性的大小来确定各指标的客观权重，从而降低主观人为因素的干扰。采用熵权法计算外出务工农村劳动力再生产质量的具体步骤如下。

第一步，运用极差法对劳动力再生产质量所包含的各项指标进行同趋势变换和归一化即标准化处理，以消除不同测量指标在数量级和量纲方面的不一致性，标准化处理的公式如下：

$$X_{ij} = \begin{cases} \frac{x_{ij} - \min(x_{ij})}{\max(x_{ij}) - \min(x_{ij})}, x_{ij} \text{为正向指标} \\ \frac{\max(x_{ij}) - x_{ij}}{\max(x_{ij}) - \min(x_{ij})}, \ x_{ij} \text{为负向指标} \end{cases} \quad (1)$$

其中，X_{ij} 为对各指标数据标准化后的值，i 表示年份，j 表示测量指标，x_{ij} 和 X_{ij} 分别表示原始的和标准化后的外出务工农村劳动力再生产质量测量的指标值，$\min(x_{ij})$ 表示测量指标的最小值，$\max(x_{ij})$ 表示测量指标的最大值。

第二步，计算外出务工农村劳动力再生产质量指标体系中各测量指标 X_{ij} 的信息熵 E_j。信息熵是对系统状态不确定性的一种度量，一般来说，若某个指标的信息熵越小，信息的无序度越低，其信息的效用值越大，指标的权重越大。假设多属性决策矩阵如下：

$$M = \begin{array}{c} A_1 \\ A_2 \\ \vdots \\ A_{(m-1)1} \\ A_{m1} \end{array} \left[\begin{array}{ccccc} X_{11} & X_{12} & & \cdots & X_{1n} \\ X_{21} & X_{22} & & & X_{2n} \\ & \vdots & & \ddots & \vdots \\ X_{(m-1)1} & X_{(m-1)2} & & \cdots & X_{(m-1)n} \\ X_{m1} & X_{m2} & & \cdots & X_{mn} \end{array} \right]$$

则第 j 个属性下的第 i 个方案 A_i 的贡献度为：

$$P_{ij} = \frac{X_{ij}}{\sum_{i=1}^{m} X_{ij}} \qquad （2）$$

因此，所有方案对属性 X_j 的贡献总量为：

$$E_j = -K \sum_{i=1}^{m} P_{ij} \ln\left(P_{ij}\right) \qquad （3）$$

其中，常数 $K=1/\ln（m）$。如果 $P_{ij} = X_{ij} / \sum_{i=1}^{m} X_{ij} = 0$，则 $\lim\limits_{P_{ij} \to 0} P_{ij} \ln P_{ij} = 0$。

因此，通过熵值法计算得到信息熵的计算公式为：

$$E_j = \ln\frac{1}{m} \sum_{i=1}^{m} \left[\left(X_{ij} \Big/ \sum_{i=1}^{m} X_{ij} \right) \ln\left(X_{ij} \Big/ \sum_{i=1}^{m} X_{ij} \right) \right] \qquad （4）$$

第三步，根据信息熵的公式，计算衡量劳动力再生产指标体系中各测量指标 X_{ij} 的权重 W_j，得出有关数据的熵信息后，可以进一步确定不用指标的权重。

由上式可以看出，当某个属性下的某个方案的贡献度趋于一致时，E_j 趋于 1；特别是当其相等时，也就可以不考虑该目标的属性在决策中的作用，即此属性的权重为 0。由此可见，属性值由所有方案差异的大小来决定权系数的大小。所以定义 d_j 为 j 属性下各方案贡献度的一致性程度，并且有：

$$d_j = 1 - E_j \quad (5)$$

则各属性权重W_j如下：

$$W_j = \frac{d_j}{\sum_{j=1}^{n} d_j} \quad (6)$$

因此，计算衡量劳动力再生产指标体系中各测量指标X_{ij}^{nor}的权重W_j的计算公式如下：

$$W_j = \left. \frac{1-E_j}{} \right/ \sum_{j=1}^{m}(1-E_j) \quad (7)$$

上式为通过熵权法得到某指标的权重，该方法的最大特点是直接利用决策矩阵，也就是现有数据所给出的信息计算权重，没有引入决策者的主观判断。

（二）层次分析法（AHP法）

层次分析法（AHP法）是美国运筹学家匹茨堡大学教授萨蒂于20世纪70年代初，在为美国国防部研究"根据各个工业部门对国家福利的贡献大小而进行电力分配"课题时，应用网络系统理论和多目标综合评价方法，提出的一种层次权重决策分析方法。采用AHP法确定外出务工农村劳动力再生产质量权重的步骤如下。

第一步，建立标度的判断体系。表5-3所示的是标度的含义。在两个要素进行比较时，以1、2、3、4表示重要性递减，1为最重要，4为最不重要，当两者同等重要时，则打分为1；当两者同样最不重要，则打分为4；当前者比后者明显重要时，打分为2，当前者比后者稍重要时，打分为3。以此类推。

表5-3　标度的含义

标度	含义
1	表示两个因素相比，具有相同的重要性
2	表示两个因素相比，前者比后者明显重要
3	表示两个因素相比，前者比后者稍重要
4	表示两个因素相比，具有相同不重要

标度	含义
倒数	若因素i和因素j的重要性之比为a_{ij}， 那么因素j与因素i的重要性之比为$a_{ji}=1/a_{ij}$

第二步，建立判断矩阵。通过对两两指标的比较，根据表5.3对同一层次中每个指标的相对重要性进行打分判断，列出矩阵如下：

$$A = (a_{ij})_{n*n} = \begin{bmatrix} a_{11} & a_{12} & \cdots & a_{1n} \\ a_{21} & 22 & \cdots & a_{2n} \\ \vdots & & \ddots & \vdots \\ a_{(n-1)1} & a_{(n-1)2} & \cdots & a_{(n-1)n} \\ a_{n1} & a_{n2} & \cdots & a_{nn} \end{bmatrix}$$

其中，该矩阵是正互反矩阵，满足两个条件：

$$(i) a_{ij} > 0 ，(ii) a_{ji} = \frac{1}{a_{ij}} （i, j = 1,2,...,n）$$

第三步，计算单一准则下指标的相对权重。

（1）对判断矩阵每行元素的乘积求n次方根：

$$\overline{W_j} = \sqrt[n]{\prod_{j=1}^{n} a_{ij}} \qquad （8）$$

（2）对向量W=（$\overline{W_1}$, $\overline{W_2}$, ...$\overline{W_n}$）做归一化处理，即

$$M_j = \frac{\overline{W_j}}{\sum_{j=1}^{n} \overline{W_j}}, \ j = 1, 2, ..., n \qquad （9）$$

此时，各指标权重的特征向量为：

$$W = (W_1, W_2, W_3, ..., W_n)^T$$

第四步，判断矩阵的一次性检验。

（1）计算一致性指标CI，将CI作为衡量判断矩阵不一致程度的标准，计算CI的公式为：

$$CI = \frac{\lambda_{max} - n}{n - 1} \qquad （10）$$

（2）查找相应的平均随机一致性指标RI：

n	1	2	3	4	5	6	7	8	9	10	11
RI	0.00	0.00	0.58	0.90	1.12	1.24	1.32	1.41	1.45	1.49	1.51

（3）计算一致性比例CR：

$$CR = \frac{CI}{RI} \qquad （11）$$

当CR<0.10时，判断矩阵的一致性是可以接受的；当CR≥0.10时，判断矩阵需要做出适当的调整，调整到满足一致性标准为止。

（三）组合赋权法确定权重

为了相对地弥补熵权法对客观样本数据的依赖和AHP法中人为因素的干扰，以及最大限度地保留数据的全部原始信息，本部分选用主客观综合赋权法（或称组合赋权法）。

组合赋权法的步骤如下：

（1）设用熵权法得到的指标权重W_{j1}和层次分析法得到的指标权重W_{j2}。

（2）对两种方法的权重进行加权平均：

$$W_j = (\alpha \times W_{j1}) + (\beta \times W_{j2}) \qquad （12）$$

其中，α和β分别表示熵权法和AHP的相对重要程度，本部分选取$\alpha = \beta = 0.5$。

二、外出务工农村劳动力再生产质量的实证测度

接下来，我们根据前文建立的指标体系和组合赋权法的综合评价模型具体对外出务工农村劳动力再生产质量进行测度，测度的步骤如下：第一步，根据客观赋权法中的熵权法和主观赋权法中的层次分析方法分别计算外出务工农村劳动力再生产质量的指标之间的权重体系，进而综合两套权重体系得出最终的指标权重。第二步，根据最终确立的外出务工农村劳动力再生产指标的权重体系得出不同时期外出务工农村劳动力再生产的质量指数。

（一）确定主客观综合权重

1. 采用熵权法确定客观权重

首先，笔者依据2009—2016年的《农民工监测调查报告》《人力资源和社会保障事业发展统计公告》中体现外出务工农村劳动力再生产质量的12个三级指标的样本数据建立原始评价指标矩阵x_{ij}，并依据正向指标和负向指标对x_{ij}进行同趋势变换和归一化即标准化处理，以消除不同测量指标在数量级和量纲方面的不一致性。表5-4所示的是原始评价指标矩阵X_{ij}根据公式（1）进行标准化处理得到的矩阵X_{ij}。在标准化矩阵X_{ij}中，0代表该变量的最小值，1代表该变量的最大值，除各变量中最大值和最小值外，其他数值为0～1。标准化处理的结果如表5-4所示。

表5-4　标准化处理结果分析

年度	C_1	C_2	C_3	C_4	C_5	C_6	C_7	C_8	C_9	C_{10}	C_{11}	C_{12}
2009	0.00	0.00	0.78	0.03	0.88	0.00	0.00	0.00	0.00	1.00	0.00	0.00
2010	0.15	0.31	0.00	0.59	0.78	0.28	0.19	0.12	0.37	0.93	0.49	0.48
2011	0.34	0.77	0.51	0.45	0.99	0.34	0.45	0.25	0.65	0.02	0.03	0.95
2012	0.47	1.00	0.56	0.39	1.00	0.74	0.58	0.35	0.83	0.00	0.05	0.99
2013	0.64	0.62	0.58	0.47	0.70	0.76	0.68	0.70	0.87	0.10	0.77	1.00
2014	0.78	0.77	0.54	0.00	0.33	1.00	0.86	0.81	0.92	0.22	0.87	0.97
2015	0.89	0.62	0.69	0.69	0.13	0.93	0.89	0.88	0.99	0.13	0.97	0.98
2016	1.00	0.74	1.00	1.00	0.00	0.55	1.00	1.00	1.00	0.12	1.00	0.97

其次，在标准化处理后的矩阵X_{ij}的基础上，根据熵值法的计算公式（2）、（3）得到劳动力再生产质量各指标的信息熵。表5-5所示的是各指标信息熵的结果。由于在经过标准化处理后的矩阵X_{ij}中，各变量最小值为0，采用信息熵公式（4）时，最小值出现缺失。

表5-5　标准化处理结果分析

年度	E_1	E_2	E_3	E_4	E_5	E_6	E_7	E_8	E_9	E_{10}	E_{11}	E_{12}
2009	—	—	0.19	0.11	0.12	—	—	—	—	0.00	—	—
2010	0.28	0.36	—	0.31	0.19	0.36	0.32	0.25	0.37	0.07	0.35	0.35
2011	0.37	0.20	0.34	0.36	0.01	0.37	0.36	0.35	0.28	0.08	0.09	0.04
2012	0.35	0.00	0.33	0.37	0.00	0.22	0.32	0.37	0.16	—	0.15	0.01

年度	E_1	E_2	E_3	E_4	E_5	E_6	E_7	E_8	E_9	E_{10}	E_{11}	E_{12}
2013	0.28	0.30	0.32	0.36	0.25	0.21	0.26	0.25	0.12	0.24	0.20	0.00
2014	0.19	0.20	0.33	—	0.37	0.00	0.13	0.17	0.07	0.33	0.12	0.03
2015	0.10	0.30	0.26	0.26	0.26	0.07	0.10	0.11	0.01	0.26	0.03	0.02
2016	0.00	0.22	0.00	0.00	—	0.33	0.00	0.00	0.00	0.25	0.00	0.03

最后，将计算得到的熵值E_j代入公式（5）、（6）中计算12个指标的客观权重W_j，权重结果如表5-6所示。

表5-6　外出务工农村劳动力再生产质量指标的权重（熵权法）

变量	C_1	C_2	C_3	C_4	C_5	C_6	C_7	C_8	C_9	C_{10}	C_{11}	C_{12}
权重	0.056	0.056	0.035	0.037	0.102	0.060	0.066	0.065	0.121	0.093	0.129	0.179

由表5-6可以看出，指标C_{12}、C_{11}、C_9、C_5的权值较高，分别为0.179、0.129、0.121、0.102，相应的变量依次是随迁子女就读公立学校占比、高中文化程度占比、工伤保险参与率和签订劳动合同人数占比，这说明随迁子女就读公立学校占比、高中文化程度占比、工伤保险参与率和签订劳动合同人数占比4个指标对劳动力再生产质量指标的评价作用较强，指标体系中的地位较高；指标C_3、C_4、C_2、C_1权重较低，代表着平均月工作时间、从事制造业和建筑业人数占比、月平均收入和被拖欠工资人数的权值较低，权值分别等于0.035、0.037、0.056、0.056，说明平均月工作时间、从事制造业和建筑业人数占比、月平均收入和被拖欠工资人数的权值对劳动力再生产质量指标的评价作用较弱，指标体系中的地位较低。除去在评价体系中评价作用较强和较弱的8个指标外，其他指标变量的权值为0.06~0.1，体现了评价指标选择的合理性。

2. 采用AHP法确定客观权重

首先，笔者针对前文所建立的衡量外出务工农村劳动力再生产的指标体系，选取5位研究外出务工农村劳动力领域的专家组成评价小组，按照1~9标度法对准则层的12个指标打分得到判断矩阵a_{ij}，其中$a_{ij}>0$且$a_{ji} = 1/a_{ii}$。

其次，运用方根法根据公式（8）得到准则层12个指标的相对权重，权重结果如表5-7所示。

表5-7　外出务工农村劳动力再生产质量指标的权重（AHP法）

指标体系	权重	一级指标	权重	二级指标	权重	三级指标	权重
外出务工农村劳动力本人	0.817	消费水平	0.296	收入充足性	0.547	C_1	0.156
				收入稳定性	0.353	C_2	0.089
		劳动力消耗程度	0.204	工作时间	0.723	C_3	0.122
				工作强度	0.277	C_4	0.043
外出务工农村劳动力本人	0.817	社会保障水平	0.237	劳动合同	0.300	C_5	0.059
				社会保险	0.217	C_6	0.042
					0.175	C_7	0.034
					0.133	C_8	0.024
					0.175	C_9	0.031
		教育水平	0.263	受教育程度	0.500	C_{10}	0.107
				技能水平	0.500	C_{11}	0.093
随迁子女	0.183	子女教育水平	1.000	子女受教育程度	1.000	C_{12}	0.200

与客观赋权法得出的权重不同的是，由表5-7可以看出，指标 C_{12}、C_1、C_3、C_{10}的权值较高，分别为0.200、0.156、0.122、0.107，相应的变量依次是随迁子女就读公立学校占比、月平均收入、月工作时间、受教育程度，这说明随迁子女就读公立学校占比、月平均收入、月工作时间、受教育程度这4个指标对劳动力再生产质量指标的评价作用较强，指标体系中的地位较高；其次较高的是指标 C_{11}、C_2，分别为外出务工农村劳动力的技能水平和被拖欠工资人数占比；指标 C_6、C_7、C_8、C_9 权重较低，代表着医疗保险、养老保险、失业保险和工伤保险的权值较低，权值分别等于0.042、0.034、0.024、0.031，说明养老保险、失业保险和工伤保险的权值对劳动力再生产质量指标的评价作用较弱，指标体系中的地位较低。除去在评价体系中评价作用较强和较弱的6个指标外，其他指标变量的权值为0.5～0.1，体现了评价指标选择的合理性。

最后，对评价矩阵进行一致性检验，以确保得到指标权重的有效性。计算可得，一致性比率CR=CI/RI≤0.1，通过了一致性检验，即所得准则层的指标权重为有效权重。

3. 综合权重的确定

将评价指标的客观权重W_j和主观权重M_j代入乘法归一化公式（12），选取 α = β =0.5，得到质量指标综合权重，如表5-8所示。

表5-8　外出务工农村劳动力再生产质量指标的综合权重（组合赋权法）

变量	C_1	C_2	C_3	C_4	C_5	C_6	C_7	C_8	C_9	C_{10}	C_{11}	C_{12}
权重	0.106	0.072	0.079	0.040	0.080	0.051	0.050	0.044	0.076	0.101	0.111	0.190

因此，各指标的客观权重、主观权重，以及综合权重的汇总结果如表5-9所示。不难发现，运用客观赋权法即熵权法计算的权重和运用主观赋权法即层次分析法计算的权重有所不同，如C_1、C_3、C_9。具体地说，C_1、C_3在熵权法中测算的权重较高，而在层次分析法中测算的权重较低；相反，C_9在熵权法中测算的权重较低，而在层次分析法中测算的权重较高。这是因为C_1、C_3受样本数据的影响较大，样本数据本身的波动对权重的影响较为明显，而C_9受研究者的主观判断的影响较大，研究者本身的偏好对权重的影响较为明显，因此运用这两种方法计算不同的指标得出不同的权重，正是克服主观赋权法人为因素的干扰和客观赋权法完全对样本数据的依赖综合作用的结果。

表5-9　外出务工农村劳动力再生产质量指标的权重

指标	客观权重	主观权重	综合权重	指标	客观权重	主观权重	综合权重
C_1	0.056	0.156	0.106	C_7	0.067	0.034	0.050
C_2	0.056	0.089	0.072	C_8	0.065	0.024	0.044
C_3	0.035	0.122	0.079	C_9	0.121	0.031	0.076
C_4	0.037	0.043	0.040	C_{10}	0.093	0.107	0.100
C_5	0.102	0.059	0.081	C_{11}	0.129	0.093	0.111
C_6	0.060	0.042	0.051	C_{12}	0.179	0.200	0.190

（二）计算外出务工农村劳动力再生产质量的综合指数

根据组合赋权法得出的综合权重，再结合各个变量的原始数据，可以计算每年外出务工农村劳动力再生产质量的综合指数，结果如表5-10所示。

表5-10　2009—2016年外出务工农村劳动力再生产质量的综合指数和增速

年份	综合指数	增速
2009	274.917	—
2010	323.054	0.175
2011	373.354	0.158
2012	420.529	0.126
2013	470.589	0.119
2014	510.422	0.085
2015	542.579	0.063
2016	573.179	0.056

注：“—”代表数据缺失。

2009—2016年外出务工农村劳动力再生产质量的综合指数是不断增加的，也就是说，外出务工农村劳动力再生产的质量不断提升。需要说明的是，综合指数的绝对量并没有明确的经济含义，但是其变化方向却代表了所刻画对象的发展趋势。因此，就外出务工农村劳动力群体本身来说，其再生产的质量水平是不断提高的。从上述综合指数的变化速度来看，外出务工农村劳动力再生产质量的增速是在降低的。2010年，外出务工农村劳动力再生产质量综合指数的增速为17.51%，是2010—2016年平均增长速度11.07%的1.57倍，而2016年，外出务工农村劳动力再生产质量综合指数的增速5.64%仅为平均速度的1/2。因此，虽然外出务工农村劳动力再生产的质量不断提高，但是其增长的速度却呈现递减的趋势。

三、2009—2016年外出务工农村劳动力再生产质量的实证结果分析

我们结合衡量外出务工农村劳动力再生产质量各指标的平均增长速度和权重来讨论其质量提高、增速却呈现递减的原因。为了计算和叙述方便，笔者选用各指标的平均增长速度来代表各指标的变化程度。如图5-8所示的是2009—2016年用来衡量外出务工农村劳动力再生产质量的各指标的平均增长速度情况。整体来看，C_1、C_6、C_7、C_8、C_9、C_{10}、C_{11}、C_{12}在纵

坐标轴的右端，表明其平均增速呈现正向变化；相反，C_2、C_3、C_4、C_5在纵坐标轴的左端，表明其平均增速呈现负向变化。需要特别说明的是，负向指标的负向增速并不意味着劳动力再生产质量的降低，恰恰相反代表着质量的提升。具体地说，在纵坐标轴的右端，外出务工农村劳动力再生产质量随着C_1、C_6、C_7、C_8、C_9、C_{10}、C_{11}、C_{12}平均增速的增加而提高，在8个正向指标中，平均增速较高的是C_1、C_7、C_8，均高于质量综合指数平均增速的11.07%，其次是C_9、C_{10}、C_{11}、C_{12}，平均增速徘徊在5%左右，最低的为C_6，平均增速为1.81%。

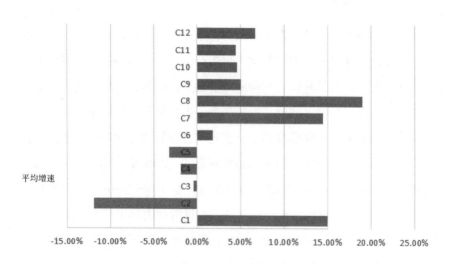

图5-8　2009—2016年外出务工农村劳动力再生产质量各指标的平均增速

数据来源：《农民工监测调查报告》《人力资源和社会保障事业发展统计公告》。

再结合前文计算的各指标的综合权重系数，经过计算得出如下结论。

首先，对于外出务工农村劳动力再生产质量作用最为明显的是月平均收入、被拖欠工资人数占比和随迁子女在公立学校的人数占比，体现的是外出务工农村劳动力家庭的消费水平和外出务工农村劳动力子女的教育水平。从理论上来看，收入水平的高低直接决定其家庭的消费水平、消费结构。但由于外出务工农村劳动力群体工作领域如建筑业行业的特殊性，其工资存在较为严重的拖欠现象，工资的拖欠与否也直接影响着其收入。由此可见，外出务工农村劳动力工资的拖欠比例与月平均收入共同决定其家庭的消费水平和消费结构。从数据上来看，外出务工农村劳动力工资的拖欠现象与月平均收入的平均增速较快，均高于质量综合指数平均增速的11.07%。此外，两者在综合权重的比例中也占有较大的份额，因此由月平均收入和被拖欠工资人数占比情况对外出务工农村劳动力家庭劳动力再生产质量的影响最明显。但是对于外出务工农村劳动力月收入本身来说，其年增长率是在下降的，从而导致外出务工农村劳动力再生产质量综合指数的增速下降。另外，最为明显的指标是随迁子女在公立学校的人数占比，反映的是随迁子女的教育水平。这与数据的局限性和笔者设置的指标体系紧密相关。学术界对于外出务工农村劳动力再生产问题的分析大部分仅限于外出务工农村劳动力本身，较少涉及外出务工农村劳动力的代际关系，笔者尝试将外出务工农村劳动力的代际关系即子女（包括随迁子女和留守儿童）加入衡量外出务工农村劳动力再生产质量的体系。但由于受随迁子女和留守儿童的生活质量和教育质量数据的限制，笔者仅能选用随迁子女在公立学校的人数占比来反映的随迁子女的教育水平，因此其在一级指标、二级指标和三级指标所占的权重较高，从而形成随迁子女教育水平的提高对外出务工农村劳动力再生产质量的提高具有最为明显的作用。

其次，较为明显的是C_7、C_8、C_{10}、C_{11}，即养老保险、失业保险、外出务工农村劳动力接受技能培训人数占比和高中文化程度人数占比。养老保险、失业保险体现的是社会保障水平，外出务工农村劳动力接受技能培训人数占比和高中文化程度人数占比体现的是其自身的教育水平。就外出务工农村劳动力的教育水平而言，无论是接受初中、高中等基础教育，还是接受技能培训等在职教育，都对提高劳动力再生产的质量有重要的作用。基础教育是劳动者能否进入某些生产过程的前提，是体现劳动者学习能力的关键，而在职教育反映的是劳动者在生产过程中的劳动能力，是决定整个生产质量的关键，因此外出务工农村劳动力教育程度的高低直接体现再生产劳动力的质量。另外，劳动者的社会保障程度为其劳动力再生产质量的提高提供保证。在体现社会保障程度的医疗、养老、失业和工伤保险4个社会保险中，它们在综合权重的比例设置中差距较小，但在各指标数据的增长速度上，养老保险和失业保险的平均增速较高，因此养老保和失业保险相较于医疗保险和工伤保险来说对劳动力再生产质量的作用较强。

最后，对外出务工农村劳动力再生产质量作用较不明显的是C_3、C_4、C_5、C_6、C_9，即平均每月工作时间、从事制造业和建筑业比例、签订劳动合同人数、医疗保险和工伤保险，体现劳动力消耗程度和社会保障水平。对于外出务工农村劳动力医疗保险和工伤保险对劳动力再生产质量作用较小的原因，前文已做详细说明，这里不再赘述。如图5-8所示，C_3所代表的平均每月工作时间的平均减速仅为0.41%，从2009年的216.9小时下降为211.65小时，7年之间仅减少了5.25个小时，再加上其权重系数比例不高，其对综合质量的作用较小。另外，C_4、C_5的平均减速水平虽高于C_3，但其与质量综合指数平均增速的11.07%相去甚远，因此其作用也较不明显。

综上所述，2009—2016年我国外出务工农村劳动力再生产的质量呈现提高的趋势，其中对外出务工农村劳动力再生产质量提高作用最明显的是外出务工农村劳动力家庭的消费情况（如月平均收入的增加和拖欠外出务工农村劳动力工资的情况变少）和外出务工农村劳动力子女教育水平，较为明显的是外出务工农村劳动力的社会保障程度和受教育水平，作用较少的是外出务工农村劳动力的消耗程度。随着外出务工农村劳动力消费水平、社会保障程度、受教育水平的提升和劳动力消耗程度的降低，劳动力再生产质量不断提高，但是对于衡量外出务工农村劳动力再生产质量的单个指标来说，其增长速度却呈现降低的趋势，因此外出务工农村劳动力再生产质量的增速却在下降。需要特别指出的是，虽然我国外出务工农村劳动力再生产的质量不断提高，但是与城镇职工再生产质量相比仍然存在较大的区别。

四、2017—2019年我国外出务工农村劳动力再生产质量的实证测度

由于统计数据编制规则及统计口径的变化，2016年之后我国外出务工农村劳动力再生产质量的实证测度需要对原有的评价指标体系中具体统计

变量的选择和处理进行调整，故在此单独分析陈述。同时，由于外出务工农村劳动力群体平均劳动时间这一统计数据的可得性，对于2016年之后的测段只能延长到2019年。具体测度方法仍采用综合指标评价法。

（一）数据来源

与分析2009—2016年外出务工农村劳动力再生产质量的基本原则相同，本研究需要体现外出务工农村劳动力再生产过程中劳动力消耗程度方面的数据，而且需要体现外出务工农村劳动力在非生产过程中的消费水平、福利保障水平、教育水平，以及子女生活、教育质量等方面的数据。因此，本部分选用的有关数据源于《农民工监测报告》（2016—2019）、《中国劳动统计年鉴》（2018—2020）、《中华人民共和国国民经济和社会发展统计公报》（2017—2019）、《人力资源和社会保障事业发展统计公报》（2016—2019）、《中国流动人口子女发展报告》（2022）、《中国统计年鉴》（2018—2020）。

（二）指标体系建立

本部分的核心问题是研究外出务工农村劳动力再生产的质量水平，根据已建立的劳动力再生产质量指标体系和相关数据的具体统计情况，2016—2019年衡量外出务工农村劳动力再生产质量的指标体系如表5-11所示。

该指标体系根据行为主体分为外出务工农村劳动力自身和外出务工农村劳动力代际关系两部分。衡量外出务工农村劳动力自身再生产质量的一级指标有消费水平、劳动力消耗程度、社会保障水平和教育水平4个指标；衡量劳动力代际关系教育质量的一级指标为随迁子女的受教育程度。

表5-11　劳动力再生产质量的指标体系

行为主体	一级指标	二级指标	三级指标
农民工劳动者本人	消费水平（A_1）	收入的充足性	月平均收入
		收入的稳定性	被拖欠工资人数比例
	劳动力消耗程度（A_2）	工作时间	平均每月工作小时数
		工作强度	从事制造业以及建筑业人数占比

行为主体	一级指标	二级指标	三级指标
农民工劳动者本人	社会保障水平（A_3）	劳动合同	签订劳动合同比例
		社会保险	工伤保险参与率
	教育水平（A_4）	教育水平	高中文化程度人数占比
		技能水平	没有接受技能培训的人数占比
农民工子女	子女教育质量（A_6）	子女受教育程度	随迁子女在公立学校的人数占比

（三）样本变量分析

本部分在选取评价指标时没有任何的导向性，而是初始选择《农民工监测调查报告》（2017—2019）、《中华人民共和国国民经济和社会发展统计公报》（2017—2019），以及《人力资源和社会保障事业发展统计公报》（2016—2019）提供的能够反映外出务工农村劳动力再生产综合水平的相应数据。但是由于数据统计口径的变化，平均每月工作小时数、签订劳动合同人数占比和接受技能培训人数占比这3个变量的具体数据需要处理和估算。

平均每月工作小时数的数据来源为《中国劳动统计年鉴》，估算方式为选取外出务工农村劳动力群体不同工作小时区间人数占比，用取中间值方法转化为具体平均周工作时间，假定一个月有30天，将得到的平均周工作时间换算为平均月工作时间。

签订劳动合同人数占比数据来源为《农民工监测调查报告》，估算方式为利用2009—2016年签订合同人数变化的平均增长率，对2016年之后的数据进行估算，该方法的选择理由是平均增长率的计算对于综合指数计算的误差较小，在没有具体数据提供时，可以作为最基本的参照。

接受技能培训人数占比数据来源为《人力资源和社会保障事业发展统计公报》，处理方式为将公报中外出务工农村劳动力职业技能培训人次除以外出务工农村劳动力人数。

基于连续数据的可得性，笔者最终选取的指标包括月平均收入、被拖欠工资人数占比、平均每月工作小时数、从事制造业和建筑业人数的占比、签订劳动合同人数占比、工伤保险参与率、没有接受技能培训的人数占比、高中文化程度人数的占比、随迁子女就读公立学校的人数占比。表5-12所示的是外出务工农村劳动力再生质量变量的描述性统计分析结果。

表5-12 变量的描述性统计

变量		平均值	标准差	最大值	最小值
月平均收入（元）	C_1	3722.67	238.5	3962	3485
被拖欠工资人数占比（%）	C_2	51		67	5
平均每月工作时间（小时）	C_3	188.7	6.903	189.3	188.1
从事制造业和建筑业人数占比（%）	C_4	48.5	1.8	50.2	46.5
签订劳动合同人数占比（%）	C_5	33.2	0.9	34.2	32.3
工伤保险参与率（%）	C_6	28.3	0.01	29.6	28.1
没有接受技能培训人数占比（%）	C_7	97.1	0.29	97.5	96.8
高中文化程度人数占比（%）	C_8	16.7	0.28	17.1	16.6
随迁子女就读公立学校的人数占比（%）	C_9	55.9	47.7	83.9	82.7

其中，C_1、C_2体现的是外出务工农村劳动力的消费水平，C_3、C_4体现的是外出务工农村劳动力消耗程度，C_5、C_6体现的是外出务工农村劳动力的社会保障水平，C_7、C_8体现的外出务工农村劳动力的教育水平，C_9体现的是外出务工农村劳动力子女的教育水平。接下来，我们对衡量外出务工农村劳动力再生产质量的主要变量进行描述性分析。

1.影响外出务工农村劳动力消费质量的主要变量

外出务工农村劳动力人均月收入呈现增长的变化趋势：外出务工农村劳动力人均月收入从2017年的3485元增加到2019年的3962元，增加了477元，外出务工农村劳动力月收入月均增长率为6.5%。

相关资料显示，2017年被拖欠工资的外出务工农村劳动力比重下降到0.5%，2018年这一比重已上升到0.67%。国家劳动监察机构的欠薪案件、拖欠金额和涉及人数3个指标均呈逐年下降趋势，近年来下降幅度都在30%以上。到2019年，我国通过建立健全外出务工农村劳动力实名制管理、工资支付专用账户、工资保证金等制度，实行"黑名单"管理制度和联合惩戒机制，拖欠外出务工农村劳动力工资问题多发高发态势已得到有效遏制。国家统计局抽样调查数据显示，2019年被拖欠工资的外出务工农村劳动力比重为0.37%，为5年来最低水平。

2.影响外出务工农村劳动力消耗程度的主要变量

从整体上来看，我国外出务工农村劳动力每月工作小时数呈现先升后降的小幅变动趋势。2017年外出务工农村劳动力的月工作小时数为188.2小时，2018年达到最高的189.3小时，但是从整体上看，劳动时间相较于2016年之前有明显下降。

制造业和建筑业是外出务工农村劳动力群体就业最集中的行业，但受制于产业结构变迁，这三年从业比例有所下降。

3.影响外出务工农村劳动力社会保障水平的主要变量

由于统计数据口径的变化，2016年之后对于外出务工农村劳动力保障水平的统计只有工伤保险的参与情况。从2009—2016年的数据看，外出务工农村劳动力参与工伤保险比例的绝对值是最高的，因此参与工伤保险情况可以主要反映出外出务工农村劳动力群体社会保障水平。从2017—2019年的数据看，外出务工农村劳动力参与工伤保险的人数比例呈现上升趋势，从2017年的27.25%增加至2019年的29.63%。

4.影响外出务工农村劳动力教育水平的主要变量

2017—2019年，外出务工农村劳动力高中文化程度占比从17.1%下降到2019年的16.6%，出现小幅下降。接受技能培训人数从2017年的3.13%下降到2019年的2.55%，这说明较大部分外出务工农村劳动力没有接受过相关技能培训。因此，农民工教育水平亟待提高。

5.影响外出务工农村劳动力子女教育水平的主要变量

由于外出务工农村劳动力子女的相关数据较难收集，笔者选用义务教育阶段外出务工农村劳动力随迁子女就读公办学校的比例作为衡量外出务工农村劳动力子女教育的质量。《中国流动人口子女发展报告》（2020）的相关数据显示，2017年进城务工人员随迁子女就读公办学校的比例为79.7%，而到2019年这一比例降为79.4%，但数据也是相对稳定的。综合来看，这一比例从2011年开始一直维持在80%左右。

（四）2017—2019年我国外出务工农村劳动力再生产质量的实证测度

本部分根据对外出务工农村劳动力再生产质量的学理分析及数据的可得性，采用综合指标评价法计算出反映外出务工农村劳动力再生产质量的综合指数，并结合2017—2019年综合指数的变化程度来说明外出务工农村劳动力再生产质量的发展趋势。

基本评估方法与2016年之前相同，这里不再赘述，根据组合赋权法得出的综合权重，再结合各个变量的原始数据，可以计算出每年外出务工农村劳动力再生产质量的综合指数，如表5-13所示。

表5-13　2017—2019年外出务工农村劳动力再生产质量的综合指数和增速

年份	综合指数	增速
2017	483.40	—
2018	510.12	0.055
2019	537.55	0.054

注："—"代表数据缺失。

从表5-13可知，2017—2019年外出务工农村劳动力再生产质量的综合指数是不断上升的，也就是说，外出务工农村劳动力再生产的质量不断提升。从上述综合指数的变化速度来看，外出务工农村劳动力再生产质量的增速相较于2016年之前明显下降，而且增速本身也有所下降。因此，虽然外出务工农村劳动力再生产的质量不断提高，但是其增长的速度却呈现递减的趋势。

（五）2017—2019年我国外出务工农村劳动力再生产质量的实证结果分析

本部分结合衡量外出务工农村劳动力再生产质量各指标的平均增长速度和权重来讨论其质量提高、增速却呈现递减的原因。为了计算和叙述方便，笔者选用各指标的平均增长速度来代表各指标的变化程度。图5-9所示的是2017—2019年衡量外出务工农村劳动力再生产质量的各指标的平均增长速度情况。

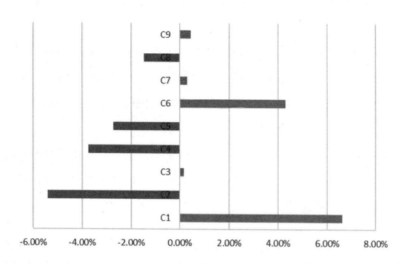

图5-9　2017—2019年衡量外出务工农村劳动力再生产质量各指标的平均增速

数据来源:《农民工监测调查报告》（2017—2019）、《人力资源和社会保障事业发展统计公告》（2007—2019）、《中国劳动统计年鉴》（2020）、《中国流动人口子女发展报告》（2020）。

从整体上来看，C_1、C_3、C_6、C_7、C_9在纵坐标轴的右端，表明其平均增速呈现正向变化；相反，C_2、C_4、C_5、C_8在纵坐标轴的左端，表明其平均增速呈现负向变化。需要特别说明的是，C_2和C_4作为负向指标，其负向增速并不意味着劳动力再生产质量的降低，恰恰相反代表着质量的提升。具体地说，农民工劳动力再生产质量随着C_1、C_6、C_7、C_9平均增速的提升而提高，在这几个正向指标中，平均增速较高的是C_1和C_6，而外出务工农村劳动力再生产质量随着C_3的增加而有所下降。再结合所得到的各项指标的权重系数，可以得出以下结论：2017—2019年，影响外出务工农村劳动力再生产质量的因素整体变化幅度小于2009—2016年，因此综合指数变化幅度较小；但是对于外出务工农村劳动力再生产质量作用最明显的是C_1和C_6，即月平均收入和参与工伤保险的比例，体现的是外出务工农村劳动力家庭的消费水平和外出务工农村劳动力社会保障水平；从数据上来看，外出务工农村劳动力高中学历人数占比出现下降，说明外出务工农村劳动力教育水平有所降低，这是限制外出务工农村劳动力再生产质量提高的最主要因素。

第三节 我国外出务工农村劳动力与城镇职工劳动力再生产质量的比较分析

本部分之所以选取消费水平、劳动力消耗程度、社会保障水平和教育水平4个方面分别对比农民工与城镇职工劳动力再生产的质量，而没有依照衡量农民工自身劳动力再生产质量的相关方法来测量城镇职工的劳动力再生产质量，主要是因为主客观评价分析方法的局限性。主客观评价法所测算的综合指数仅适用于同一主体之间的对比，如对比农民工在不同时期劳动力再生产质量指数的变化，从而得出不同时期农民工劳动力再生产质量的变化趋势，需要特别指出的是这个最终指数的绝对数值大小是没有意义的，只能反映趋势的变化；而主客观评价法无法对比不同群体之间的综合指数，如农民工与城镇职工在同一时期劳动力再生产质量的对比情况。因此，笔者依照前文所建立的衡量农民工劳动力再生产质量的指标体系，根据数据的可得性，最终选取消费水平、劳动力消耗程度、社会保障水平和教育水平4个方面来分别对比农民工与城镇职工劳动力再生产的质量。虽然有局限性，但在现有数据和方法条件下，也能大体看出一定的状况。

一、外出务工农村劳动力与城镇职工消费水平的对比

劳动力再生产是指劳动者通过消费而使劳动能力得到恢复和更新，也就是说，劳动者的消费能力、消费结构和消费水平等均对劳动能力的恢复和更新程度产生影响，进而影响劳动力再生产的质量。收入水平是消费能力的重要体现，本部分主要从收入水平、消费结构和消费水平来对比外出

务工农村劳动力与城镇职工消费情况，从而对比外出务工农村劳动力与城镇职工劳动力再生产质量的差异。

（一）收入水平

收入是消费的来源和基础，是影响消费最重要的因素之一，也是影响劳动力再生产质量的关键。图5-10所示的是1998—2017年我国外出务工农村劳动力与城镇职工月均工资的对比情况，其中城镇职工工资一项笔者选取的是城镇单位就业人员的平均工资。

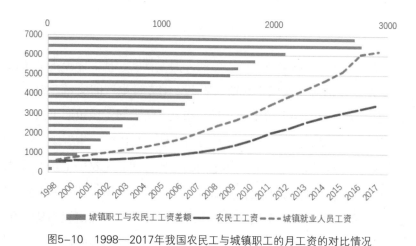

图5-10　1998—2017年我国农民工与城镇职工的月工资的对比情况

数据来源：《中国农民工工资走势：1979—2010》《农民工监测调查报告》。

由图5-10可知，自20世纪80年代以来，外出务工农村劳动力和城镇职工的工资都出现逐年增长之势。1998年，外出务工农村劳动力工资为587元，与同年度城镇就业人员的平均工资621元相比仅低了34元。进入21世纪，外出务工农村劳动力工资在2007年、2011年和2015年相继突破1000元、2000元和3000元以后，2017年外出务工农村劳动力工资达到3485元；而在相同的时间段下，城镇就业人员的工资早在2002年、2007年、2010年就相继突破1000元、2000元和3000元，并于2013年、2015年、2016年分别突破4000元、5000元、6000元，短短3年的时间就增长了3000元。2017年，城镇就业人员工资高达6193元，是同年外出务工农村劳动力工资的1.78倍，比外出务工农村劳动力工资的绝对数量高出2708元，高出的2708

元占同年外出务工农村劳动力工资的77.71%。因此，从长期来看，1998—2017年城镇就业人员的平均工资在绝对数量上远高于外出务工农村劳动力工资，外出务工农村劳动力与城镇就业人员在工资绝对量的差异必然使其消费水平远低于城镇就业人员，从而影响外出务工农村劳动力的恢复和更新，形成劳动力再生产质量的差异。

另外，由图5-10我们还能发现，城镇就业人员的工资不仅在绝对数量上高于农民工，在增长速度上也明显快于农民工。也就是说，农民工的工资虽然呈现逐年增长之势，但其增长速度却明显慢于城镇职工，且呈现差距加大的趋势。1998年，城镇职工工资是农民工工资的1.06倍，差额仅为34元，占农民工当月收入的5.79%；而在2007年，城镇职工工资的2060元与农民工工资1060元的差额突破1000元，且差额的1000元占农民工工资的99.83%；到了2017年，这种趋势仍然在不断扩大，两者的差额高达2708元，差距十分明显。这仅仅是从工资水平的角度对比城镇职工和农民工的收入，如果再引入医疗、教育、住房等社会保障，农民工的收入水平远低于城镇职工。由此可见，从收入水平的角度来说，农民工的劳动力再生产质量低于城镇职工。

（二）消费结构

消费结构不仅是衡量劳动力再生产质量的重要指标，更能反映一个消费者的消费状况。有利于劳动者劳动能力恢复和更新的消费结构必然会带来劳动力再生产质量的提高，不利于劳动者劳动能力恢复和更新的消费结构必然会带来劳动力再生产质量的降低。消费结构有实物和价值两种表现形式，消费结构的实物形式反映消费的内容，消费结构的价值形式反映消费的水平，而消费结构的实物形式和价值形式共同反映消费的质量。因此，本部分针对不同的消费主体，以实物和价值两种形式对不同家庭的消费结构进行分析，既横向对比外出务工农村劳动力群体与城镇居民、农村居民消费结构的差别，又纵向分析不同外出务工农村劳动力群体，如新生代外出务工农村劳动力和老一代外出务工农村劳动力消费结构的差异，从而为比较外出务工农村劳动力与城镇职工的劳动力再生产质量差异提供学理依据。

1.外出务工农村劳动力与城镇居民、农村居民家庭消费结构的对比

表5-14是2016年外出务工农村劳动力与城镇居民、农村居民消费结构的对比情况。笔者之所以针对不同的消费主体进行对比分析，是因为外出务工农村劳动力本身跨越城市和农村的特殊属性。他们既不完全属于农村，因为其日常生活再生产在城市；也不完全属于城市，因为其家庭劳动力再生产在农村。他们是一个介于城镇和农村的特殊群体。

在城镇居民与农村居民的消费结构对比中，城镇居民家庭三大消费项目依次是食品、居住和交通通信，而衣着与教育文化娱乐次之。农村居民家庭的三大消费项目与城镇居民家庭相同，也是食品、居住和交通通信。与城镇居民家庭消费项目不同的是次之的教育文化娱乐和医疗保险消费。农村居民家庭的医疗保险消费支出占比9.17%，比城镇居民家庭的7.07%高出2.1%，这充分说明政府为农村居民提供的医疗保险还未像城市居民家庭一样普及，这样就增加了农民家庭对医疗保险的支出，不利于农村居民劳动力再生产质量的提高。此外，农村居民家庭的食品支出高于城镇居民家庭的近3个百分点，衣着支出低于城镇居民家庭的近2个百分点，这充分说明城乡居民两大消费主体之间消费结构的差异。

表5-14 2016年外出务工农村劳动力与城镇居民、农村居民消费结构的对比

消费类型	农民工家庭		城镇居民家庭		农村居民家庭	
	比例（%）	排序	比例（%）	排序	比例（%）	排序
食品	35.15	1	29.3	1	32.24	1
衣着	5.15	5	7.54	5	5.68	7
居住	27.61	2	22.16	2	21.19	2
生活用品及服务	2.35	7	6.18	7	5.88	6
交通通信	14.87	3	13.75	3	13.42	3
其他用品及服务	1.18	8	2.58	8	1.84	8
教育文化娱乐	9.33	4	11.43	4	10.57	4
医疗保险消费	4.36	6	7.07	6	9.17	5

数据来源：《2017年中国统计年鉴》《新生代农民工的消费水平与消费结构：与上一代农民工的比较》。

就农民工家庭的消费结构而言，其消费项目的排序与城镇居民家庭的消费项目排序完全一致，次序依旧是食品、居住和交通通信，而衣着与教育文化娱乐次之。这说明与农村居民相比，由于农民工日常生活的劳动力再生产均在城市，因此其消费结构更接近于城市居民。所不同的是，不同消费主体在相同消费项目的条件下其所占的比例不同。虽然食品支出在农民工家庭和城镇居民家庭中均占首位，但是农民工家庭的食品支出占比的35.15%远高于城镇居民家庭的29.3%，这与前文分析的农民工收入和城镇居民收入的较大差异密切相关。恩格尔定律指出，劳动力的收入水平越高，其食品支出占有的比例越低。根据农民工家庭与城镇居民家庭中的收入水平和食品支出占比的对比，收入和食品支出的负相关是成立的。此外，由于农民工在城市不能与城镇居民一样享受社会保障，如在住房方面，农民工因未像城镇居民一样普及住房公积金的社会保障，所以其在居住方面的消费支出高于城镇居民5.45个百分点。因此，与城镇居民家庭消费结构形成鲜明对比的是，农民工家庭由于其食品支出、居住方面消费的增加必然引起其教育、休闲娱乐等方面消费的减少，从而使农民工劳动力再生产质量低于城镇。

与农村居民相比，农民工家庭的食品支出占比仍然较高，高出农村居民食品支出近3个百分点，这与农民工的食品消费全部来自市场息息相关，都需要通过货币进行购买，而农村居民的食品消费在货币购买以外还有部分是通过实物进行消费的，因此农村居民的食品消费支出相比农民工较低。另外，农民工与农村居民在消费结构比例上的较大差异体现在居住和医疗报销的消费上。随着市场化的深入，城市房价不断升高，农民工的城市住房成本也不断攀升，农民工住房支出占比27.6%显著高于农民的住房支出占比22.16%；再加上农民工的医疗保健意识不强，其医疗消费支出远低于农村居民。由此可以看出，农民工的消费结构与城市居民和农村居民有较大的差异，其恩格尔系数均高于城市居民和农村居民。

2.新生代与老一代农民工家庭消费结构的对比

笔者根据国家统计局于2014年发布的《2013年全国农民工监测调查报告》中对农民工个体的划分依据，将农民工分为新生代农民工和老一代农民工。其中，新生代农民工是指1980年及以后出生的农民工；而老一代农民工是指1980年以前出生的农民工。由于本部分研究的是以家庭为单位的劳动力再生产，因此笔者将农民工家庭分为新生代农民工家庭和老一代农民工家庭。图5-11所示的是新生代农民工与老一代农民工家庭消费结构的对比。

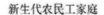

图5-11　新生代农民工与老一代农民工家庭消费结构比较（％）

数据来源：《新生代农民工的消费水平与消费结构：与上一代农民工的比较》。

　　前文分析农民工家庭与城乡居民消费结构的对比时采用的是《中国统计年鉴》的数据，城乡居民的消费项目主要包括食品、衣着、居住、生活用品及服务、交通通信、其他用品及服务、教育文化娱乐、医疗保险消费8个部分，而本部分在对比分析新生代农民工家庭与老一代农民工家庭时，笔者采用将教育文化娱乐分离为教育和文化娱乐相分离的方法（王美艳，2017），因为对于农民工家庭的劳动力再生产质量来说，其教育与文化娱乐的差异较大。其中，教育反映的是劳动者社会能力的增加，而文化娱乐更多体现的是休闲方式，因此笔者在分析新生代农民工家庭与老一代农民工家庭的消费结构时，将消费项目分为衣、食、住、行消费，以及教育消费和医疗保险消费三大类和食品、衣着、居住、生活用品及服务、交通通信、文化娱乐、其他用品及服务、教育消费和医疗保险消费9个细类。

由图5-11可知，从细类来看，新生代农民工家庭和老一代农民工家庭一样，其消费项目位列前三位的均为食品、居住和交通通信，所不同的是，新生代农民工家庭的食品（35.1%）、衣着（5.15%）、居住（27.61%）、生活用品及服务（2.35%）、交通通信（14.87%）、文化娱乐（1.87%）、其他用品及服务（1.18%）等方面的支出均高于老一代农民工，这与新生代农民工已初步形成的品牌意识紧密相关，他们的消费理念更接近城市工人群体，更多地追求品牌消费的支出。在教育消费和医疗保险消费方面，新生代农民工家庭的支出低于老一代农民工家庭的支出，尤其在教育消费方面，新生代农民工家庭的消费低于老一代农民工家庭4.85个百分点。总的来说，新生代农民工家庭在衣、食、住、行等方面的消费支出均高于老一代农民工家庭，但在教育支出消费方面却低于老一代农民工家庭。也就是说，新生代农民工家庭在衣、食、住、行和休闲娱乐等自然力恢复和更新方面均高于老一代农民工的家庭，而在教育等社会能力恢复和更新方面则低于老一代农民工家庭，至于最终两代家庭劳动力再生产质量的高低则取决于自然力和社会能力博弈的结果。

（三）消费水平

消费水平是体现劳动力再生产质量的关键因素，其水平的高低直接决定劳动力再生产质量。接下来，我们对比分析农民工与城乡居民消费水平的差异，以此作为判断劳动力再生产质量高低的依据。

1.城乡居民消费水平的对比

新中国成立初期，我国城乡居民人均年消费额不足15元，再加上水利条件和耕作技术等方面的限制，粮食产量不高，不仅居民的基本口粮难以保障，而且衣着消费等更低，直到1978年我国城乡居民的消费额也仅增加到95元，年均增长率为18.39%。从城乡消费的差距来看，城乡消费差距一直比较稳定，除三年困难时期外，城乡居民消费比例均维持在2.5∶1的水平左右[①]。

图5-12所示的是改革开放以后城市居民与农村居民消费水平的对比

---

① 数据来源：中国统计年鉴（1991）。

情况。由图5-12可知，城乡居民消费水平的差异主要分为4个阶段。改革开放之初，1978年，我国城市居民消费为405元，农村居民消费为138元，城乡居民的消费比率为2.93%。第一个阶段，城乡收入差距缩小阶段（1978—1985）。随着家庭联产承包责任制的实施，社队企业的快速发展使农村居民消费不断提升，从1978年的138元增长到1985年的346，增长了1.51倍，年增长率为12.18%；同时期，城镇居民的消费从1978年的405元增长到1985年的750元，增长了0.85倍，年增长率为8.01%。此时，城乡居民消费比率从1978年的2.93%迅速降低到2.17%。第二个阶段，城乡收入差距逐步拉大阶段（1986—2000）。随着改革的不断深入，国家将改革中心从农村转向城市，从而使城乡消费差距逐步拉大，社队企业的衰落和城市化的快速发展使城乡消费比率不断攀升，从1985年的2.1%迅速增长到2000年的3.65%。第三个阶段，城乡消费差距继续拉大阶段（2001—2009）。从城乡消费的比率来看，2001—2009年的比率一般维持在3.5%左右，但是从城乡消费差距的绝对数额来看，城乡消费差距仍然不断增大，消费差距的绝对数值从2000年的5082元增加到2009年的10725元。第四个阶段，城乡消费相对缩小阶段（2010年至今）。城乡收入差距的不断拉大引起了我国政府的高度关注，在政府推动的"减免农业税""新农村建设""新农合""家电下乡"政策下，城乡居民消费比率有所缩小。2017年，我国城镇居民消费水平为31032元，农村居民的消费水平为11704元，比2007年城镇居民消费的12480元减少776元，也就是说，我国农村居民的消费水平落后于城镇居民至少10年以上。

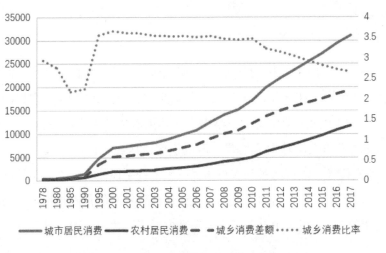

图5-12 城市居民与农村居民消费水平的对比

数据来源:《中国统计年鉴》。

2. 外出务工农村劳动力与城乡居民消费水平的对比

在对比城乡居民消费水平以后,我们尝试进行外出务工农村劳动力与城乡居民消费水平的对比分析。由于数据可得性的限制,笔者将国家统计局于2016年发布的《2015年农民工监测调查报告》中关于外出农民工人均生活消费的支出换算成年消费水平,与城乡居民的消费水平进行对比。表5-15显示的是2015年外出农民工的人均生活消费支出。由表5-15可知,外出农民工的人均生活消费与城市规模呈现正相关,也就是说,城市规模越大,农民工的人均生活消费水平越高,反之亦然。2015年,在直辖市和省会城市生活的农民工,其人均生活支出高于小城镇167元,占小城镇生活消费支出的19.58%。由此可见,不同城市规模对外出农民工的生活消费产生不同的影响。

表5-15 2015年外出农民工人均月生活消费支出

指标	人均月生活消费支出		人均月居住支出	
	金额（元）	增长率（%）	金额（元）	增长率（%）
合计	944	7.20	475	6.74
直辖市和省会城市	1020	8.43	528	7.98
地级市	968	7.75	452	7.62

小城镇	853	4.57	444	3.26

数据来源:《2015年农民工监测调查报告》。

另外,《中国统计年鉴》中关于城镇居民与农村居民消费水平的数据显示,城乡居民在该年的消费水平分别为27210元和9679元。根据2015年农民工人均生活月消费支出不难得出,其年消费水平为11328元。由此可见,农民工的人均月生活消费支出低于城市居民,但高于农村居民。因此,就农民工、城市居民和农村居民三大消费主体而言,农民工的消费水平介于城市居民和农村居民之间,进而从消费水平的角度来衡量劳动力再生产的质量,农民工也介于城市居民和农村居民之间。

二、外出务工农村劳动力与城镇职工劳动力消耗程度的对比

在生产过程中劳动能力的消耗程度是影响劳动力再生产恢复的关键因素,劳动力的消耗越多,其恢复或提高的程度越慢,从而带来劳动力再生产的质量较低;反过来,劳动力消耗越少,其恢复或提高的程度越快,从而带来的劳动力再生产的质量较高。因此,在生产过程中,劳动者劳动时间的长短、劳动强度的大小、劳动环境的好坏等变化都影响其劳动力再生产质量的变化。本部分从劳动时间、劳动行业两个方面来对比外出务工农村劳动力与城镇职工劳动力的消耗程度,从而反映劳动力再生产质量的差异程度。

(一)劳动时间的对比

劳动时间又称工作时间,是指法律规定的劳动者在一昼夜或一周内从事劳动的时间,如每日工作的小时数、每周工作的天数和小时数等。劳动者的劳动时间越长,其休闲、娱乐的时间越少,此时劳动能力的恢复或更新的速度越慢,则劳动力再生产的质量越低;相反,劳动者的劳动时间越短,其休闲、娱乐的时间也就越长,劳动能力能得到较好的恢复和更新,此时劳动力再生产的质量越高。笔者选用周工作小时数来对比外出务工农村劳动力与城镇就业人员劳动时间的情况。图5-13反映的是2009—2016年

农民工与城镇就业人员周平均工作时间对比。

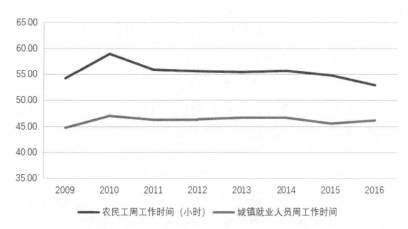

图5-13　2009—2016年农民工与城镇就业人员周平均工作时间对比（小时）

数据来源：《农民工监测调查报告》《中国统计年鉴》。

　　整体来看，农民工周工作时间远高于城镇就业人员的周工作时间。除2010年外，农民工周工作小时数呈现下降的趋势，城镇就业人员的周工作时间变化较为稳定，一般维持在46小时左右。2008年年底，为了防止美国次贷危机引发的全球经济下滑，我国政府制订经济计划刺激本国经济的增长，公有制经济对劳动力需求的增加，农民工和城镇就业人员的周工作时间绝对地延长，城镇就业人员的周工作小时数从2009年的44.7小时绝对地增加到47小时，月工作时间绝对地延长了9.2小时；农民工的周工作小时数由2009年的54.2小时激增到2010年的58.9小时，月工作时间绝对地延长了18.9小时，是城镇就业人员月工作时间延长的2倍。同时，2009—2010年农民工的工资却低于城镇职工，因此从劳动时间和工资收入的角度来说，农民工劳动力再生产的质量低于城市就业人员。随着经济刺激效应的减少和国家对农民工健康状况的持续关注，农民工劳动力的周工作小时数自2010年以来持续下降，由2010年的58.9小时下降到2016年的52.9小时，下降了6个小时，比率降低近10%，2016年的月工作小时数比2009年还低。在同一阶段，城镇就业人员的周工作时间从2010—2016年均维持在46个小时左右。由此可见，对于农民工群体来说，其劳动力再生产质量在劳动时间方面呈现提高的趋势，但是其整体情况仍低于城市就业人员。

（二）劳动行业

由于衡量工作强度的直接指标较难收集，笔者间接地采用城镇居民和农民工在制造业、建筑业和批发零售业3个行业的人数占比情况来对比二者在劳动过程中的劳动力消耗程度。职业对劳动力的消耗程度有着明显的影响，尤其在不良的工作环境和劳动条件下。城镇居民与农民工按行业划分的就业人数占比如表5-16所示。

表5-16　城镇居民与农民工按行业划分的就业人数占比（%）

行业	制造业		建筑业		批发和零售业	
	城镇居民	农民工	城镇居民	农民工	城镇居民	农民工
2009	27.8	39.1	9.4	17.3	4.1	7.8
2010	27.9	36.7	9.7	16.1	4.1	10.0
2011	28.4	36.0	12.0	17.7	4.5	10.1
2012	27.9	35.7	13.2	18.4	4.7	9.8
2013	29.0	35.0	16.1	23.5	4.8	11.3
2014	28.7	31.3	16.0	22.3	4.9	11.4
2015	28.1	31.1	15.5	21.1	4.9	11.9
2016	27.4	30.5	15.2	19.7	4.9	12.3

数据来源：《中国统计年鉴》《农民工监测调查报告》。

表5-16显示的是城镇居民与农民工按制造业、建筑业以及批发和零售业3个行业的就业人数占比。由表5-16可知，农民工在制造业、建筑业以及批发和零售业3个行业中人数占比均高于城镇职工。处于制造业、建筑业以及批发和零售业的工人，由于其工作对象大部分是化工产品、重金属、建筑材料等，不仅需要工人耗费大量的体力搬运，而且工作环境中的扬尘、粉尘，以及化学用品均会对人体的免疫功能造成不同程度的伤害。因此，与城镇职工相比较而言，农民工在制造业、建筑业、批发和零售业中人数具有较高的占比意味着在同等劳动时间内，农民工的劳动力消耗程度高于城镇工人，也意味着从劳动力消耗程度的角度来看，农民工劳动力再生产的质量低于城镇职工。

三、农民工与城镇职工社会保障水平的对比

对外出务工农村劳动力和城镇工人来说都是重要的社会保障，劳动者劳动力的使用是在一定社会保障前提下，尤其是在社会主义市场经济条件下，劳动者参与社会保险的程度越高，体现我国社会主义制度优势越强。因此，对于农民工与城镇工人劳动力再生产质量的衡量，本研究采用劳动合同签订率和社会保险参与率两个方面的指标，其中社会保险包括医疗保险、养老保险、失业保险和工伤保险4个方面。

（一）劳动合同签订率

签订劳动合同是获得社会保障的重要前提，因此要分析农民工与城镇工人的社会保障程度就需要对比分析两者的劳动合同签订率。表5-17所示的是2009—2016年农民工与城镇工人劳动合同签订率的对比情况。由表5-17可知，农民工劳动合同的签订率远低于城镇就业人员的劳动合同签订率，且二者的签订比率从2010年的51%下降到2016年的39%，下降了近1/6。农民工劳动合同签订率低、短期化现象严重，既有用人单位（尤其是私营企业）在相关法律法规的滞后性、缺少操作性和不完善等情况下通过不与农民工签订合同、随意解聘职工、不按法规赔偿等情形以逃避其应有的义务和责任，也有农民工倾向保持流动性、害怕用工者利用劳动合同来限制其自由流动。因此，农民工劳动合同签订率在城镇工人劳动合同签订率不断提升的情况下反而出现逐年降低的趋势，从2009年的42.8%下降到2016年的35.1%，此时，城镇工人劳动合同签订率从2011年的86.4%上升到2016年的91%。

表5-17　农民工与城镇工人劳动合同签订率的对比（%）

组别	2009	2010	2011	2012	2013	2014	2015	2016
农民工	42.8	42.0	43.8	43.9	41.3	38.0	36.2	35.1
城镇工人	—	—	86.4	88.4	88.2	88.0	90.0	91.0
签订率比值	—	—	0.51	0.50	0.47	0.43	0.40	0.39

数据来源：《农民工监测调查报告》《人力资源和社会保障事业发展统计公报》。

由此可见，农民工的劳动合同签订率相对于城镇职工来说较低。事实上，劳动合同签订率的高低只是各种用工、社会保障、生产安全等相关法律法规的映射，要想真正提高农民工劳动合同签订率，需要从根本上解决在制度、观念和操作层面影响农民工权益的障碍。

（二）社会保险参与率

表5-18所示的是农民工与城镇工人在养老、医疗、失业和工伤四个方面的参与率。由表5-18可知，农民工与城镇工人的养老保险参与率比值、医疗保险参与率比值、失业保险参与率比值和工伤保险参与率比值均未出现大于或等于1的比值，也就是说，农民工的养老保险参与率、医疗保险参与率、失业保险参与率和工伤保险参与率均小于城镇工人。这与我国传统的城乡二元结构是分不开的，计划经济时期，我国实行重工业优先发展战略，大量资源都集中在城市，城市工人的劳动力再生产质量远远高于农业劳动，即使在改革开放后，这种城市工人与农民工的区别对待仍然存在。对于城镇工人而言，其劳动合同签订率、养老保险参与率和医疗保险参与率均呈现持续提升的趋势，而相对应的农民工指标却出现波动。

表5-18   2009—2016年农民工与城镇工人社会保险参与率比较

保险类别	组别	2009	2010	2011	2012	2013	2014	2015	2016
养老保险参与率（%）	农民工	11.5	13.6	16.4	17.3	18.2	20.0	20.1	21.1
	城镇职工	67.2	69.4	67.5	69.8	71.4	72.8	73.7	77.2
	参与率比值	0.17	0.20	0.24	0.25	0.25	0.27	0.27	0.27
医疗保险参与率（%）	农民工	18.9	18.9	18.4	19.0	18.7	19.1	18.6	17.1
	城镇职工	56.6	59.3	57.3	57.9	58.6	58.7	58.7	59.6
	参与率比值	0.33	0.32	0.33	0.33	0.32	0.33	0.32	0.29
失业保险参与率（%）	农民工	7.2	8.2	9.5	10.3	13.9	14.9	15.2	16.5
	城镇职工	35.6	35.3	33.2	33.8	33.2	33.0	32.4	32.4
	参与率比值	0.20	0.23	0.29	0.30	0.42	0.45	0.47	0.51
工伤保险参与率（%）	农民工	24.3	26.0	27.0	27.3	27.0	26.9	26.9	26.7
	城镇职工	29.9	30.5	30.3	31.9	33.1	33.8	34.5	34.7
	参与率比值	0.81	0.85	0.89	0.86	0.82	0.80	0.78	0.77

数据来源：《农民工监测调查报告》《人力资源和社会保障事业发展统计公报》。

在社会保险中，农民工参与工伤保险比例的绝对数值最高，从2009年的24.3%增长到2016年的26.7%，年增长率为1.84%；而农民工失业保险参与率的增长率最高，年增长率为10.9%，是其工伤保险参与率增长率的5倍，从2009年7.2%增长到2016年的16.5%；农民工养老保险的参与率增长率为7.9%，位列第二，从2009年的11.5%增加到21.1%；而农民工医疗保险参与率的增长率较低，仅为1.72%，不足农民工失业保险参与率增长率的1/10。农民工参加社会保险参与率的高低本身不能衡量其劳动力再生产质量的高低，但是农民工参加社会保险的比率的变化程度可以反映劳动力再生产质量的变化趋势，如农民工参与社会保险的人数占比不断增加，这说明劳动力再生产的质量也不断提升。

从2009—2016年农民工与城镇工人的社会保险参与率来看，农民工的社会保险低于城镇工人，也就是说从社会保险的角度来说，农民工的劳动力再生产质量仍低于城镇工人。

四、外出务工农村劳动力与城镇工人教育水平的对比

对于外出务工农村劳动力与城镇工人的教育程度，笔者采用高中文化程度作为衡量劳动力再生产质量的指标。由于我国城市和农村均实行九年义务教育，初中文化程度是我国城乡居民的教育基础，因此外出务工农村劳动力和城镇工人的初中文化程度占比情况不能作为对比分析衡量劳动力再生产的指标。由图5-14可见，农民工高中文化程度占比从2009年的13.1%增加到2015年的16.9%，增长了3.8%，而城镇工人高中文化程度占比从2009年的12.8%增加到2015年的19.1%，增长了6.3%，城镇工人高中文化占比增长幅度是农民工增幅的1.66倍。如图5-14所示，农民工高中文化程度占比情况虽然呈现增长的趋势，并与城镇工人的占比情况相比有缩小的趋势，但其在2009—2015年均低于城镇工人高中文化程度占比。因此，就衡量城镇工人与农民工劳动力再生产质量指标的教育程度来说，农民工劳动力再生产质量低于城镇职工。

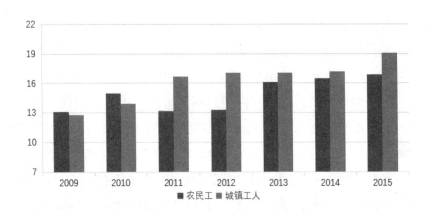

图5-14   2009—2015年农民工与城镇工人高中文化程度占比（%）

数据来源：《农民工监测调查报告》《中国统计年鉴》。

农民工受教育水平主要集中在初中文化程度，这与我国九年义务教育在农村的广泛普及是密切相关的。农民工的初中文化程度占比从2009年的64.8%下降到2016年的59.4%，下降了5.4%。事实上，农民工初中文化程度占比减少的主要原因在于其高中文化程度的增加，农民工高中文化程度占比从2009年的13.1%增加到2016年的17%，增长了3.9%，年增长率为1.21%；而农民工初中文化程度占比虽呈现不断减少的趋势，但其仍维持在60%左右。

第四节　我国外出务工农村劳动力再生产质量的评估

笔者依据前文建立的劳动力再生产质量指标体系，采用综合指标评价法计算外出务工农村劳动力再生产质量的综合指数，并结合2009—2016年综合指数的变化程度来分析外出务工农村劳动力再生产质量的发展趋势。研究结果显示，2009—2016年外出务工农村劳动力再生产质量的综合指数是不断上升的，也就是说，外出务工农村劳动力再生产的质量水平是不断提升的。但是从劳动力再生产质量综合指数的变化速度来看，外出务工农村劳动力再生产质量的增速是在下降的。2010年，外出务工农村劳动力再生产质量综合指数的增速为17.51%，是2010—2016年平均增长速度11.07%的1.57倍，而2016年，外出务工农村劳动力再生产质量综合指数的增速5.64%仅为平均速度的1/2。

产生这种综合质量增加、增长速度下降现象的主要原因在于随着外出务工农村劳动力消费水平、社会保障程度、受教育水平的提升和劳动力消耗程度的降低，劳动力再生产质量不断增加，但是对于衡量外出务工农村劳动力再生产质量的单个指标来说，其增长速度却呈现下降的趋势，其中，外出务工农村劳动力家庭的消费情况（如月平均收入的增加和拖欠外出务工农村劳动力工资现象的减少）和外出务工农村劳动力子女教育水平对外出务工农村劳动力再生产质量提高的作用最为明显；较为明显的是外出务工农村劳动力的社会保障程度和受教育水平，作用较少的是外出务工农村劳动力的消耗程度。因此，外出务工农村劳动力再生产质量的增速却在下降。

虽然我国外出务工农村劳动力再生产的质量不断提高，但是与城镇职工再生产质量相比仍然存在较大的区别。从消费角度来看，城镇就业人员的工资不仅在绝对数量上高于外出务工农村劳动力，在增长速度上也明显快于外出务工农村劳动力。也就是说，外出务工农村劳动力的工资虽然呈现逐年增长之势，但其增长速度却明显慢于城镇职工，且呈现差距加大的趋势。从消费结构上来看，由于外出务工农村劳动力日常生活的劳动力再生产均在城市，因此其消费结构更接近城市居民。由此可见，外出务工农村劳动力与城镇居民在同等消费支出的情况下收入却不断拉大，因此外出务工农村劳动力再生产的质量必然低于城镇职工劳动力再生产的质量，且差距越来越大。从劳动力消耗程度来看，外出务工农村劳动力不仅周工作时间远高于城镇职工的周工作时间，而且其在制造业、建筑业以及批发和零售业中的人数具有较高的占比，意味着在同等劳动时间内外出务工农村劳动力的劳动力消耗程度高于城镇工人，因此从外出务工农村劳动力的劳动时间和就业行业领域来看，外出务工农村劳动力再生产的质量低于城镇职工。从社会保障水平来看，外出务工农村劳动力的劳动合同签订率和社会保险参与率两个方面的指标均低于城镇工人。综上所述，外出务工农村劳动力再生产的质量虽然呈现提高的趋势，但是其质量仍低于城镇工人。

第五节　本章小结

笔者在第四章对我国外出务工农村劳动力再生产质量的特点进行分析，这种分析是对劳动力再生产质量特征的概括，侧重静态的理论分析。而本章基于前文所建立的劳动力再生产质量指标体系，结合外出务工农村劳动力现有的数据对我国外出务工农村劳动力再生产的质量进行实证研究，该研究侧重动态的实证分析：既纵向分析外出务工农村劳动力再生产质量的变化趋势，又横向对比外出务工农村劳动力与城镇职工劳动力再生产质量，最终评估我国外出务工农村劳动力再生产的质量水平。

第一，基于前文所建立的劳动力再生产质量指标体系和2009—2016年的《农民工监测调查报告》《人力资源和社会保障事业发展统计公告》中的数据，构建了农民工劳动力再生产的指标体系，该指标体系首先根据行为主体分为农民工劳动力自身和农民工代际关系两部分。衡量农民工劳动力自身再生产质量的一级指标有消费水平、劳动力消耗程度、社会保障水平和教育水平4个部分；衡量劳动力代际关系教育质量的一级指标为随迁子女的受教育程度。其次，基于连续数据的可得性，笔者选取的指标包括月平均收入、被拖欠工资人数占比、平均每月工作时间、从事制造业以及建筑业人数的占比、签订劳动合同人数占比、医疗保险参与率、养老保险参与率、失业保险参与率、工伤保险参与率、接受技能培训的人数占比、高中文化程度人数的占比、随迁子女就读公立学校的人数占比，共计12项二级指标。

第二，笔者依据建立的农民工劳动力再生产质量指标体系，采用综合指标评价法计算农民工劳动力再生产质量的综合指数，并结合2009—2016年综合指数的变化程度来分析农民工劳动力再生产质量的发展趋势。研究结果显示，2009—2016年农民工劳动力再生产质量的综合指数是不断上升的，也就是说，农民工劳动力再生产的质量水平是不断提升的。但是从劳动力再生产质量综合指数的变化速度来看，农民工劳动力再生产质量的增速是在下降的。

第三，虽然我国农民工劳动力再生产的质量不断提高，但是与城镇职工再生产质量相比仍然存在较大的差距。从消费角度来看，城镇就业人员的工资不仅在绝对数量上高于农民工，在增长速度上也明显快于农民工。也就是说，农民工的工资虽然呈现逐年增长之势，但其增长速度却明显慢于城镇职工，且呈现差距加大的趋势。从消费结构上来看，由于农民工日常生活的劳动力再生产均在城市，所以其消费结构更接近于城市居民。由此可见，农民工与城镇居民在同等消费支出的情况下收入差距却不断拉大，因此农民工劳动力再生产的质量必然低于城镇职工劳动力再生产的质量，且差距越来越大。从劳动力消耗程度来看，农民工不仅周工作时间远高于城镇职工的周工作时间，而且其在制造业、建筑业及批发和零售业中的人数具有较高的占比意味着在同等劳动时间内，农民工的劳动力消耗程度高于城镇职工，因此从农民工的劳动时间和就业行业领域来看，农民工劳动力再生产的质量低于城镇职工。从社会保障水平来看，农民工的劳动合同签订率和社会保险参与率两个方面的指标均低于城镇职工。

第六章 共享发展理念下推进外出务工农村劳动力高质量再生产

　　劳动力再生产既是一定社会生产关系的体现，也是社会生产关系再生产的产物。因此，对于劳动力再生产质量的考察不能脱离一定的生产关系。我国外出务工农村劳动力是在社会主义市场经济发展过程中所形成的、以商品形态存在的特殊群体，其劳动力质量方面的问题，与非公有制经济的发展状况密切相关。据此，有人认为在非公有制经济中，外出务工农村劳动力不可能实现高质量发展，这是由非公有制经济的性质决定的。这种说法有一定的道理，前文在揭示资本主导下劳动力商品质量变动规律时，已经显示了这一特征。但是笔者认为，在社会主义市场经济中，我们要探索的就是在中国特色社会主义制度下，基于多种所有制经济并存的条件，如何发挥社会主义制度的优越性和市场经济配置资源的优势，使外出务工农村劳动力再生产走向高质量发展之路，是我们探索的新发展之路。

第一节　外出务工农村劳动力实现高质量发展的必然性

　　中国特色社会主义进入新时代，我国外出务工农村劳动力再生产，也开始从数量发展进入质量发展的新阶段。改革开放之初，我国人口基数大、劳动力数量多。在工业化起飞阶段，经济和社会发展在很大程度上依靠劳动力的低成本、高强度等优势，是一个必然的历史选择。随着我国工业化水平的不断提高，面对以人工智能为代表的技术进步、产业升级和新科技革命等新局面，原有只利用劳动力规模优势的经济形势已经无法催生新的经济增长点，为此只有把提高产业工人队伍的整体素质，即发挥劳动力质量优势作为经济增长的关键要素，才能促进经济实现高质量的发展。外出务工农村劳动力作为产业工人的主体力量，是构建知识型、技术型、创新型劳动者大军的重要组成部分，在推动我国经济走向高质量发展的新阶段，其劳动力再生产质量的提高成为时代发展的需求。

一、高质量发展阶段的时代要求

中国特色社会主义进入新时代，我国经济发展也由高速增长阶段转向高质量发展阶段。在高质量发展阶段，随着创新驱动、产业结构升级和动能的转化，劳动对象、劳动工具等生产资料不仅数量扩大，还实现了质量优化。尤其在数字经济时代下，数据正成为新的生产资料，不断地推动经济发生质量变革、效率变革和动力变革。工信部新闻发言人、信息化和软件服务业司司长在北京举办的2019中国国际数字经济博览会新闻发布会上指出："工业领域数字化转型进入加速发展期，重点工业互联网平台平均工业设备连接数目前达到60万台，企业数字化研发设计工具普及率、关键工序数控化率分别达到69.3%和49.5%，创新能力持续增强。"由此可见，在数字经济跨越式发展的条件下，生产过程中的生产资料的数量和质量都得到显著增加和优化。

物质资料再生产和劳动力再生产作为社会再生产的两个重要组成部分，不是孤立地、静止地且对立地存在于社会生产中，而是统一地、交替循环地且发展着构成社会再生产的整体运动。在社会化大生产中两者按一定的比例相互关联，即不仅劳动力再生产的数量要与物质资料的数量相适应，而且劳动力再生产的质量要与物质资料再生产的质量相适应，如劳动力的技术水平要与物质生产的技术状况相适应等。由此可见，外出务工农村劳动力作为我国产业工人的重要组成部分，是生产力中最活跃的因素，其劳动力再生产的质量必然与生产资料的数量和质量发展要求相适应。因此，随着高质量发展程度的不断加深，外出务工农村劳动力为了适应生产力的发展要求，需要不断提高自身再生产的质量，尤其在数字经济条件下，数据的收集和计算机的使用能力都需要得到较大的提升，从而较好地在生产中发挥高质量、高技能、高水平的劳动能力，提升劳动效率。因此，外出务工农村劳动力再生产的高质量是高质量发展阶段下生产力和时代的双重要求。

二、实现人的全面发展的内在要求

人的自由全面发展是马克思主义的崇高理想和价值追求。党的十九大报告明确指出，把推动人的全面发展作为我们新时代的奋斗目标。在任何历史阶段，人的自由问题和其自身的生存发展问题均与该时期所处的生产力的发展水平和生产关系紧密相关，如生产力的进步程度、制度安排等都与人是否能够实现人的自由全面发展有着最为直接、最为密切的关系。外出务工农村劳动力作为改革开放后形成的特殊劳动力群体，其实现全面发展的程度与我国生产力的发展水平和中国特色社会主义制度高度相关。因此，在中国特色社会主义新时代，随着生产力的进步，外出务工农村劳动力为了实现全面发展，必然要提高其劳动力再生产质量。

外出务工农村劳动力要想实现自身的全面发展，不仅需要获得丰富的生活资料以保障生存需要，还需要获得满足政治、经济、文化、社会、生态等各方面所需的发展资料和享受资料。这些富足的生活资料（包括生存资料、发展资料和享受资料）为外出务工农村劳动力再生产质量的提高提供基础，即在维持劳动者家庭基本生存的物质条件下，一方面实现劳动者本人及其家庭通过教育、培训等方式获得的工作经验和专业技能的积累；另一方面满足人们更高层次的需要，如满足食欲的高级营养品、满足美丽欲望的华丽衣裳、满足舒适欲望的豪华住房和满足通行方便的高级轿车等①。

实现人的全面发展不仅体现在提高外出务工农村劳动力再生产质量的非生产领域，还体现在使用外出务工农村劳动力的生产领域。在生产领域

---

① 晓琛. 享受资料 [J]. 商业经济文荟，1986（3）：51.

中，外出务工农村劳动力的劳动不再仅仅是其谋生手段，而是每个劳动者获得存在感和自由感的基本方式，他们凭借自由的意志自愿地从事劳动，自由地选择职业或转换职业，从消极被动的劳动变成积极主动的劳动，从机械重复的劳动变成开发研究的劳动，从而充分调动外出务工农村劳动力的劳动积极性，提高外出务工农村劳动力在生产过程中的质量。此外，人的自由全面发展在生产领域中的体现还包括改善劳动条件、提高劳动福利、提供劳动保护等问题，只有适合劳动力自由而全面发展的劳动条件、劳动福利、劳动保护等才能促进外出务工农村劳动力实现真正的自由而全面的发展。因此，外出务工农村劳动力高质量再生产是实现人自由全面发展的内在要求。

三、实现共同富裕的本质要求

共同富裕是社会主义的本质要求，是中国式现代化的重要特征。中国特色社会主义进入新时代，但是我国仍处于社会主义初级阶段的基本国情还没有变。从生产力的角度来说，我国生产力水平仍处于不平衡不充分的发展阶段；从生产关系的角度来说，我国现阶段是以公有制为基础，多种所有制经济共同发展，其中与多种所有制结构相适应的是多种分配方式。因此，一方面需要注重效率，进一步解放和发展生产力，从而为社会创造更多的产品；另一方面需要兼顾公平，进一步保证人民共同占有、使用和支配生产资料的权利，即从生产力和生产关系的有机统一来实现共同富裕。

改革开放40多年来，2.8亿名外出务工农村劳动力为推动我国经济建设的现代化发展做出不可磨灭的贡献。但外出务工农村劳动力的收入水平、社会地位等却与他们所做的贡献不相匹配，虽然劳动力再生产的质量不断提高，但其增长率呈现下降的趋势，具体表现为：外出务工农村劳动力的收入水平较城市工人工资相比仍然偏低，平均收入水平大致相当于城镇工人的70%[①]；外出务工农村劳动力未纳入城市社会保障体系，无法与城镇工人一样平等地享受城市公共服务；外出务工农村劳动力劳动权益保护制度不健全，如工资被拖欠现象依然存在、签订劳动合同的比例还不高、劳动安全条件差、职业病和工伤事故较多等。以上种种都证明外出务工农村劳动力与处于同样技能水平的城镇工人相比，其劳动力再生产的质量均低于城镇工人水平，甚至低于我国劳动力的平均水平，这与我国坚持把走共同富裕的道路作为夺取中国特色社会主义新胜利的基本要求相矛盾。

外出务工农村劳动力与城镇工人相比，工资性收入、劳动力消耗程度、社会保障水平等差距较大，两个群体之间的财产性收入也是拉大二者收入差距的重要原因。在计划经济时期，由于我国实行单一的生产资料公有制，中国居民"除了储蓄存款的利息，没有私有财产项下的收入（股金、股利及利润）"[②]。也就是说，居民除工资性收入外拥有的财产性收入较少，此时的贫富差距不大；随着社会主义市场经济的建立，私营经济的发展使居民尤其是城镇居民拥有的财产数量和形式增多，如个体经济开办企业所需的生产性固定资产或居民持有的房产等，尤其是1998年住房制度改革后，城镇工人家庭的财产性收入出现大幅增长。外出务工农村劳动力作为徘徊于城市和农村之间的特殊群体，其财产性收入的增加远远落后于城镇工人，可见财产性收入差距的增大也是产生收入差距的重要原因。因此，提高外出务工农村劳动力再生产的质量，如促进工资性收入的同时增加外出务工农村劳动力的财产性收入、减少劳动力的消耗程度和提高外出务工农村劳动力的社会保障水平是实现共同富裕的题中应有之义。

四、实施乡村振兴战略的关键因素

党的十九大报告指出："实施乡村振兴战略，要坚持农业农村优先发

---

① 熊易寒. 让更多农民工迈向中等收入门槛［N］. 人民日报，2016-08-09.

② 引自世界银行（1982）的报告。

展，按照产业兴旺、生态宜居、乡风文明、治理有效、生活富裕的总要求，建立健全城乡融合发展体制机制和政策体系，加快推进农业农村现代化。"党的二十大报告指出："全面推进乡村振兴。全面建设社会主义现代化国家，最艰巨最繁重的任务仍然在农村。坚持农业农村优先发展，坚持城乡融合发展，畅通城乡要素流动。加快建设农业强国，扎实推动乡村产业、人才、文化、生态、组织振兴。"外出务工农村劳动力作为跨越城乡和不同产业的劳动力群体，其拆分型的劳动力再生产形式，使外出务工农村劳动力既了解城市生活，又了解农村现状；既具备积极参与乡村振兴建设的良好意愿，又具备较强的市场开拓意识和农村创业创新能力，尤其是新生代外出务工农村劳动力，其较高的受教育水平和较为活跃的思维方式使其创业创新意识、绿色发展意识及对网络的运用程度以及对新业态的接受、参与程度均高于老一代外出务工农村劳动力，更高于长期在农村生活的农村居民。由此可见，外出务工农村劳动力作为实施乡村振兴战略的重要参与者，其劳动力再生产的质量是影响乡村振兴战略实施成效的关键因素。也可以说，外出务工农村劳动力高质量再生产是乡村振兴战略实施的必然要求。

对于农民而言，具有高质量再生产劳动能力的外出务工农村劳动力，不仅拥有较高的收入，还因接受过较高的基础教育和技能培训而拥有更多的人力、物力、财力等资源。因此，外出务工农村劳动力再生产的高质量为乡村振兴提供保障，主要体现在以下4个方面。其一，外出务工农村劳动力返乡创业必然带来财力、物力和人力的积聚，既扩大了农村经济产业的规模，增加农民家庭收入，又解决了当地部分外出务工农村劳动力的就业问题，提高就业质量，从而为振兴农村的产业兴旺注入新的力量。其二，高质量的返乡外出务工农村劳动力将城市的环保生态理念和卫生生活习惯传输到自己的家庭及周围的村民，对农村居民养成卫生习惯、绿色发展的环保意识等方面都起到正向的作用，从而为建立生态宜居的乡村环境产生了积极影响。其三，外出务工农村劳动力相较于本地农民，其较高的文化水平和技术能力为复兴当地传统文化习俗、重现当地各种民间技艺的乡村文明发挥重要作用，其较强的技术能力、组织能力和管理能力可以引导农民通过理性合法的方式保障权益和解决问题，为治理有效的经济、政治等环境提供良好的渠道。其四，返乡外出务工农村劳动力将务工收入带回农村，部分农村家庭因务工收入而实现家庭性收入增加，为推动农村的脱贫致富发挥了很大作用，也为乡村生活富裕提供了经济基础。因此，高质量的外出务工农村劳动力再生产是乡村振兴战略实施的关键一步。

第二节　以共享发展理念为指导推进外出务工农村劳动力高质量发展

有人认为，在多种所有制经济共同发展的前提下，外出务工农村劳动力主要在非公有制经济中就业，不可能实现劳动力再生产质量的提高。这种认识具有片面性。在中国特色社会主义制度下，我们要充分利用和发挥制度优势，提高我国劳动力的再生产质量。共享发展就是重要的途径之一。外出务工农村劳动力作为我国产业工人的重要组成部分，不仅是共建共享的缔造者，也是分享发展成果的参与者。正如中国（海南）改革发展研究院经济研究所所长所说的，"把解决外出务工农村劳动力问题作为共享发展的突破口"[①]。由此可见，外出务工农村劳动力再生产的质量水平直接体现着共享发展的实现程度。

一、外出务工农村劳动力再生产的质量与共享发展的关系

如前所述，剩余劳动是劳动力再生产质量提高的物质前提，剩余劳动的产生意味着在相对发达的生产力前提下社会能够生产出更多可供消费的

---

① 匡贤明. 把解决农民工问题作为共享发展的突破口［N］. 深圳特区报,2016-3-15.

物质产品，因此剩余劳动的产生是保证劳动力高质量再生产的基础。但剩余劳动的出现只是为劳动力高质量再生产提供前提，这并不意味着必然出现高质量劳动力再生产，具体是否能够按照高质量方向实现劳动力再生产，取决于社会制度属性。在不同的社会制度下，必要劳动和剩余劳动根据统治阶级的不同需要表现为不同的比例关系。在资本主义私有制性质的企业中，由于劳资关系的对立，工人的剩余劳动全部被资本家占有，工人仅剩的必要劳动只能够维持劳动者家庭的简单再生产，因此不仅不存在剩余劳动向必要劳动的转化问题，更不存在劳动力高质量再生产的问题；但在社会主义公有制性质的企业如国有企业中，由于全体劳动者共同享有生产资料，因此企业在扣除生产所需的生产资料和提取社会准备基金和社会积累基金之外，将剩余劳动用来提高工资和增加福利，从而提高劳动力再生产的质量。

在新时代中国特色社会主义生产关系下，共享作为社会发展的本质要求，其发展程度直接影响剩余劳动向必要劳动的转化比例。共享发展的程度越高，意味着用来满足人们日益增长的物质文化需要的产品越来越倾向共享给贫困和弱势等低收入群体，也就是说，社会生产的剩余产品越来越多地向满足低收入群体生活所需的必需品转化，与之相适应的是剩余劳动向必要劳动转化得较多；反过来，共享发展的程度越低，意味着社会上的两极分化越严重，此时的剩余劳动向必要劳动转化得较少甚至不转化。因此，共享发展的水平直接决定着剩余劳动向必要劳动的转化程度。

一方面，共享发展的水平决定着剩余劳动向必要劳动转化的程度；另一方面，剩余劳动向必要劳动转化的程度决定着劳动力再生产的质量。因此，共享发展的程度直接决定外出务工农村劳动力再生产的质量。当共享发展的程度较高时，意味着剩余劳动向必要劳动的转化较多，必要劳动组成部分的提高说明有更多的生活资料可供外出务工农村劳动力消费，此时外出务工农村劳动力再生产的质量也相应提高；当共享发展的程度较低时，意味着剩余劳动向必要劳动的转化较少甚至不转化，此时的必要劳动只够维持劳动者的基本生存，外出务工农村劳动力再生产的质量较低。由此可见，共享发展的程度决定着外出务工农村劳动力再生产的质量。

习近平总书记从共享主体、共享客体、共享途径和共享过程4个方面指出共享的4个内涵，即全民共享、全面共享、共建共享、渐进共享。外出务工农村劳动力作为劳动力的主体，在共享发展的理念下，也应从以上4个方面实现劳动力再生产质量的提高。

二、全民共享与外出务工农村劳动力高质量再生产

全民共享是就共享的覆盖面而言的，回答的是共享发展的主体问题，即由谁共享。习近平总书记强调："共享发展是人人享有、各得其所，不是少数人共享、一部分人共享。"也就是说，全民共享的主体是全体人民，是各个收入群体之间的集体共享，但这种集体共享并不是平均主义条件下的均贫均富，而是允许合理差距条件下的全民共享，即在保证高收入群体合法利益和扩大中等收入阶层的同时，更要较大幅度地提高贫困人群和弱势群体等低收入群体的共享水平[①]。外出务工农村劳动力作为低收入群体的重要组成部分，必然是实施全民共享发展的重点关注对象。

首先，从外出务工农村劳动力庞大的数量来看，其作为我国劳动力的主体，必然成为共享主体的重要组成部分。2018年国家统计局发布的《农民工监测调查报告》显示，我国农民工总量已达到2.8亿人，虽增量比2017年减少297万人，但仍然占全国劳动人口的1/3以上，且主要分布在加工制造业、建筑业、采掘业等领域。具体地说，第一，从事第二产业的农民工人数为1.37亿人，占农民工总人数的49.1%，占全部第二产业就业人员的67.8%，已经成为建设中国特色社会主义实体经济的重要力量；第二，从事第三产业的农民工人数为1.41亿，占农民工总人数的50.5%，也就是说，在第三产业就业的农民工比重过半。其中，从事住宿和餐饮业的农民工比重为6.7%，比上年提高0.5%，从事居民服务、修理和其他服务业的农民工比重为12.2%，比上年提高0.9%，可见，农民工群体大量地分

---

① 郭关玉，高翔莲. 共享发展：中国特色社会主义的本质要求 [J]. 社会主义研究，2017（5）：60-66.

布在第二产业和第三产业中，是建设中国特色社会主义的重要力量。因此，农民工群体参与共享发展的程度影响着全民共享的实现程度。

其次，从农民工所处的现有状况来看，其与城镇工人相比仍处于弱势地位。农民工的弱势地位主要表现在3个方面。第一，农民工的收入水平仍然偏低。有学者运用相关数据指出，从20世纪90年代到21世纪初，农民工的实际工资收入扣除物价因素后基本上没有增长[①]。2009—2017年，农民工的月收入从1690元提高到3485元[②]，但其平均收入水平大致相当于城镇工人的70%[③]。第二，农民工劳动权益保护制度不健全和较高的劳动力消耗程度，如签订劳动合同的比例不高、合同期限短、内容不规范、履约不理想等；另外，劳动安全条件差、劳动时间长、职业病和工伤事故较多，且大都以分散的状态存在于民营企业、外资企业或中小企业中，因此与企业主谈判时均处于弱势地位。第三，农民工未纳入城市社会保障体系，无法与城镇工人一样平等地享受教育、就业、医疗、养老、保障性住房等方面的城市公共服务，面临着上学难、就业难、看病难、养老难和住房难等问题。因此，农民工作为城市中的弱势群体，是提高共享发展水平的重要对象，也就是说，实现农民工劳动力的高质量再生产是实现全民共享的重要组成部分。

三、全面共享与外出务工农村劳动力高质量再生产

全面共享是就共享客体而言的，回答的是共享什么的问题。习近平总书记强调：“共享发展就要共享国家经济、政治、文化、社会、生态方面建设成果，全面保障人民在各方面的合法权益。”就外出务工农村劳动力而言，全面共享的本质不仅要求这一群体在消费水平、社会保障程度和教

①　中国农民工战略问题研究课题组. 中国农民工现状及其发展趋势总报告 [J]. 改革，2009（2）：5-27.

②　数据来源：《中国农民工监测调查报告》（2009-2017）。

③　熊易寒. 让更多农民工迈进中等收入门槛 [N] 人民日报，2016-08-09(05).

育水平等方面提高共享程度，即实现劳动成果的共享，还要求其降低劳动力的消耗程度，即实现劳动过程的共享。接下来，笔者分别从消费水平、社会保障水平、教育水平和劳动力消耗程度4个方面，以及劳动成果和劳动过程的两个角度，分析外出务工农村劳动力如何在全面共享的本质要求下实现劳动力的高质量再生产。

（一）消费水平方面

劳动力再生产是指劳动者通过个人消费来补充或恢复其体力和脑力的耗费，因此劳动力的消费水平直接决定劳动力再生产的质量。2015年国家统计局发布的《农民工监测调查报告》显示，2015年农民工年消费水平为11328元。根据《中国统计年鉴》（2015）中有关城镇居民与农村居民消费水平的数据，城乡居民在该年的消费水平分别为27210元和9679元。由此可见，农民工的人均月生活消费支出低于城市居民，但高于农村居民。因此，就农民工、城市居民和农村居民三大消费主体而言，农民工的消费水平介于城市居民和农村居民之间。因此，在全面共享的本质要求下，要想提高农民工劳动力再生产的质量，提高收入的数量、增强收入的稳定性和改善消费的结构是关键。

1.提高收入数量

收入是消费的来源和基础，是影响消费水平最重要的因素。收入数量决定个人的消费能力。从理论上来讲，在社会主义市场经济条件下，与城市工人相比，农民工可凭借农民身份获得承包田、口粮田、宅基地等实物补偿或价值补偿。这些补偿使本应由企业以工资的形式全部承担的农民工整个家庭的劳动力再生产，现在由农村土地和企业来共同承担，从而造成企业不断压低农民工工资增长的趋势。对于同等技能条件下的城市工人来说，农民工的剩余劳动被资本无偿占有得更多。也就是说，随着经济体制改革不断深化，农民工劳动力再生产质量的提高速度低于经济的增长速度。因此，要想实现农民工劳动力再生产的高质量，首先要从分配结果中的数量差异的角度上提高农民工的工资。

从数据上来说，2009—2016年，农民工人均月收入呈现增长的趋势：农民工人均月收入从2009年的1417元增加到2016年的3275元，增加了1858

元，增长了1.31倍。尤其是2010—2011年和2012—2013年，农民工月收入增长率高达25%。然而，农民工的工资虽然呈现逐年增长之势，但其增长速度却明显慢于城镇职工，且其差距具有加大的趋势。2007年，城镇职工工资的2060元与农民工工资1060元的差额突破1000元，且差额的1000元占农民工工资的99.83%；到了2016年，这种差距仍然在不断扩大，两者的差额高达2708元，差距十分明显。而这仅仅是从工资水平的角度对比城镇工人和农民工，如果再引入医疗、教育、住房等社会保障，农民工的收入水平远低于城镇居民。因此，农民工收入数量增加意味着其收入能力的增强，从而提高其消费水平。

2.增强收入稳定性

收入的稳定性是个人能够消费的前提，也是决定消费水平的重要因素。由于建筑业层层转包的经营方式极易引发工程款的拖欠情况，从而形成农民工工资支付被严重拖欠的现象。我国工资支付的法律规定，工资应以货币形式按月支付给劳动者，不得克扣或无故拖欠工资。也就是说，工资至少每月支付一次，对于实行小时工资制和周工资制的人员，工资也可以按日（周）发放。对完成一次性临时劳动或某项具体工作的劳动者，用工单位应按有关协议或合同在其完成后及时支付工资。

长期以来，党中央、国务院高度关注外出务工农村劳动力劳动报酬权益的维护问题。2009年以受雇形式从业的外出务工农村劳动力中，被雇主或单位拖欠工资的仅占1.8%，比2008年的4.1%下降了2.3个百分点。紧接着，国务院办公厅于2010年2月发布了《关于切实解决企业拖欠农民工工资问题的紧急通知》，明确要求建筑工程承包企业追回的拖欠工程款应当优先支付被拖欠的农民工工资。因此，2010—2012，连续3年农民工被拖欠工资人数占比不断下降，从2010年的1.4%下降到2012年的0.5%。然而，由于与外贸出口紧密关联的企业不景气和一些工程项目在融资不到位的情况下便上马开工，农民工拖欠工资问题有所反弹，全国总工会保障工作部部长表示，自2012年以来，农民工欠薪事件呈现从建筑业向加工制造业、服务业蔓延的趋势。因此，农民工被拖欠工资人数占比从2012年的0.5%增加到2013年的1%，增加了近一倍，在接下来的2014—2016年，农民工被拖欠工资人数占比徘徊在1%左右。由此可见，政府对规范化农民工工资的支付行为取得良好的效果。因此，在全面发展的本质要求下，为了提高农民工的消费水平从而实现农民工劳动力的高质量再生产，增强收入稳定性是重点。

3.改善消费结构

劳动力再生产是劳动者通过消费来补充或恢复其体力和脑力的耗费，因此农民工消费结构均对其劳动能力的恢复和更新程度产生影响，进而影响劳动力再生产的质量。前文已用数据既纵向对比了新生代外出务工农村劳动力和老一代外出务工农村劳动力的消费结构，又横向对比了两代外出务工农村劳动力与城镇职工消费结构的差异。

在消费环节，提高外出务工农村劳动力再生产的质量，不仅需要提高外出务工农村劳动力的消费结构，还需要改善外出务工农村劳动力的消费结构。就消费结构而言，新生代外出务工农村劳动力家庭在衣食住行等方面的消费支出均高于老一代外出务工农村劳动力家庭，但在教育支出和医疗保险消费方面却低于老一代农民工家庭。相关资料显示，2016年，新生代农民工家庭的消费低于老一代农民工家庭4.85个百分点。[①]这与新生代农民工已初步形成的品牌意识紧密相关，他们的消费理念更接近城市工人群体，更多地追求品牌消费的支出。对于农民工家庭和城镇职工家庭来说，他们的消费项目排序完全一致，依旧是食品、居住和交通通信位列前三位，而衣着与教育文化娱乐次之。这说明与农村居民相比，由于农民工日常生活的劳动力再生产均在城市，所以其消费结构更接近城市居民。不同的是，不同消费主体在相同消费项目的条件下所占的比例不同。虽然食品支出在农民工家庭和城镇居民家庭中均占首位，但是农民工家庭的食品支出占比的35.15%远高于城镇居民家庭的29.3%，这与前文分析的农民工收入与城镇居民收入的较大差异密切相关。恩格尔定律指出，劳动力的收入水平越高，其食品支出占有的比例越低。根据农民工家庭与城镇居民家

---

① 王美艳.新生代农民工的消费水平与消费结构：与上一代农民工的比较［J］.劳动经济研究，2017，5（6）：107-126.

庭中的收入水平和食品支出占比的对比，收入和食品支出的负相关是成立的。此外，由于农民工在城市不能与城镇居民一样享受社会保障，如在住房方面，农民工因未像城镇居民一样普及住房公积金的社会保障，所以在居住方面的消费支出高于城镇居民5.45个百分点。因此，与城镇居民家庭消费结构形成鲜明对比的是，农民工家庭食品支出、居住方面消费增加，进而引起其教育、休闲娱乐等方面消费较少，从而使农民工劳动力再生产质量低于城镇。因此，要想使农民工劳动力实现高质量再生产，调整农民工在消费环节的消费结构必不可少，尤其在提高农民工教育水平和技能程度方面均需要加强。

（二）社会保障方面

提高劳动者的社会保障程度作为共享发展成果的重要组成部分，为劳动力的恢复或提高提供保证[①]。对于农民工来说，企业和社会为农民工提供的社会保障水平越高，劳动力恢复或提高的稳定性越强，此时农民工劳动力再生产质量就会越高；反过来，企业和社会为农民工提供的保障水平越低，劳动力恢复或提高的稳定性越弱，此时农民工劳动力再生产质量也会越低。

1.规范劳动合同的签订与履行

对于处于次级劳动力市场中的外出务工农村劳动力，尤其在非公有制经济范围内，其议价能力远远小于用工单位。再加上用工单位缺乏长期的劳动关系发展战略，致使外出务工农村劳动力在劳动合同的签订和履行方面遭遇以下3个非规范化的交换行为：第一，不签订任何形式的劳动合同，尤其是在大量使用外出务工农村劳动力的建筑业等，不签订劳动合

---

① 我国社会保障制度不仅包括社会保险、社会福利，还包括给予中断或丧失劳动能力的劳动者的社会救助、社会优抚等。为了使劳动力再生产顺利进行，社会保险中医疗保险、医疗服务为劳动者的"修理费用"提供保障，从而恢复劳动者本人的身体健康；社会福利中的教育服务、技能培训等为劳动者的智力水平提供保障，从而提高劳动力再生产的质量。由于数据可得性的限制，我们将社会保障水平集中在为劳动者的"修理费用"提供保障的医疗保险以及养老保险等方面。

同的情形较为普遍。第二，即使与外出务工农村劳动力签订劳动，但绝大多数的劳动合同都是由用工单位制定的，且劳动合同的有些内容有失公平，如有利于职工权利的条款未写进合同中，而不利于职工权利的条款，外出务工农村劳动力却没有反对的权利，因此外出务工农村劳动力不能按照平等、协商和自愿的原则签订和变更劳动合同。第三，用工单位在劳动合同期间随意违约，在劳动合同期满不续定、不中止，随意地更改劳动合同规定的义务。由此可见，外出务工农村劳动力劳动合同签订率低且履行不规范。

要想改变外出务工农村劳动力较低的劳动合同签订率和履行不规范等问题，就需要政府严格监督劳动力市场的主体行为。监督劳动力市场主体行为主要是针对雇主，因为雇主是劳动力市场的强势方，而劳动者是劳动力市场弱势方，其维护自身权利的能力颇为有限。因此，外出务工农村劳动力相对于处于劳动力市场弱势方的城镇职工而言，其更加弱势的社会地位更需要政府提供劳动者权益的保护，来规范劳动合同的签订和履行。

2.保证工资的按时支付

长期以来，党中央、国务院高度关注外出务工农村劳动力劳动报酬权益的维护问题。2009年以受雇形式从业的外出务工农村劳动力中，被雇主或单位拖欠工资的仅占1.8%，比2008年的4.1%下降了2.3个百分点。紧接着，国务院办公厅于2010年2月发布了《关于切实解决企业拖欠农民工工资问题的紧急通知》，明确要求建筑工程承包企业追回的拖欠工程款应当优先支付被拖欠的农民工工资。因此，从2010—2012年连续3年农民工被拖欠工资人数占比不断下降，2010年的1.4%下降到2012年的0.5%。然而，由于与外贸出口紧密关联的企业不景气和一些工程项目在融资不到位的情况下便上马开工，农民工拖欠工资问题有所反弹。因此，农民工被拖欠工资人数占比从2012年的0.5%增加到2013年的1%，在接下来的2014—2016年农民工被拖欠工资人数占比在1%左右。由此可见，政府对规范化农民工工资的支付行为取得良好的效果。

3.提高社会保障水平

劳动者劳动力的使用是在一定社会保障前提下进行的，尤其是在社会主义市场经济条件下，劳动者参与社会保险的程度越高，体现全面共享的发展程度越高，反映我国社会主义制度优势性越强。前文指出，在社会保险中，农民工参与工伤保险比例的绝对数值最高，从2009年的24.3%增长到2016年的26.7%，年增长率为1.84%；而农民工失业保险参与率的增长率最高，年增长率为10.9%，是其工伤保险参与率增长率的5倍，从2009年7.2%增长到2016年的16.5%；农民工养老保险的参与率增长率为7.9.%，位列第二，从2009年的11.5%增加到21.1%；而农民工医疗保险参与率的增长率较低，仅为1.72%，不足农民工失业保险参与率增长率的1/10。

然而，农民工的养老保险参与率、医疗保险参与率、失业保险参与率和工伤保险参与率均小于城镇工人，这与我国传统的城乡二元结构是分不开的。计划经济时期，我国实行重工业优先发展战略，农业反哺工业的政策措施使大量的资源都集中在城市，使城市工人的劳动力再生产质量远远高于农业劳动，即使是改革开放后，这种城市工人与农民工的区别对待仍然存在。对于城镇工人而言，其劳动力合同签订率、养老保险参与率和医疗保险参与率均呈现持续提高的趋势，而相对应的农民工的指标却出现波动。因此，在全面共享的发展理念下，应提高农民工社会保障程度，进而提高农民工劳动力再生产的质量。

（三）教育水平方面

教育是提高劳动力再生产质量的重要途径和必要条件[①]。对于农民工来说，教育不仅包括其在生产过程以外通过接受基础教育、技能培训而形成的一般劳动能力，还包括在生产过程中通过知识的积累、经验的增加，即在干中学习得的特殊劳动能力。当前，知识和技能逐渐代替简单体力劳动已成为劳动力选择的重要标准，用工单位迫切需要的是高级技术人员和高级技工。农民工以初中文化程度为主，受教育程度普遍偏低。相关资料显示，农民工高中文化程度占比从2009年的13.1%增加到2015年的16.9%，增长了3.8%，而城镇工人高中文化程度占比从2009年的12.8%增加到2015年的19.1%，增长了6.3%，城镇工人高中文化占比增长幅度是农

---

① 李臻. 美国高等教育与收入分配关系的政治经济学研究 [D]. 天津: 南开大学, 2016.

民工增幅的1.66倍。农民工高中文化程度占比情况虽然呈现增长的趋势，并与城镇工人的占比情况相比有缩小的趋势，但在2009—2015年均低于城镇工人高中文化程度占比。农民工整体素质不高、市场竞争力弱，加之稳定性差、流动性强、组织化程度低，大多数企业还没有把农民工当作稳定的产业工人，农民工自身也缺乏这种意识。因此，农民工要想真正转型成为产业工人的"正规军"，关键在于提高农民工劳动技能水平和综合文化素质。

首先，加强对即将进入劳动领域的农村后备军进行培训。第一，在有条件的农村推行"9+1"的义务教育，对即将升学的初中毕业生，根据就业意愿选择专业，免费到指定的正规职业技术学校参加半年到一年的职业教育，并取得相应职业资格证书。第二，通过设立奖学金，发放助学贷款等方式，鼓励农村的初中毕业生接受正规职业技术教育。第三，大力发展以培养中高级技术工人为主要目标的中高等职业院校和正规职业技术学校。第四，加大对劳动预备制度的宣传，组织引导农村初中毕业生接受一定程度的职业教育或职业培训后外出务工。

其次，加强对农民工进行职业教育培训。第一，各级政府把农民工培训作为职工培训的重要内容，强化政府在农民工素质提升上的推动、引导和鼓励作用。第二，加大对职工培训特别是农民工培训的投入力度，充分挖掘社会教育培训资源，形成以政府为主导、以企业为主体、以职业院校为重点，社会各界包括工会广泛参与的多层次职工职业教育培训格局。同时，完善激励机制，制定鼓励农民工岗位职称的激励政策。第三，加大对企业的监督管理力度，促进企业真正发挥农民工教育培训的主体作用，将包括农民工在内的职工教育培训经费足额列支、职工教育培训的鉴定认证和奖励待遇等工作落实到位。第四，加大对工会开展农民工职工职业教育培训的支持力度，把工会开展的包括农民工在内的职工职业劳动竞赛、技术创新工程、名师带高徒活动等纳入政府职工职业教育培训体系，充分发挥工会"大学校"的重要作用。

（四）劳动力的消耗程度方面

对农民工而言，全面共享的本质不仅要求这一群体在消费水平、社会保障程度和教育水平等方面提高共享程度，即实现劳动成果的共享，还要求其降低劳动力的消耗程度，即实现劳动过程的共享。由于城乡二元体制，外出务工农村劳动力作为特殊群体，一直处于城市职工不愿意从事的、安全条件较差的劳动密集型产业，且一般均为重、脏、苦、累、险等工种。这种行业本身的性质就决定了外出务工农村劳动力在生产过程中消耗的劳动力较多，较多的劳动力消耗必然引起其恢复或提高劳动能力的速度越慢，此时外出务工农村劳动力的劳动力再生产质量就较低；反过来，劳动力消耗越少，其在非生产过程中可恢复或提高的速度越快，此时外出务工农村劳动力可利用闲暇时间参加职业技能培训、休闲娱乐等，外出务工农村劳动力再生产的质量就越高。因此，在生产过程中，决定劳动力消耗程度的劳动时间的长短、劳动强度的多少，以及劳动环境的好坏等都影响其劳动力再生产质量的变化。

劳动时间的长短、劳动强度的大小和劳动环境的好坏是与劳动者所处的生产关系密切相关的。在资本主义私有制条件下，由于劳资关系的对立，劳动者不仅同其生产的产品相异化，而且同其生产的行为相异化。也就是说，劳动者生产的劳动产品不仅不归其所有，而且相对剩余价值的生产方式使劳动者本身与其所处于的劳动条件、劳动过程相异化，因此工人不仅"劳动过程屈服于资本家的统治""劳动条件变得恶劣"，而且连"生活时间都变成了劳动的时间"。由此可见，不管工人的报酬如何，工人的生活状况和劳动状况都随着资本积累而日趋恶化。

在以共享发展理念为指导的社会主义市场经济条件下，共享发展理念不仅体现在分配领域，还要体现在生产领域。对于外出务工农村劳动力群体而言，体现在生产领域的共享就是通过相关的政策法规和技术进步来缩短劳动时间、降低劳动强度和改善劳动环境。

1.缩短劳动时间

劳动部早在1995年颁发的《〈国务院关于职工工作时间的规定〉的实施办法》中对在特殊条件下从事劳动和有特殊情况的劳动者有过规定，从事矿上井下、严重有毒有害如化工和纺织等行业、特别繁重和特别紧张体力的劳动者，允许其每日工作时间少于标准工作时间，从而有利于劳动力再生产质量的提高。

建筑业、制造业是外出务工农村劳动力群体就业最为集中的行业，在建筑工地一线从业人员中，外出务工农村劳动力比例达到90%以上。与服务业、金融业等第三产业的工人相比，处于制造业和建筑业的工人，其工作和生活条件更艰苦，劳动强度较大，劳动时间更长。2010年，欧盟和美国的就业人员年平均周工作时间为38小时，而调查数据显示我国就业人员年平均周工作时间大约为46小时[①]，而同时期的外出务工农村劳动力其年平均周工作时间为近59小时，比欧盟和美国的就业人员年平均周工作时间多21小时，比我国就业人员年平均周工作时间多8小时，远超我国就业人员的年平均周的工作时间和欧盟等就业人员的周工作时间，也超过我国法律规定的周工作时间40小时。因此，外出务工农村劳动力因长时间的工作自然使身体过度疲劳从而消耗大量能量，而大量能量的消耗必然会打破身体的平衡状态，从而抑制机体免疫系统的功能，对健康造成危害。

整体来看，我国外出务工农村劳动力在2009—2016年每月工作小时数呈现下降的趋势。需要特别指出的是，虽然我国外出务工农村劳动力劳动时间在缩短，但与城镇工人相比，其劳动时间仍然较长。因此，继续缩短外出务工农村劳动力的劳动时间，使外出务工农村劳动力有更多时间用于休息和娱乐，进而提高其劳动力再生产的质量仍需政府和社会的广泛关注。

2.降低劳动强度

从理论角度来看，劳动者劳动强度的变化不仅影响宏观的经济增长程度和微观的企业管理水平，而且直接影响个人收入和个人幸福。对于外出务工农村劳动力群体来说，一方面，其对物质消费的需求迫使其不得不提高劳动强度去追求较高的收入；另一方面，其对享受轻松和闲暇的愿望又要求其降低劳动强度去追求更多的休闲时间。因此，外出务工农村劳动力如何合理安排劳动强度是协调其个人身心健康与物质消费需求、实现个人

---

① 樊纲，许永发. "十三五"规划与中国经济长期发展［M］. 北京: 中国经济出版社，2016：251.

福利最大化的重要内容。

就现阶段的外出务工农村劳动力来说，从社会上来看，由于社会过分关注劳动强度对物质生产的影响，因此为了增加外出务工农村劳动力的剩余劳动，国有企业、私营企业和外资企业等都通过不同的方式来增加外出务工农村劳动力的劳动强度；从产业上来看，由于其普遍处于第二产业，第二产业的性质决定外出务工农村劳动力相对于其他领域的职工来说在劳动过程中的劳动强度较大。由此可见，社会过分关注劳动强度对物质生产的影响，从而忽略了外出务工农村劳动力作为劳动者享受轻松和闲暇的愿望。较大的劳动强度与较长的工作时间一样会使外出务工农村劳动力的身体产生过度疲劳，过度疲劳不仅易使外出务工农村劳动力注意力分散、运动能力失调，而且极易发生工伤事故从而影响外出务工农村劳动力的健康，降低了劳动力再生产的质量。劳逸结合的劳动可以为下一阶段的劳动准备更充沛的力量，从而提高劳动力再生产的质量。

因此，为了提高外出务工农村劳动力再生产的质量，企业可通过简易装置、自动工具、流程优化等省力化方式，简化员工的作业、节约工时来降低劳动强度。其中，省力化方式是指将通过人力作业的一部分工作交由机械来代替，这些机械不是简单地购买一些自动化设备，而是以便宜、经济、小巧、通用且便于改装的工具和小型设备为主，通过动作改善来替代动作强度，从而节约劳动者的劳动时间和劳动强度。

3.改善工作环境

"工人一生的大部分时间是在生产过程中度过的，所以，生产过程的条件大部分也就是工人的能动生活过程的条件，是工人的生活条件。"[①]因此，要想提高外出务工农村劳动力再生产的质量，改善生产条件必不可少。

生产条件的改善主要体现在预防性卫生工作、生产技术措施、卫生技术措施和组织措施4个方面。首先，就预防性卫生工作而言，生产性企业在厂址选择、厂区总体配置和厂房设备上必须符合卫生防疫部门进行预防

---

① 马克思. 资本论（第三卷）［M］. 北京：人民出版社，2004：101.

性卫生的监督工作，如良好的自然通风和足够的采光；在安装设备上必须考虑隔热、散热、密闭、吸风等措施；对新技术、新工艺和新化学物质必须进行卫生学鉴定，如是否产生高温、振动、粉尘或有害气体和蒸汽等。其次，就生产技术措施而言，在各种生产中，应考虑生产过程的改革，尽量采取机械化、自动化和密闭化的技术性措施，以减少有害的因素来影响劳动环境。再次，就卫生技术措施而言，加强通风使车间工作场所的空气环境合乎卫生要求，如在利用自然通风无法达到卫生要求时，要考虑机械通风；足够的照明可以防止视觉疲劳和减少意外事故发生的概率；人流和物流分隔，防止不同工艺过程所产生的有毒物质相互影响；提供干净整洁、令人舒适的工作环境，如利用生态隔墙分隔室内空间，不仅获得了良好的景观、清新的空气，也产生了积极的心理效应，提高了工作效率；设置员工休息区，来满足员工的心理和生理的双重需求等。最后，为了保证上述措施的实现，必须加强组织措施和建立相应的制度，例如定期组织安全卫生检查、检查安全防护设备、卫生技术措施的性能、效果和设备检修维护等；建立各种制度和操纵规程。只有预防性卫生工作、生产技术措施、卫生技术措施和组织措施四个方面相结合，才能更有效地改善生产环境，使环境更合乎卫生要求。舒适的工作环境不仅有利于舒缓外出务工农村劳动力的厌倦情绪，还会让外出务工农村劳动力增强对企业的认同感，降低企业员工的流失率和流动率，从而提升外出务工农村劳动力再生产的质量。

四、共建共享与外出务工农村劳动力高质量再生产

共建共享是就共享的实现途径而言的。习近平总书记强调："共建才能共享，共建的过程也是共享的过程。"马克思在论述唯物史观时指出，人民群众是社会历史的创造者，是社会变革的决定力量。改革开放以来，我国享誉世界的超级工程，如中国高铁、港珠澳大桥、世界最大规模高速公路，所有的建筑施工无一例外地离不开外出务工农村劳动力的创造。在共享发展的理念下，外出务工农村劳动力既是分享发展成果的参与者，也

是共建共享的缔造者。

在以共享为本质要求的中国特色社会主义条件下，外出务工农村劳动力的共建共享首先体现的是让每个外出务工农村劳动力都拥有共建共享的发展机会，也就是说每个外出务工农村劳动力都有平等的就业权利来参与所有行业的共建共享，而不是仅仅在某些特定的行业中实现择业自由。一些城市出现过在特定的经济发展阶段外出务工农村劳动力受到就业歧视的问题。由此可见，长期从事城镇工人不愿从事的脏、苦、累、险、毒等农民工在生产过程中会消耗大量的体力，从而不利于农民工劳动力的再生产。因此，农民工在共建共享中需要与城镇工人一样有平等就业的机会。其次，农民工的共建共享体现在外出务工农村劳动力对中国经济发展的贡献上。改革开放40多年以来，中国社会增加的财富主要来自第二产业和第三产业，其中又以第二产业创造的财富最多。外出务工农村劳动力作为产业工人的主体，不仅是城市建设的重要主体，而且是各类消费性服务业的主要从业者，并以一线工人的身份存在于第二产业和第三产业①。由此可见，改革开放以来，社会增加的财富离不开外出务工农村劳动力。另外，由于外出务工农村劳动力用工价格低廉，大量的外资、私营企业和改革后的国有企业均争先恐后地使用外出务工农村劳动力，正是因为其用工成本低廉的优势，外资企业才能赢利，私营经济才能发展，国有企业才能增效。由此可见，外出务工农村劳动力在共建共享中发挥了巨大的作用，但是其劳动创造的财富与其分得的劳动成果不成比例，因此为了更好地实现共享发展，提高外出务工农村劳动力再生产的质量刻不容缓。

五、渐进共享与外出务工农村劳动力高质量再生产

渐进共享是就共享过程而言的。虽然我国已经进入中国特色社会主义新时代，但是我国仍然处于并将长期处于社会主义初级阶段的基本国情还

---

① 杨洁，邓也. 如何认识农民工的历史贡献及发展潜力［N］. 四川日报，2018-12-07.

没有变。在这种情况下，要想使外出务工农村劳动力同时实现经济收入、社会地位和社会保障等共享水平的提高，对于我国现阶段的生产力水平是难以实现的。因此，外出务工农村劳动力再生产质量的提升必然是渐进的发展过程。

从历史发展的角度来看，共享也是一个渐进发展的过程。在生产力水平较为低下的原始社会，受有限的生存空间和物质产品的限制，氏族部落之间为了满足基本的生存，实现的是贫困的共享；在以剥削为主的阶级社会，如奴隶社会、封建社会和资本主义社会，由于生产资料归私人所有，财富只在拥有生产资料的所有者之间实现共享，此时劳动力再生产质量水平只能维持正常的生存需要；而在以生产资料公有制为主体的社会主义初级阶段，共享是在共同拥有生存资料的劳动力所有者中实现的，从而为劳动力再生产质量的提高提供了现实基础。在更高水平的共产主义社会，随着体力劳动和脑力劳动对立的消失，劳动者在全新的、更高水平实现共享和公平[①]。因此，外出务工农村劳动力作为社会主义初级阶段产业工人的重要组成部分，其劳动力再生产质量的提升也必将是一个渐进的过程，即从低级到高级、从不充分到充分、从不均衡到均衡的过程。

笔者在前文依据建立的劳动力再生产质量指标体系，采用综合指标评价法计算外出务工农村劳动力再生产质量的综合指数，并结合2009—2016年综合指数的变化来分析外出务工农村劳动力再生产质量的发展趋势。研究结果显示，2009—2016年外出务工农村劳动力再生产质量的综合指数是不断上升的，也就是说，外出务工农村劳动力再生产的质量水平是不断提升的，但与城镇职工再生产质量相比仍然存在较大差距。因此，外出务工农村劳动力再生产的质量要想提高到与城镇职工相一致的程度，一定是一个渐进发展的过程，即从外出务工农村劳动力再生产的不充分发展，到外出务工农村劳动力的简单再生产，再到外出务工农村劳动力的高质量再生产，最终达到与城镇职工劳动力再生产质量相一致的水平。

---

① 朱立营. 从《哥达纲领批判》看共享的渐进性［J］. 中共青岛市委党校青岛行政学院学报，2018（2）：55-57.

第三节　从"市民化"方向提高外出务工农村劳动力再生产的质量

　　外出务工农村劳动力是伴随着社会主义市场经济的发展而新兴的特殊群体，因此社会主义市场经济的发展方向直接决定外出务工农村劳动力再生产的质量。当社会主义市场经济向私有化的方向发展时，这些适应资本需要的外出务工农村劳动力将长期徘徊在农村和城市中间，其劳动力再生产质量的提升速度与资本的增长速度相比仍然较慢。当社会主义市场经济按照马克思所设想的自由的方向发展时，从城乡对立、城乡协调、城乡融合的发展途径消灭三大差别，则外出务工农村劳动力这一特殊群体会随着资本主义生产关系的消失而消失。随着资本主义生产关系的消失，外出务工农村劳动力群体会出现两种可能的变化趋势，即进入城市成为市民和退回农村成为新型农民。

　　在中国特色社会主义新时代，国家对于解决外出务工农村劳动力问题的政策取向主要有两个：一是外出务工农村劳动力扎根城市变成城市居民即市民化；二是外出务工农村劳动力回到农村即新型农民化。部分学者认为随着工业化和城镇化的发展，市民化是中国外出务工农村劳动力的根本出路，只有改变外出务工农村劳动力的身份，才能使外出务工农村劳动力的问题得到彻底的解决[1]；部分学者认为外出务工农村劳动力可在耕地需求增加、体能技能下滑或照顾家庭等因素的影响下选择回流至农村，也可在城市积累了定量资本、经验、人脉等前提下或选择回乡创业，或从事农业规模化经营，即成为新型农民[2]。事实上，无论是市民化还是新型农民化，他们都作为社会主义条件下平等的劳动者，在各自的岗位上为中国特

---

　　① 简新华，黄锟，等. 中国工业化和城市化过程中的农民工问题研究［M］. 北京：人民出版社，2008：24-28.

　　② 李向荣. 资源禀赋、公共服务与农民工的回流研究［J］. 华东经济管理，2017（6）：38-44.

色社会主义建设贡献自己的力量。本节主要阐述我国外出务工农村劳动力在实现市民化后，国家如何从政策和措施上保证其劳动力再生产质量的提升。

一、消除外出务工农村劳动力"拆分型"再生产形式

外出务工农村劳动力"拆分型"再生产形式是家庭联产承包责任制、户籍制度和工业化催生的资本对劳动力的需求3个方面共同作用的结果。从劳动力供给的角度来看，1978年家庭联产承包责任制的建立，一改计划经济时期的平均主义，充分调动农民的积极性，推动劳动生产率的提高，释放大量的剩余劳动力；从劳动力需求的角度来看，经济体制的变革要求大量发展商品经济，伴随着工业化、城市化和市场化的发展，私营经济和国有企业的市场化对劳动力产生大量需求；同时，户籍制度的松动从政策上允许农业劳动力的转移，为劳动力转移提供政策支持。以上所有过程都是伴随着中国生产关系的变革，即土地制度的改革、市场经济体制的改革和户籍制度的改革。

在一系列的生产关系变革中，农业劳动力在城市务工所形成的拆分型的劳动力再生产形式一方面保障了农业劳动力转移向非农业转移过程中的社会稳定，既没有出现欧美等国家暴力血腥的圈地运动，也没有像在拉美等国家的城市中出现大量的贫民窟，而且为中国经济的发展提供了大量的劳动力，促进了经济繁荣的同时，增加了农村家庭收入；另一方面外出务工农村劳动力这种拆分型的劳动力再生产形式与城市工人相比其劳动力再生产的质量较低，同时青壮年农业劳动力的大量外出造成农业劳动力的短缺，使农村经济出现空心化、撂荒等现象，形成农村相对衰落的局面。事实上，在中国特色社会主义新时代，解决外出务工农村劳动力问题的两种方法即新型农民化和市民化，都是为了改变外出务工农村劳动力拆分型再生产形式，使外出务工农村劳动力再生产的补偿与劳动力的使用形成空间上的一致，从而提高外出务工农村劳动力再生产的质量。

维持外出务工农村劳动力拆分型再生产形式最核心的制度基础是城乡

分治的户籍制度。由于我国户籍制度与相应的社会保障体系紧密相连，也就是说，外出务工农村劳动力由于农民的户籍身份，即使其劳动力的使用在城市，但与其长期劳动力再生产相关的教育、医疗、社会保障等仍需回到户籍所在地——农村来解决，我国外出务工农村劳动力这种在城市完成的日常劳动力再生产和在农村完成的长期劳动力再生产被称为拆分型再生产形式[①]。因此，要想改变外出务工农村劳动力再生产形式的不合理状态，促进其实现市民化，必须从户籍管理制度开始。

外出务工农村劳动力再生产不需要再徘徊于农村和城市之间，可以与城市工人一样，将全部的劳动力再生产均在城市解决，即实现市民化。外出务工农村劳动力实现市民化不仅代表着其能获得城市居民的合法身份，还代表着其能凭借城市居民的合法身份而获得的与城市居民身份相关的权利，这些权利不仅包括城市居民的居住权、劳动就业权、选举权、受教育权等公民权利，还包括凭借城市身份所特有的社会保障和社会福利等权利。需要特别指出的是，户籍制度的改革并不意味着要取消或降低城镇居民原有的社会福利待遇，而是在保证城镇居民原有福利的基础上，使外出务工农村劳动力与城镇居民一样享受社会福利。

因此，推进户籍制度改革，要实现城镇基本公共服务常住人口全覆盖，建立城乡一体的人口登记制度，弱化并逐步剔除附着在户籍关系上的公共福利供给差别，消除人口自由流动的制度障碍，逐步还原户籍的人口登记功能，创造居民自由迁徙的公平制度环境，真正让城乡居民享受公共服务的地位平等、发展机会均等。

二、提高外出务工农村劳动力的工资性收入

在过去的特定时期，部分城市为了降低公共财政支出，通过制定地方

---

① 简新华，黄锟，等. 中国工业化和城市化过程中的农民工问题研究 [M]. 北京：人民出版社，2008：24.

性法规来限制外来人口的就业种类，造成了劳动力市场分割①。这种对外来务工人员的就业限制形成了劳动力市场的分割。在分割的劳动力市场条件下，企业也通过制定针对外出务工农村劳动力的歧视性的雇佣条件和福利待遇，降低了外出务工农村劳动力的预期收入和实际收入。外出务工农村劳动力凭借其农民身份在劳动力市场上以临时工的身份受雇于私营企业和公有制企业中，而临时工在工资、福利、社会保障各个方面，与正式工人相去甚远。

从企业的角度看，无论是老一代外出务工农村劳动力还是新生代外出务工农村劳动力，出卖的都是劳动力商品，压低工资是企业的本质倾向，因为从劳动力价值构成上看，外出务工农村劳动力的社会保险、养老保险、医疗保险等各项支出都由农民自己的家庭或者外出务工农村劳动力基于自己的农民身份来承担，不需要企业负担到外出务工农村劳动力的工资中。

不同的是，作为不同类型的外出务工农村劳动力，他们与企业谈判时的工资要求是不同的。相对来说，老一代外出务工农村劳动力的劳动力更为廉价，因为这类外出务工农村劳动力外出务工的目的是增加家庭剩余，因此只要外出务工的收入高于务农收入他们就能够接受，所以老一代外出务工农村劳动力没有太高的工资要求；而新生代外出务工农村劳动力的务农能力缺失意味着其土地等经营收入的补偿不足，因此新生代外出务工农村劳动力要想维持其家庭正常生活，与老一代外出务工农村劳动力相比，其对工资必然有上升的要求。在商品经济的社会里，在其他商品条件不变的前提下，劳动者工资的提高意味着能购买到数量更多、种类更全、质量更好的商品，从而能更好地补偿劳动者在生产过程中的体力消耗。因此，提高外出务工农村劳动力的工资收入是实现劳动力再生产质量发展的必然要求。

---

① 张晓山. 流迁与融合：中国农民工的贡献和发展［J］. 河北学刊，2018（3）：127-135.

三、降低外出务工农村劳动力的商品化程度

　　降低外出务工农村劳动力的劳动力商品化程度并不代表减少外出务工农村劳动力的收入，外出务工农村劳动力之所以要增加收入，是因为其在生产过程中所耗费的劳动力与城镇工人相同，但由于其凭借农民身份而获得的土地收入作为补偿家庭劳动力再生产的一部分，所以企业主即使压低外出务工农村劳动力的工资，外出务工农村劳动力也能正常维持劳动力再生产。但是当外出务工农村劳动力实现市民化后，没有土地收入作为家庭劳动力再生产的补偿，因此为了实现市民化后外出务工农村劳动力家庭正常的劳动力再生产，提高工资是必然要求，而降低劳动力商品化程度是在外出务工农村劳动力提高收入以后，国家通过提高个人福利来体现社会主义制度的优越性。要想提高外出务工农村劳动力再生产的质量，增加独立于工资收入之外的福利收入，就要推进劳动力实现去商品化或降商品化的趋势。①

　　在社会主义市场经济初期，农民从农村集体所有制经济进入城市非农领域，其劳动力性质发生了从非商品化形式向商品化形式的转化，这种变化表现为农业劳动力社会地位的退化，即从公有制经济中的一员退化为市场经济中的劳动力商品，形成事实上的劳动力商品化；此外，外出务工农村劳动力又可凭借农民身份获得的土地经营权以及农村的社会保障，这是外出务工农村劳动力身份形式上的非商品化。正是外出务工农村劳动力本身存在的这种事实上的商品化和形式上的非商品化的矛盾造成外出务工农村劳动力工资低、社会保障不足等问题。因此，为了改善外出务工农村劳动力的不利地位，需要消除其身份形式上的非商品化和劳动形式的商品化矛盾。对于市民化的外出务工农村劳动力来说，可通过农村土地经营权流转，农民身份和户籍制度改革等方式消除形式上的非商品化；对于其事实上的劳动力商品化来说，可通过统一城乡社会保障，增加住房、医疗、养老等社会保险在维持家庭劳动力再生产中的比例，同时给予外出务

---

　　①　艾斯平-安德森. 福利资本主义的三个世界［M］. 北京: 法律出版社, 2003: 3.

工农村劳动力子女平等的受教育机会，以此降低外出务工农村劳动力的商品化程度①。

四、完善社会保障和公共服务体系

完善社会保障体系是社会主义制度的本质要求。在社会主义制度下，我国外出务工农村劳动力社会保障不完善与外出务工农村劳动力为我国城乡经济、社会发展做出巨大贡献不协调。因此，健全外出务工农村劳动力社会保障体系意义重大。我国社会保障制度不仅包括社会保险、社会福利，还包括给予中断或丧失劳动能力的劳动者的社会救助、社会优抚等。社会保险作为现代保障制度的核心，是完善社会保障体系的关键因素。

首先，社会保险中的医疗保险、工伤保险能为劳动者提供保障，尤其是从事劳动时间长、强度大、危险系数较高的外出务工农村劳动力群体，其层出不穷的工伤事故和规模惊人的职业病群体导致劳资纠纷众多，因此为市民化的外出务工农村劳动力健全医疗保险、工伤保险，从而恢复劳动者本人的身体健康，是完善社会保障体系的重要内容。

其次，外出务工农村劳动力在市民化前是以土地作为最后保障的，外出务工农村劳动力凭借其农民身份所获得的土地经营权既可作为其在城市遭遇失业风险的退路，也可作为等到年龄增长到一定程度后的养老保障。而市民化后的外出务工农村劳动力脱离农村土地提供的失业保障和养老保障，同时由于市场经济的价值取向和外出务工农村劳动力法治观念的淡薄，其失业风险和养老风险均明显增强。因此，为了顺利实现外出务工农村劳动力再生产，必须将外出务工农村劳动力的失业保险、养老保险纳入城镇社会保险制度中。生育保险也是延续劳动力再生产数量的方式，为了使下一代劳动力顺利再生产出来，生育保险也要纳入外出务工农村劳动力的城镇保障体系。

---

① 刘凤义. 社会主义市场经济中劳动力商品理论再认识［J］. 经济学动态，2017（10）：40–52.

公共服务中的教育服务、医疗服务、技能培训服务等为劳动者的智力水平和体力水平的提高提供保障，外出务工农村劳动力智力和体力水平的提高促使其拥有高质量的劳动力，从而提高劳动力再生产的质量。这种质量的提升不仅表现为通过提高劳动者本身的技能和劳动素质来实现劳动能力的全面发展，并通过技能提升而获得更多的剩余劳动；还表现为将剩余劳动不断地转化为必要劳动来改善劳动条件、劳动福利，提供劳动保护等方面，从而实现劳动力的高质量发展。因此，社会保障的提高也是保证劳动力再生产质量提升的关键因素。

因此，市民化后的外出务工农村劳动力，其能与城镇工人一样享有社会保障和社会福利等权利的重要意义在于：消除拆分型的劳动力再生产形式，使与外出务工农村劳动力身份相联系的歧视现象消失；让外出务工农村劳动力脱离工作条件差、劳动强度大、工资和待遇低的次级劳动力市场，提高外出务工农村劳动力的预期收入和实际收入，使外出务工农村劳动力即使在城市中高房价、高生活成本的条件下也能维持正常生活；市民化后的外出务工农村劳动力能够降低其商品化程度，提高社会福利和社会保障，能够更好地保护外出务工农村劳动力的利益。

第四节　从"新型农民"方向提高外出务工农村劳动力再生产的质量

农业、农村、农民问题是关乎国计民生的根本性问题。关于农业农村的发展，人的素质是关键。由于我国农业劳动力转移不仅是因为农业生产率的提高导致农业领域所需劳动力的减少，从而迫使剩余的农业劳动力向工业领域转移而形成的；还因为农业生产中的粮食等产品在与工业品之间的不等价交换中形成的价格剪刀差，使农业劳动力为了追求更高收入而不得不选择转移。通常情况下，这种由市场自发作用而形成的劳动力转移由农业家庭中的青壮年劳动力组成，大量中青年的农业劳动力到城市务工，使农业劳动力的转移和农业、农村的发展形成矛盾：农民外出务工虽然增加了农民的家庭收入，但青壮年劳动力的流失不仅使农业出现撂荒，还使农村出现了空心化现象。

一、产业兴旺与外出务工农村劳动力的高质量再生产

产业兴旺是乡村振兴的重点，是实现农民增收、农业发展和农村繁荣的基础。习近平总书记在海南等地考察时多次强调："乡村振兴，关键是产业要振兴。"高质量的外出务工农村劳动力作为产业工人的主体，其返乡创业必然带来财力、物力和人力的积聚，扩大农村经济产业的规模，为振兴农村的产业兴旺注入新的力量。

相关数据显示，全国外出务工农村劳动力数量有2.8亿人，各类返乡人员达700万人，约占外出务工农村劳动力总数的2.5%。返乡外出务工农村劳动力近10%选择创业，在返乡人员创办的"返乡产业经济"中，有80%是新产业、新业态、新模式的产业融合项目，54%运用了网络等现代化手段。返乡创业经济广泛，涵盖了特色种养业、农产品加工业、休闲农业和乡村旅游、信息服务、电子商务、特色工艺产业等农村第一、第二、第三产业，并呈现出交叉融合、竞相迸发的态势。由此可见，高质量的返乡外出务工农村劳动力为产业兴旺提供了坚实基础。

反过来，产业兴旺也必然要求高质量的劳动力，因为只有高质量的返乡外出务工农村劳动力，才能与新产业、新业态，以及新模式的资源、要素、技术相结合。因此，面对拥有较高资源禀赋的返乡外出务工农村劳动力，各地政府需制定相应的财政补贴或政策帮助回流创业的外出务工农村劳动力获得优惠的贷款与融资利率，同时以引资建厂、合作建厂等形式吸引外地资金，即从财政支持、金融信贷、征地拆迁、人才支撑等方面鼓励和帮扶返乡外出务工农村劳动力创业，建立"外出务工农村劳动力新乡贤工作室""外出务工农村劳动力创业工作室""外出务工农村劳动力返乡创业园区"等，定期开展乡村项目推荐会，以确保优秀外出务工农村劳动

力引得回、留得住、干得好；对于拥有较低资源禀赋的外出务工农村劳动力家庭，政府可通过提供技能培训或相应的技能指导增强其技术能力，提高劳动力的质量，并在此基础上为外出务工农村劳动力提供自由流动、寻找新的工作岗位的信息服务，提供农村劳动力非农化的就业保障[①]。

二、治理有效与外出务工农村劳动力再生产的高质量

高质量的返乡外出务工农村劳动力拥有较强的技术能力、组织能力和管理能力，能够指引农民通过理性合法的方式保障权益和解决问题，从而更好地推进基层治理实现乡村振兴，为营造"治理有效"的政治、经济、文化环境等方面起着重要作用。

为了更好地贯彻"治理有效"总要求，乡镇领导、村两委班子成员要一对一联系那些政治意识强、致富能力强、带富能力强的优秀外出务工农村劳动力，从而定向回引。对"归巢雁"不折不扣实施外出务工农村劳动力党员发展专项计划、外出务工农村劳动力后备力量培育计划和外出务工农村劳动力村干部培训计划，把优秀外出务工农村劳动力培养成乡村致富的带头人或乡村治理的"新乡贤"，特别优秀的还可规范培养成"两代表一委员"，从而提高其劳动力再生产的质量。村两委班子出现空缺时，可优先从优秀的返乡人才中选聘。更要探索建立从优秀村党组织书记中选拔乡镇领导干部常态机制，每年组织优秀外出务工农村劳动力村干部定向考录乡镇机关公务员、事业单位公开招聘人员。

三、生活富裕与外出务工农村劳动力再生产的高质量

生活富裕是乡村振兴的出发点和落脚点。返乡外出务工农村劳动力将自己的务工收入带回农村，部分农村家庭因务工收入而实现家庭性收入的

---

① 李向荣. 资源禀赋、公共服务与农民工的回流研究［J］. 华东经济管理,2017（6）：38–44.

增加，为推动农村的脱贫致富发挥了很大作用，也为乡村生活富裕提供了经济基础。

乡村振兴战略实施要进一步促进农业生产，把产业发展落实到促进农民增收上来，切实提高农村民生的保障水平。因此，国家和政府通过农业补贴、农村税费改革等支农强农的政策来实现农业的规模经济生产，生产出的产品按照保护价收购，提高外出务工农村劳动力留守家庭的土地收入。此外，鼓励外出务工农村劳动力返乡的家庭实行农业与副业相结合的多种经营方式提高家庭农业收入，使家庭生活水平得到改善，是提高返乡外出务工农村劳动力家庭劳动力再生产的重要条件。

实现渐进式城镇化改革，尤其是中小城镇建设[①]。政府通过加大教育、医疗、社会保障等共享成分，健全和完善留守农村人员和返乡外出务工农村劳动力在农村的养老保险、医疗保险等相关社会保障制度，解除农民的后顾之忧，为回流劳动力创造一个良好的就业环境，实现城乡一体化发展[②]。

第五节　本章小结

我国外出务工农村劳动力是中国特色社会主义制度下形成的特殊群体，外出务工农村劳动力质量方面的问题与非公有制经济的发展密切相关。本章研究的是在社会主义市场经济条件下，在公有制为主体多种所有制经济共同发展的条件下，如何发挥中国特色社会主义制度的优越性和市

---

① 匡贤明. 把解决农民工问题作为共享发展的突破口 [N]. 深圳特区报，2016-03-15.

② 石川，杨锦绣，杨启智，等. 外出农民工回乡意愿影响因素分析——以四川省为例 [J]. 农业技术经济，2008（3）：71-76.

场经济配置资源的优势，使外出务工农村劳动力再生产走向高质量发展之路。

第一，外出务工农村劳动力再生产实现高质量的发展既是高质量发展阶段的时代要求，又是实现人的全面发展的内在要求，也是社会主义制度根本原则即共同富裕的本质要求，更是乡村振兴战略的关键要素。只有逐步提高外出务工农村劳动力再生产的质量，引导其实现高质量发展，才能充分体现我国社会主义制度的优越性，从而实现社会发展的崇高理想和价值追求。

第二，在中国特色社会主义制度下，共享发展的程度直接决定外出务工农村劳动力再生产的质量。当共享发展的程度较高时，剩余劳动向必要劳动的转化较多，必要劳动组成部分的提高说明有更多的生活资料可供外出务工农村劳动力消费，此时外出务工农村劳动力再生产的质量也相应提高；当共享发展的程度较低时，剩余劳动向必要劳动的转化较少甚至不转化，此时的必要劳动只够维持劳动者的基本生存，外出务工农村劳动力再生产的质量较低。外出务工农村劳动力在共享发展理念下实现高质量再生产不仅包括在非生产领域再生产出高质量的劳动力，即实现劳动成果的共享，如提高消费水平、增加社会保障和提高教育水平等；还包括在生产领域中为劳动者缩短劳动时间、降低劳动强度和改善劳动环境等，即实现劳动过程的共享。

第三，提出外出务工农村劳动力实现劳动力高质量再生产发展的两个方向。一是外出务工农村劳动力可随着工业化和城镇化的发展通过改变其农民的身份从而实现市民化发展。外出务工农村劳动力成为市民后，国家通过制定相应的法律法规来消除外出务工农村劳动力拆分型再生产形式、提高外出务工农村劳动力收入、降低外出务工农村劳动力商品化程度和完善社会保障和公共服务体系等，促进外出务工农村劳动力实现高质量发展。二是外出务工农村劳动力可在耕地需求增加、体能技能下滑或照顾家庭等方面的影响下选择回流至农村，也可在城市积累了定量资本、经验、人脉等前提下或选择回乡创业，或从事农业规模化经营，即成为新型农民。在乡村振兴战略下，产业兴旺必然要求高质量劳动力，因为只有高质量的返乡外出务工农村劳动力才能与新产业、新业态、新模式的资源、要素、技术相结合；高质量的返乡外出务工农村劳动力，其较强的技术能力、组织能力和管理能力能够指引农民通过理性合法的方式保障权益和解决问题，从而更好地推进基层治理实现治理有效；返乡外出务工农村劳动力将务工收入带回农村，部分农村家庭因务工收入而实现增加的家庭性收入，为推动农村的脱贫致富发挥了很大作用，也为乡村生活富裕提供经济基础。

参考文献

一、中文参考文献

著作类

［1］艾斯平–安德森. 福利资本主义的三个世界［M］. 北京：法律出版社，2003：3.

［2］〔美〕费景汉，古斯塔夫·拉尼斯. 劳力剩余经济的发展［M］. 王月，甘杏娣，吴立范，译. 北京：华夏出版社，1989.

［3］费孝通. 费孝通文集（第4卷）［M］. 北京：群言出版社，1999.

［4］费孝通. 行行重行行［M］. 北京：群言出版社，1997.

［5］邓小平. 邓小平文选（第3卷）［M］. 北京：人民出版社，1993.

［6］国务院研究室课题组. 中国农民工调研报告［M］. 北京：中国言实出版社，2006.

［7］简新华，黄锟，等. 中国工业化和城市化过程中的农民工问题研究［M］. 北京：人民出版社，2008.

［8］拉法格. 思想起源论［M］. 王子野，译. 上海：生活·读书·新知三联书店，1963.

［9］〔英〕莱恩·多亚尔，伊恩·高夫. 人的需要理论［M］. 汪淳

波，译. 北京：商务印书馆，2008.

［10］李玉赋. 党的十九大精神职工学习问答［M］. 北京：人民出版社，2018.

［11］列宁. 列宁全集（第3卷）［M］. 中共中央马克思恩格斯列宁斯大林著作编译局. 北京：人民出版社，1984.

［12］列宁. 列宁全集（第29卷）［M］. 北京：人民出版社，1959.

［13］考茨基. 土地问题［M］. 梁琳，译. 上海：生活·读书·新知三联书店，1955.

［14］刘怀廉. 农村剩余劳动力转移新论［M］. 北京：中国经济出版社，2004.

［15］〔美〕迈克尔·P. 托达罗. 经济发展与第三世界［M］. 印金强，赵荣美，译. 北京：中国经济出版社，1992.

［16］马克思. 资本论（第1卷）［M］. 北京：人民出版社，2004.

［17］马克思. 资本论（第2卷）［M］. 北京：人民出版社，2004.

［18］马克思. 资本论（第3卷）［M］. 北京：人民出版社，2004.

［19］马克思，恩格斯. 马克思恩格斯全集（第1卷）（上）［M］. 北京：人民出版社，1956.

［20］马克思，恩格斯. 马克思恩格斯全集（第4卷）（上）［M］. 北京：人民出版社，1958.

［21］马克思，恩格斯. 马克思恩格斯全集（第16卷）［M］. 北京：人民出版社，1964.

［22］马克思，恩格斯. 马克思恩格斯全集（第23卷）［M］. 北京：人民出版社，1995.

［23］马克思，恩格斯. 马克思恩格斯全集（第42卷）［M］. 北京：人民出版社，1974.

［24］马克思，恩格斯. 马克思恩格斯全集（第46卷）（上）［M］. 北京：人民出版社，1979.

［25］马克思，恩格斯. 马克思恩格斯全集（第49卷）［M］. 北京：

人民出版社，1982.

［26］马克思，恩格斯．马克思恩格斯选集（第1卷）［M］．北京：人民出版社，1972.

［27］迈克尔·A．莱博维齐．超越资本论——马克思的工人阶级政治经济学［M］．崔秀红，译．北京：经济科学出版社，2007.

［28］马尔科姆·威利斯等．发展经济学［M］．北京：经济科学出版社，1990.

［29］毛泽东．毛泽东选集（第四卷）［M］．北京：北京工业大学出版社，1991：1512.

［30］潘毅，卢晖临，张慧鹏．大工地：建筑业农民工的生存图景［M］．北京：北京大学出版社，2012.

［31］乔万尼·阿里吉．亚当·斯密在北京［M］．路爱国，黄平，许安结，译．北京：社会科学文献出版社，2009.

［32］邱海平．21世纪再读《资本论》［M］．北京：人民邮电出版社，2016.

［33］斯大林．列宁主义问题［M］．北京：人民出版社，1964.

［34］孙显元．科学和生产力［M］．上海：上海人民出版社，1982.

［35］吴忠观．人口科学辞典［M］．成都：西南财经大学出版社，1997.

［36］杨菊华．中国流动人口经济融入［M］．北京：社会科学文献出版社，2013.

［37］杨思远．中国农民工问题的政治经济学考察［M］．北京：中国经济出版社，2005.

［38］伊曼努尔·华勒斯坦．历史资本主义［M］．路爱国，丁浩金，译．北京：社会科学文献出版社，1999.

［39］张俊山．经济学方法论［M］．天津：南开大学出版社，2003：186.

［40］中国科学院国情分析小组．生存与发展［M］．北京：科学出

版社，1989.

　　［41］周长城. 生活质量的指标构建及其现状评价［M］. 北京：经济科学出版社，2009.

　　论文类

　　［1］毕先进，刘林平. 农民工的教育收益率上升了吗？——基于2006、2008、2010年珠三角农民工问卷调查的分析［J］. 人口与发展，2014（5）：52-60.

　　［2］蔡昉，都阳. 迁移的双重动因及其政策含义——迁移的双重动因及其政策含义［J］. 中国人口科学，2002（4）：1-7.

　　［3］蔡昉. 破解农村剩余劳动力之谜［J］. 中国人口科学，2007（2）：2-7.

　　［4］蔡昉. 劳动力迁移的两个过程及其制度障碍［J］. 社会学研究，2001（4）：44-51.

　　［5］蔡昉，都阳，王美艳. 户籍制度与劳动力市场保护［J］. 经济研究，2001（12）：41-49，91.

　　［6］陈珣，徐舒. 农民工与城镇职工的工资差距及动态同化［J］. 经济研究，2014（10）：74-88.

　　［7］陈映芳. "农民工"：制度安排与身份认同［J］. 社会学研究，2005，20（3）：119-132，244.

　　［8］程恩富，王中保. 论马克思主义与可持续发展［J］. 马克思主义研究，2008（12）：51-58.

　　［9］代振华，周杏梅. 农民工素质提升的困境与对策［J］. 甘肃社会科学，2010（4）：27-29.

　　［10］董继斌. 试论社会再生产中的智力功能［J］. 赣江经济，1983（11）：50-52.

　　［11］高文书. 进城农民工就业状况及收入影响因素分析——以北京、石家庄、沈阳、无锡和东莞为例［J］. 中国农村经济，2006（1）：

28-34.

　　［12］葛晓巍，林坚. 影响我国外出劳动力回流的因素浅析［J］. 西北农林科技大学学报（社会科学版），2009（1）：31-35.

　　［13］谷玉良. 老年农民工的城市社会保障与权利诉求［J］. 人口与社会，2016（3）：51-57.

　　［14］郭关玉，高翔莲. 共享发展：中国特色社会主义的本质要求［J］. 社会主义研究，2017（5）：60-66.

　　［15］郭亮. 不完全市场化：理解当前土地流转的一个视角——基于河南Y镇的实证调查［J］. 南京农业大学学报（社会科学版），2010（4）：21-27，42.

　　［16］韩长赋. 中国农民工发展趋势与展望［J］. 经济研究，2006（12）：4-12.

　　［17］郝保英. 新生代农民工的社会保障权实现路径辨析［J］. 河北师范大学学报（哲学社会科学版），2014（3）：152-157.

　　［18］郝清. 城市农民工人力资本转化研究［D］. 青岛：青岛大学，2008.

　　［19］贺汉魂，皮修平. "农民工"：一个不宜再提的概念——"农民工"的伦理学思考［J］. 农村经济，2005（5）：107-109.

　　［20］侯慧丽，李春华. 北京市流动人口住房状况的非制度影响因素分析［J］. 北京社会科学，2010（5）：10-14.

　　［21］胡安宁. 教育能否让我们更健康——基于2010年中国综合社会调查的城乡比较分析［J］. 中国社会科学，2014（5）：116-130.

　　［22］胡枫，王其文. 中国农民工汇款的影响因素分析——一个区间回归模型的应用［J］. 统计研究，2007（10）：20-25.

　　［23］黄可人. 户籍制度演变与城乡劳动力的流动［J］. 农业经济，2018（1）：86-88.

　　［24］黄乾. 教育与社会资本对城市农民工健康的影响研究［J］. 人口与经济，2010（2）：71-75.

　　［25］黄宗智. 制度化了的"半工半耕"：过密型农业（上）［J］. 读书，

2006（2）：30-37.

［26］金沙. 农村外出劳动力回流决策的推拉模型分析［J］. 统计与决策，2009（9）：64-66.

［27］匡贤明. 把解决农民工问题作为共享发展的突破口［N］. 深圳特区报，2016-03-15.

［28］匡远凤. 人力资本、乡村要素流动与农民工回乡创业意愿——基于熊彼特新视角的研究［J］. 经济管理，2018（1）：38-55.

［29］厉以宁. 农民工、新人口红利与人力资本革命［J］. 改革，2018（6）：5-12.

［30］李培林，李炜. 近年来农民工的经济状况和社会态度［J］. 中国社会科学，2010（1）：119-131.

［31］李蓬. 论劳动力扩大再生产的两种类型［J］. 人口与经济，1983（1）：45-49.

［32］李强. 关注转型时期的农民工问题（之三）户籍分层与农民工的社会地位［J］. 中国党政干部论坛，2002（8）：16-19.

［33］李伟. 论劳动力的质量必须同生产资料的性质相适应规律［J］. 经济问题，1986（9）：62-64.

［34］李向荣. 资源禀赋、公共服务与农民工的回流研究［J］. 华东经济管理，2017（6）：38-44.

［35］李迎生，袁小平. 新型城镇化进程中社会保障制度的因应——以农民工为例［J］. 甘肃社会科学，2013（11）：76-85.

［36］李卓，左停. 改革开放40年来中国农民工问题研究回顾、反思与展望［J］. 云南社会科学，2018（6）：16-21.

［37］李臻. 美国高等教育与收入分配关系的政治经济学研究［D］. 天津：南开大学，2016.

［38］林永民，赵金江，史孟君. 新生代农民工城市住房解困路径研究［J］. 价格理论与实践，2018（6）：50-53.

［39］刘传江. 迁徙条件、生存状态与农民工市民化的现实进路［J］. 改革，2013（4）：83-90.

［40］刘凤义. 劳动力商品理论与资本主义多样性研究论纲［J］.
政治经济学评论, 2016（1）: 123-149.

［41］刘凤义. 社会主义市场经济中劳动力商品理论再认识［J］.
经济学动态, 2017（10）: 40-52.

［42］刘凤义, 陈胜辉. 医药属性的政治经济学分析［J］. 南开经
济研究, 2018（1）: 3-18.

［43］刘凤义, 李臻. 共享发展的政治经济学解读［J］. 中国特色
社会主义研究, 2016（2）: 27-32.

［44］刘建进. 中国农村劳动力转移实证研究［J］. 中国劳动经济
学, 2006（1）: 48-80.

［45］刘建洲. 无产阶级化历程: 理论解释、历史经验及其启示［J］.
社会, 2012（2）: 51-83.

［46］刘林平, 张春泥. 农民工工资: 人力资本、社会资本、企业制
度还是社会环境? ——珠江三角洲农民工工资的决定模型［J］. 社会学
研究, 2007（6）: 114-137.

［47］刘小年. 农民工市民化的影响因素: 文献述评、理论建构与政
策建议［J］. 农业经济问题, 2017（1）: 66-74.

［48］刘小年. 重新认识农民工——兼论农民工认识上的4大误区
［J］. 安徽农业科学, 2006（15）: 3802-3804.

［49］刘莹. 中国农民工健康状况动态趋势分析——基于1997—2006
年CHNS调查数据［J］. 新疆大学学报（哲学社会科学版）, 2011（6）:
33-37.

［50］卢锋. 中国农民工工资走势: 1979—2010［J］. 中国社会科学,
2012（7）: 46-47, 204.

［51］卢海阳, 邱航帆, 杨龙, 等. 农民工健康研究: 述评与分析框架
［J］. 农业经济问题, 2018（1）: 110-120.

［52］罗锋, 黄丽. 人力资本因素对新生代农民工非农收入水平的
影响——来自珠江三角洲的经验证据［J］. 中国农村观察, 2011（1）:
10-19.

［53］罗凯. 打工经历与职业转换和创业参与［J］. 世界经济，2009
（6）：77-87.

［54］罗小峰. 制度、家庭策略与半工半耕型家庭生计策略的形
成——兼论农民工家庭劳动力的再生产［J］. 福建行政学院学报，2013
（5）：46-51.

［55］吕莉敏. 城乡一体化背景下新生代农民工教育培训策略研究
［J］. 职教论坛，2013（4）：35-37.

［56］孟捷，李怡乐. 改革以来劳动力商品化和雇佣关系的发展——
波兰尼和马克思的视角［J］. 开放时代，2013（5）：74-106.

［57］孟庆峰. 半无产阶级化、劳动力商品化与中国农民工［J］.
海派经济学，2011（1）：131-149.

［58］孟庆峰. 中国农民工的半无产阶级化与积累的社会结构［D］.
北京：中国人民大学，2010.

［59］潘毅，卢晖临，严海蓉，等. 农民工：未完成的无产阶级化
［J］. 开放时代，2009（6）：5-35.

［60］钱文荣，朱嘉晔. 农民工的发展与转型: 回顾、评述与前瞻——
"中国改革开放四十年：农民工的贡献与发展学术研讨会" 综述［J］. 中
国农村经济，2018（9）：131-135.

［61］秦立建，秦雪征，蒋中一. 健康对农民工外出务工劳动供给时
间的影响［J］. 中国农村经济，2012（8）：38-45.

［62］任保平. 我国高质量发展的目标要求和重点［J］. 红旗文稿，
2018（24）：21-23.

［63］任理轩. 坚持共享发展——五大发展理念解读之五［N］. 人
民日报，2015-12-24.

［64］任焰，陈菲菲. 农民工劳动力再生产的空间矛盾与社会后果：
从一个建筑工人家庭的日常经验出发［J］. 兰州大学学报（社会科学版），
2015（5）：10-21.

［65］石川，杨锦绣，杨启智，等. 外出农民工回乡意愿影响因素分
析——以四川省为例［J］. 农业技术经济，2008（3）：71-76.

［66］石智雷，吴为玲，张勇. 市场能否改善进城农民工的收入状况——市场化、人力资本与农民工收入［J］. 华中科技大学学报（社会科学版），2018（5）：40-49.

［67］沈原. 社会转型与工人阶级的再形成［J］. 社会学研究，2006（2）：13-36.

［68］宋帅，兰玉杰. 农民工人力资本生成研究综述［J］. 安徽工业大学学报（社会科学版），2012（4）：20-24.

［69］苏群，周春芳. 农民工人力资本对外出打工收入影响研究——江苏省的实证分析［J］. 农村经济，2005（7）：115-118.

［70］孙中伟，刘林平. 中国农民工问题与研究四十年：从"剩余劳动力"到"城市新移民"［J］. 学术月刊，2018（11）：54-67.

［71］谭崇台. 略论我国农业剩余劳动问题［J］. 求是学刊，1996（1）：46-50.

［72］汤兆云. 建立相对独立类型的农民工社会养老保险制度［J］. 江苏社会科学，2016（1）：32-39.

［73］田丰. 城市工人与农民工的收入差距研究［J］. 社会学研究，2010（2）：87-105.

［74］王春光. 农村流动人口的"半城市化"问题研究［J］. 社会学研究，2006，21（5）：107-122.

［75］王德文，蔡昉，张国庆. 农村迁移劳动力就业与工资决定：教育与培训的重要性［J］. 经济学（季刊），2008（4）：1131-1148.

［76］王凡. 我国城市化进程中农民工社会保障问题浅析［J］. 湖北社会科学，2008（3）：66-68.

［77］王国敏，赵波. 中国农业现代化道路的历史演进：1949—2010［J］. 西南民族大学学报（人文社会科学版），2011（12）：207-212.

［78］王美艳. 城市劳动力市场上的就业机会与工资差异——外来劳动力就业与报酬研究［J］. 中国社会科学，2005（5）：36-46.

［79］王宁. 劳动力迁移率差异性研究：从"推—拉"模型到四因素模型［J］. 河南社会科学，2017（5）：112-119.

［80］王永江. 论劳动力再生产的内容和物质基础［J］. 经济问题探索，1984（8）：38-41.

［81］王永江. 关于劳动力再生产的几个理论问题［J］. 安徽大学学报，1985（2）：17-20.

［82］王子，叶静怡. 农民工工作经验和工资相互关系的人力资本理论解释——基于北京市农民工样本的研究［J］. 经济科学，2009（1）：112-125.

［83］温铁军. 我国为什么不能实行农村土地私有化［J］. 红旗文稿，2009（2）：15-17.

［84］吴炜. 干中学：农民工人力资本获得路径及其对收入的影响［J］. 农业经济问题，2016（9）：53-60.

［85］吴炜：劳动力再生产视角下农民工居住问题研究［D］. 南京：南京大学，2013：46.

［86］夏柱智，贺雪峰. 半工半耕与中国渐进城镇化模式［J］. 中国社会科学，2017（12）：117-137，207-208.

［87］晓琛. 享受资料［J］. 商业经济文荟，1986（3）：51.

［88］肖璐，蒋芮. 农民工城市落户"意愿—行为"转化路径及其机理研究［J］. 人口与经济，2018（6）：89-100.

［89］谢富胜，李安. 人力资本理论与劳动力价值［J］. 马克思主义研究，2008（8）：111-119.

［90］谢富胜，匡晓璐. 中国劳动力短缺的时代真的到来了吗——基于产业后备军理论的存量和流量分析［J］. 经济学家，2018（1）：12-19.

［91］熊景维，季俊含. 农民工城市住房的流动性约束及其理性选择——来自武汉市628个家庭户样本的证据［J］. 经济体制改革，2018（1）：73-80.

［92］熊易寒.让更多农民工迈向中等收入门槛［N］. 人民日报，2016-08-09.

［93］徐博，周科.农民工越来越"恋家"［N］. 人民日报，2017-

05-04（13）.

　　［94］许洁莹. 新乡市建筑业农民工人力资源开发与社会保障［J］.管理学刊，2010（6）：107-108.

　　［95］徐锡广，申鹏. 经济新常态下农民工"半城镇化"困境及其应对［J］. 贵州社会科学，2017（4）：136-141.

　　［96］徐勇. 挣脱土地束缚之后的乡村困境及应对——农村人口流动与乡村治理的一项相关性分析［J］. 华中师范大学学报（人文社会科学版），2000（2）：5-11.

　　［97］严于龙，李小云. 农民工收入影响因素初步分析［J］. 宏观经济管理，2006（12）：54-56.

　　［98］杨洁，邓也. 如何认识农民工的历史贡献及发展潜力［N］. 四川日报，2018-12-07（6）.

　　［99］杨思远. 试析农民工的廉价工资［J］. 教学与研究，2004(7)：32-36.

　　［100］杨先明，张国胜. 非公有制经济发展与中国农民工市民化［J］. 经济界，2007（6）：69-74.

　　［101］杨志明. 我国农民工发展的历程和特色［N］. 人民日报，2018-10-15.

　　［102］尤来寅. 社会福利增长的实质是劳动力再生产社会化［J］. 学术月刊，1985（5）：18-24.

　　［103］苑会娜. 进城农民工的健康与收入——来自北京市农民工调查的证据［J］. 管理世界，2009（5）：56-66.

　　［104］张道航. 导致城市弱势群体住房困难的政策因素分析［J］. 理论研究，2009（4）：52-53.

　　［105］张斐，孙磊. 大城市流动人口居住状况研究——以北京市为例［J］. 兰州学刊，2010（7）：81-85.

　　［106］张广胜，田洲宇. 改革开放四十年中国农村劳动力流动：变迁、贡献与展望［J］. 农业经济问题，2018（7）：23-35.

　　［107］张泓骏，施晓霞. 教育、经验和农民工的收入［J］. 世界经

济文汇，2006（1）：18-25.

［108］张锦华，王雅丽，伍山林. 教育对农民工工资收入影响的再考察——基于CHIP数据的分析［J］. 复旦教育论坛，2018（2）：68-74.

［109］张黎莉，严荣. 农民工在流入地住房困难的代际差异研究——基于"中国社会状况综合调查"的数据［J］. 华东师范大学学报（哲学社会科学版），2019（1）：150-158.

［110］张立新. 促进人才融合发展 建设知识型、技能型、创新型劳动者大军［N］. 中国劳动保障报，2018-12-19（4）.

［111］张俊山. 收入分配领域矛盾的集中表现——农民工收入问题［J］. 华南师范大学学报（社会科学版），2017（3）：58-67.

［112］张民修，刘志金. 发展农业必须以计划经济为主［J］. 河北学刊，1982（2）：107-111.

［113］张世伟，武娜. 培训时间对农民工收入的影响［J］. 人口学刊，2015（4）：104-111.

［114］张平，郭冠清. 社会主义劳动力再生产及劳动价值创造与分享——理论、证据与政策［J］. 经济研究，2016（8）：17-27.

［115］张苏，曾庆宝. 教育的人力资本代际传递效应述评［J］. 经济学动态，2011（8）：127-132.

［116］张文伟. 日本现代化过程中农民收入特点分析［J］. 世界农业，2002（5）：15-17.

［117］张杨珩. 进城农民工人力资本对其非农收入的影响——基于江苏省南京市外来农民工的调查［J］. 农村经济，2007（8）：57-60.

［118］赵海. 教育和培训哪个更重要——对我国农民工人力资本回报率的实证分析［J］. 农业技术经济，2013（1）：40-45.

［119］赵迎军. 从身份漂移到市民定位：农民工城市身份认同研究［J］. 浙江社会科学，2018（4）：93-102，158-159.

［120］中国农民工战略问题研究课题组. 中国农民工现状及其发展趋势总报告［J］. 改革，2009（2）：5-27.

［121］钟玉英，王艺．"半城市化"背景下农民工社会救助的政策设计与推进策略［J］．开发研究，2015（4）：173-176．

［122］周井娟．不同行业农民工收入影响因素比较［J］．统计与决策，2008（2）：98-100．

［123］周铁军，江齐，邓诚．论劳动力价值的动态性［J］．重庆大学学报（社会科学版），2006（6）：78-81．

［124］周振，王生升.中国农民工商品化的政治经济学分析［J］．教学与研究，2017（11）：38-44．

［125］朱德云，孙成芳．农民工市民化背景下的社会保障制度改革研究文献综述［J］．山东财经大学学报，2017（6）：106-114．

［126］朱培嘉，陈再琴，赵小登，等.煤矿农民工亚健康状态的现况调查［J］．中国健康教育，2018（7）：598-601．

［127］朱沁夫.论劳动力价值——从劳动力再生产角度的分析［J］．当代经济研究，2001（9）：33-34．

二、英文参考文献

［1］A. W. LEWIS. "Economics Development with Unlimited Supplies of Labour", in A. N. Agarwala and S. P. Singh, "The Economic of Underdevelopment"［M］. Oxford University Press, 1958：400-449.

［2］ALTONJI, J. , D. CARD. "The Effects of Immigration on the Labor Market Outcomes of Less-skilled Natives ", in J. Abowd and R. Freeman, Immigration, Trade and the Labor Market［M］. Chicago, IL: University of Chicago Press , 1991：201-234.

［3］AU, C. , HENDERSON, J. V. "Are Chinese Cities Too Small？"［J］. Review of Economic Studies, 2006a（73）：549-576.

［4］AU, C. , HENDERSON, J. V. "How Migration Restrictions Limit Agglomeration and Productivity in China"［J］. Journal of Development Economics, 2006b（80）：350-388.

［5］BORJAS, G. Immigration Economics［M］. Cambridge, Massachusetts: Harvard University Press, 2014.

［6］BOSKER, M. , BRAKMAN, S. AND GARRESTSEN, H. "Relaxing Hukou: Increased Labor Mobility and China's Economic Geography" ［J］. Journal of Urban Economics, 2012（72）: 252-266.

［7］CARTER, C. A. , F. ZHONG &F. CAI. China's Ongoing Agricultural Reform［M］. San Francisco: 1990 Institute, 1996.

［8］CHEN, J. , CHEN, S. , LANDRY. P.F. Migration, environmental hazards, and health outcomes in China［J］. Social Science & Medicine, 2013, 80: 85-95.

［9］CHAN, K. W. "The Chinese Hukou System at 50" ［J］. Eurasian Geography and Economics, 2009（80）: 197-221.

［10］CHEUNG, N.W.T. Rural-to-urban migrant adolescents in Guangzhou, , China: Psychological health, victimization, and local and trans-local ties ［J］. Social Science & Medicine, 2013, 93: 121-129.

［11］COMBERS, P. P. , S. DEMURGER , AND S. LI. "Migration Externalities in Chinese Cities" ［J］. European Economics Review, 2015, 76: 152-167.

David Harvey. The Limits to Capital［M］. Oxford: Blackwell, 1982: 31.

［12］DE BRAUW, A. , ROSELLE, S. "Migration and Household Investment in Rural China" ［J］. China Economic Review, 2008, 19（2）: 320-335.

［13］DU, YANG, ALBERT PARK, SANGGUI WANG. "Migration and Poverty Reduction in China" ［J］. Journal of Comparative Economics, 2005（33）: 688-709.

［14］DU, YANG, CUIFEN YANG. "The Demographic Transition and Labor Market Changes: Implications to Economic Development in China" , Journal of Economic Survey, Forthcoming.

[15] DU, Y. PARK, A. , WANG, S. "Migration and Rural Poverty in China" [J]. Journal of comparative economics, 2005, 33 (4): 688–709.

[16] HAO QI. Dynamics of the Rate of Surplus Value and the "New Normal" of the Chinese Economy [J]. Research in Political Economy, 2017, Vol. 32, pp. 105–128.

[17] FIELDS, G. , SONG, Y. "A Theoretical Model of the Chinese Labor Market" [J]. IZA DP, No. 7278.

[18] HONG, G. , MCLAREN, J. "Are Immigrants a Shot in the Arm for the Local Economy？" [J]. NBER Working Paper, No. 21123.

[19] KNIGHT, JOHN, LINA SONG & HUAIBIN JIA. Chinese Rural Migrants in Urban Enterprises: Three Perspectives [J]. Journal of Development Studies, 1999, 35 (3).

[20] KNIGHT, J. , SONG, L. "Chinese Peasant Choices: Migration, Rural Industry of Farming" [J]. Oxford Development Studies , 2003 (31): 123–147.

[21] LAM, K. , LIU, P. "Earnings Divergence of Immigrants" [J]. Journal of Labor Economics, 2002 (20): 86–104.

[22] LEI, G. , ZHENG , L. "Migration as the Second–best Option: Local Power and Off–farm Employment" [J]. China Quarterly, 2005 (181): 22–45

[23] LEWIS, ETHAN. "Immigration, Skill Mix, and the Choice of Technique" [J]. Federal Reserve Bank of Philadelphia Working Paper, 2005 (5): 5–8.

[24] LEWIS, E. , "Immigration, Skill Mix, and Capital Skill Complementarity" [J]. Quarterly Journal of Economics, 2011, (126): 1029–1069.

[25] LU, M. , WAN, G. "Urbanization and Urban System in China: Research Findings and Policy Recommendations" [J]. Journal of

Human Resource, 2014（28）: 671–685.

［26］MANACORDA, M. , A. MANNING, J. WADSWORTH. "The Impact of Immigration on the Structure of Wages: Theory and Evidence from Britain", Journal of the European Economic Association, 2012, 10（1）: 120–151.

［27］MANUEL CASTELLS. City, Class and Power［M］. The Macmillan Press LTD, 1978: 41.

［28］MICHAEL BURAWOY. The Functions and Reproductions of Migrant Labor Comparative Material from Southern Africa and the United States［J］. The American Journal of Sociology, 1976, Vol.81, No.5: 1050–1087.

［29］MENG, X. , D. ZHANG. "Labour Market Impact of Large Scale Internal Migration on Chinese Urban 'Native' Workers"［J］. IZA Discussion Paper 5288, 2010.

［30］MENG, X. , Z. JUNSEN. "The Two-Tier Labor Market in Urban China: Occupational Segregation and Wage Differentials between Urban Residents and Rural Migrants in Shanghai"［J］. Journal of Comparative Economics, 2001, Vol. 29, pp: 485–504.

［31］OTTAVIANO, G. I. P. , G. PERI. "Rethinking the Effect of Immigration on Wages"［J］. Journal of the European Economic Association, 2012, 10: 152–197.

［32］PERI, G. "Immigrants Complementarities and Native Wages: Evidence from California"［J］. NBER Working Paper, No. 12497.

［33］POHL C. Return migration of low-and high-skilled immigrants from Germany［J］. International Migration Review, 2005, 2（8）: 243–244.

［34］UNDP. Human Development Report 1990: Conception and Measurement of Human Development［M］. London: Oxford University Press, 1990: 25.

［35］WU, HARRY, YANG DU, FANG CAI. "Macroeconomic and

Financial Implications of China's Demographic Transition" [J]. unpublished memo, 2014.

[36] TAYLOR, J. R. "Rural Employment Trends and the Legacy of Surplus Labor: 1978–1989", In Kueh, Economic Trends in Chinese Agriculture: The Impact of Post–Mao Reforms [M]. New York: Oxford University Press, 1993.

[37] YOUNG, ALWYN. "Gold into Base Metals: Productivity Growth in the People's Republic of China during the Reform Period" [J]. Journal of Political Economy, 2003: 1220–1260.

[38] ZHANG, D., MENG, X., WANG, D. "The Dynamic in Wage Gap between Urban Residents and Rural Migrants in Chinese Cities" [J]. Working Paper, 2010.

[39] ZHAO Y .H. "Leaving the Countryside: Rural–to–urban Migration Decisions in China" [M] American Economic Review, 1999, 89(2): 281–286.

[40] ZHAO Y .H. Causes and consequences of return migration: recent evidence from China [J]. Journal of Comparative Economics, 2002, 2 (8): 54–55

致　谢

　　2019年，围绕着学业、事业、家庭的三重选择，让我喜忧参半。忧的是面临着三者之间平衡时的恐慌和焦虑，喜的是在三者之间做出选择以后的坦然和不慌张。南开三载，从博士在读到博士毕业，从学生到老师，从女孩到人妻到母亲，三重身份的转变，有太多需要感谢的亲人和良师益友。

　　我要感谢我的导师刘凤义教授。刘教授渊博的经济学思想、扎实的理论功底、严谨的治学态度和儒雅的处世之道都言传身教地感染着我，不仅激发了我的学术兴趣，培养了我的学术能力，更开阔了我的研究视野。从论文的选题、框架的构建、核心的观点，都倾入了他大量的心血，感谢他耐心、细心、精心的培养。同时我还要感谢张俊山教授、崔学涛副教授、孙景宇副教授、冯志轩老师、赵敏老师对我论文的指点和帮助。

　　我要感谢我的家人们。他们是我人生各个关键时刻的重要参与者和陪伴者。感谢父母一如既往的鼓励和无怨无悔的付出，在他们身上让我感受到满满的爱；感谢公婆给予我的支持，让我毫无顾忌地坚持自己的梦想；感谢我的先生陈鹏的陪伴，每当我处于黑暗的时光时，当我充满负能量时，都是他重燃我的希望，助我走出阴霾；感谢我的姐姐李黎和弟弟李琦，他们努力地去实现理想，是我的榜样。

　　我要感谢我的同门，以及师兄、师弟、师妹们的倾力相助，不仅在论文的写作中给予我思想的火花，还在论文写作后协助我翻译、校稿等工作，他们的支持和帮助让我感受到了传承和团结的力量；特别感谢我的同学刘皓琰和华淑明，他们的陪伴让我感受到友情的力量；感谢周平梅和我相互支撑地度过博士生涯最难挨的时光；感谢室友田晴、王瑶让我的生活丰富多彩。